Schriften der Hans-Böckler-Stiftung

Band 12

Dr. Henner Wolter

Zusatzversorgungssysteme der Intelligenz

Verfassungsrechtliche Probleme der Rentenüberleitung in den neuen Bundesländern

Nomos Verlagsgesellschaft
Baden-Baden

Die Deutsche Bibliothek – CIP-Einheitsaufnahme

Wolter, Henner:
Zusatzversorgungssysteme der Intelligenz: Verfassungsrechtliche Probleme der Rentenüberleitung in den neuen Bundesländern / Henner Wolter. – 1. Aufl. – Baden-Baden: Nomos Verl.-Ges., 1992
(Schriften der Hans-Böckler-Stiftung; Bd. 12)
ISBN 3-7890-2715-4
NE: Hans-Böckler-Stiftung: Schriften der Hans-Böckler-Stiftung

1. Auflage 1992

Inhaltsverzeichnis

Vorbemerkung

Diese Arbeit ist die erweiterte und überarbeitete Fassung eines im Auftrag des Akademischen Ruhestandsvereins e.V. (Berlin) erstellten verfassungsrechtlichen Gutachtens. Die Hans-Böckler-Stiftung hat dankenswerterweise ihre Veröffentlichung gefördert.

Zahllose Gespräche mit Wissenschaftlern und Praktikern der Sozialversicherung aus Ost und West waren Grundlage für das Verständnis der so komplexen Regelungen des RÜG und des AAÜG wie auch der Strukturen der Sozialversicherung der DDR, welche bekannt sein müssen, will man die Rentenüberleitung verstehen. Diesen Damen und Herren schulde ich Dank für ihre Hilfe. Für die Darstellung des »Tatbestandes« im Ersten Teil dieser Arbeit und die daraus gezogenen verfassungsrechtlichen Konsequenzen trage ich freilich die alleinige Verantwortung.

Verfassungsrechtliche Erörterungen sozialversicherungsrechtlicher Probleme zeichnen sich oft durch eine auf äußerste Präzision und Konkretion bedachte Fassung ihres Prüfungsgegenstandes aus, so auch hier. Dies bedeutet allerdings nicht, daß die Darstellung nur für diesen Gegenstand relevant ist und für sonst nichts. Wenn die ehemaligen Mitglieder anderer Zusatzversorgungssysteme und der Sonderversorgungssysteme teilweise stärker benachteiligt werden als die Angehörigen der Zusatzversorgungssysteme der Intelligenz, liegen »Erst-Recht-Schlüsse« nahe - mögen daneben und vor allem auch andere verfassungsrechtliche Überlegungen geboten oder tragend sein.

Die Arbeit bewegt sich durchgängig auf den von der Rechtsprechung des BVerfG zum Sozialversicherungsrecht und zu Rechtsfragen des Einigungsvertrages vorgezeichneten Linien. Das Gericht muß bei der Behandlung verfassungsrechtlicher Fragen der neuen Länder mit dem geltenden verfassungsrechtlichen Normstoff auskommen. Es meint offenbar, auch mit herkömmlicher Verfassungsrechtsdogmatik auszukommen.

Einerseits ist dies verständlich. Der Einigungsvertrag, aber vor allem der Einigungsprozeß sind nicht die Stunde des Bundesverfassungsgerichts, sondern die der Wirtschafts- und Sozialpolitik. Das BVerfG hat dies jüngst in aller Klarheit ausgesprochen, als der Erste Senat über eine Verfassungsbeschwerde zur »Supervorfahrtsregelung« des § 3 a Vermögensgesetz zu befinden hatte:

»Die einstweilige Anordnung wäre auch geeignet, die Investitionstätigkeit in den neuen Bundesländern insgesamt zu hemmen. Bei ihrem Erlaß könnte in der Öffentlichkeit eine erhebliche Unsicherheit über die Durchsetzbarkeit von Veräußerungen nach § 3 a Vermögensgesetz eintreten und die Investitionsbereitschaft, die der Gesetzgeber im Interesse des wirtschaftlichen Aufschwungs in den neuen Ländern für besonders dringlich erachtet hat, gemindert werden.«
(BVerfG, Beschluß vom 3.12.1991, 1 BvR 1730/91, VIZ 1992, S. 64)

Damit hat das BVerfG sich die Intervention in den Einigungsprozeß jedenfalls hinsichtlich seiner vermögensrechtlichen Aspekte versagt. Denn diese kann nur im Verfahren des einstweiligen Rechtsschutzes praktisch werden.
Andererseits ist aber zu bemerken: Eine gleichsam geschäftsmäßige Behandlung der Rechtsprobleme der neuen Länder, die man in der Rechtsprechung des BVerfG festzustellen meint, könnte mindestens unter folgenden Aspekten zu kurz gegriffen sein:

- »Keine Zukunft ohne Herkunft« (Christa Wolf) - Eine Übergangsgesellschaft wie die der ehemaligen DDR trägt viele Merkmale der alten Verhältnisse. Diese sollten staatliches Handeln und verfassungsrechtliche Argumentation nicht ignorieren, gerade dann nicht, wenn es um Anpassung an Staat und Gesellschaft der alten Bundesrepublik geht. Mit Besitzschutzregeln des Einigungsvertrages allein dürfte es kaum getan sein. Auch der eine oder andere »Tropfen sozialen Öls«, mit dem das BVerfG den Einigungsvertrag zusätzlich salbt, dürfte dieser noch langfristig wirksamen Dimension des Übergangs nicht gerecht werden.
- »Not kennt kein Gebot« - dies ist eine lang erprobte Rechtfertigungsideologie für die Zerstörung von Demokratie, Rechts- und Sozialstaat in politischen oder ökonomischen Ausnahmesituationen. Dieses Prinzip scheint schon jetzt, wenn auch abgeschwächt, staatliches Handeln für Ostdeutschland hier und da zu leiten. Wenn nicht alle Zeichen trügen, haben Wirtschaftswissenschaft und Politikberatung in bezug auf Wachstum und Konjunktur in den neuen Ländern die »größten Fehlprognosen der Nachkriegszeit« (Hans-Böckler-Stiftung) abgegeben, was gerade offenkundig zu werden beginnt. Schon heute sind zahlreiche Regionen Ostdeutschlands industrielle Notstandsgebiete.
Ist es aber an dem, bedarf es einer neuen Qualität staatlichen Handelns anstelle der aktuellen (ohnehin schon unkonventionellen, pragmatischen und unerprobten) Industriepolitik. Dabei wird sich die Frage nach der Alternative zwischen demokratischen oder autoritäten Krisenlösungen immer schärfer stellen.
Auch wenn dies gleichfalls nicht die Stunde des Bundesverfassungsgerichts ist - ohne ein Durchmustern traditioneller verfassungsrechtlicher Instrumente, ohne ihre wenigstens teilweise Revision dürfte es kaum abgehen.

Die eben skizzierten Probleme des Einigungsprozesses beruhen auf zahlreichen »Systembrüchen«, teils realen, teils nur behaupteten:

- So hatte die DDR das Berufsbeamtentum zwar »zerschlagen«, die Pflichten der Angehörigen des »Staatsapparats« aber denen des preußischen Beamten alten Zuschnitts getreulich nachgebildet (ohne ihnen allerdings auch deren Rechte einzuräumen).
  Volkseigentum bedeutete praktisch nicht viel mehr als Vorrang staatlicher Planung vor konkreten Eigentümerbefugnissen und subjektiven Rechten vor allem der juristischen Personen (Fondsinhaberschaft und Rechtsträgerschaft genannt). Hier läßt sich, rückblickend betrachtet, die sozialistische Alternative eher in der politischen Rhetorik als bei konkreten Strukturen und Funktionen von Staat und Gesellschaft der DDR ausmachen.
- Mit einigen realen Systembrüchen hat es die hier vorgelegte Arbeit zu tun:
  - Für den Verfassungsschutz sozialversicherungsrechtlicher Positionen nach Art. 14 GG ist laut BVerfG die Eigenleistung des Versicherten, d.h. die Entrichtung von Beiträgen relevant. In der DDR war die Eigenleistung in den Zusatzversorgungssystemen des Staatsapparats und in den Sonderversorgungssystemen, etwa in dem des MfS, höher als die, die etwa Musiker, Zahnärzte in eigener Praxis oder Wissenschaftler zu erbringen hatten. Folglich müßte eigentlich der Eigentumsschutz stärker sein. Das Rentenüberleitungsgesetz freilich sieht dies anders.
  - Nicht nur die Beitrags-, sondern auch die Einkommensbezogenheit der Rentenversicherung bereitet bei der Anwendung erprobter verfassungsrechtlicher Institute Kopfzerbrechen, verlängert sich doch so eine problematische Sozialpolitik der DDR (hier: die Diskriminierung der »Intelligenz« gegenüber der »Arbeiterklasse« bei der Lohnfestsetzung) bis zu den Hinterbliebenen.

Der herrschende, für den Einigungsprozeß offenbar notwendige Pragmatismus wird mit solchen Systembrüchen »leben«, was heißen kann: Man kann diese Brüche leugnen oder sie sich bewußt machen. Man kann versuchen, sie aufzuheben, also sie beibehalten oder sie zu vernichten, sprich: sie heilen. Um der dreifachen Bedeutung des Begriffs die Ehre zu erweisen: Am wenigsten scheint der Einigungsprozeß dadurch bestimmt zu sein, die Systembrüche auf eine höhere Stufe zu heben.
Die hier vorgelegte Arbeit muß sich in diesem Feld faktischer und rechtlicher Widersprüche bewegen. Dies unternimmt sie pragmatisch, indem sie überkommene verfassungsrechtliche Dogmatik zu sozialversicherungsrechtlichen Positionen und das Überleitungsrecht des Einigungsvertrages auf das Rentenüberleitungsgesetz »anwendet«, dabei auch »Systembrüche« benennt und versucht, sie auf dieses Recht zu beziehen.

Berlin, den 25. Mai 1992 *Dr. Henner Wolter*

Erster Teil:

Zu Struktur und Entwicklung der Rentenversicherung der ehemaligen DDR bis zum Renten-Überleitungsgesetz, insbesondere in Bezug auf Zusatzversorgungssysteme der Intelligenz

I. Das System der Rentenversicherung in der ehemaligen DDR, insbesondere Zusatzversorgungssysteme [1]

Das Gesamtsystem der Rentenversicherung in der ehemaligen DDR bestand aus vier Teilen:
- der Pflichtversicherung
- der freiwilligen Zusatzrentenversicherung (FZR)
- offenbar 63 Zusatzversorgungssystemen
- sowie vier Sonderversorgungssystemen.

1 Die nachstehende Darstellung stützt sich unter weitgehendem Verzicht auf Einzelnachweise vor allem auf folgende teils veröffentlichte, teils nicht veröffentlichte Arbeiten: Polster, DRV 1990, S. 154; Bressel/Schäfer/Lutz/von Einem, rv 1990, S. 81; Müller, H.-W., DRV 1991, S 451; Kiel/Luckert, DRV 1991, S. 555; Genzke, DAngVers 1991, S. 296; Müller, M., DAngVers 1991, S. 315; Ruland, DRV 1991, S. 518; ders., DRV 1990, S. 455; ders., DtZ 1990, S. 159, ders., SF 1991, S. 108; ders., NJW 1992, S. 1; Nilges, AuA 1991, S. 332; von Einem, BB 1991, S. 2000; André, SGb 1991, S. 17; Schmidt, AuS 1991, S. 57; Michaelis/Reimann, DAngVers 1990, S. 293 sowie S. 417; Heller, DAngVers 1991, S. 40; Reimann, DAngVers 1991, S. 281; Michaelis/Stephan, DAngVers 1991, S. 149; Michaelis, ZTR 1991, S. 399; Rahn, DtZ 1992, S. 1; Püschel, Sozialversicherung der Arbeiter und Angestellten, Schriftenreihe zum AGB, H. 13, 1989; verwertet wurden auch die unveröffentlichten Stellungnahmen der Verbände und Sachverständigen des Gesetzgebungsverfahren zum RÜG. Auf einen detaillierten Nachweis wird auch hier verzichtet. Berücksichtigt wurden an empirischen Untersuchungen v.a. der Rentenanpassungsbericht 1990, BT-Drs. 11/8504, v.a. Teil E; VDR - Statistik Rentenbestand, Bd. 95, 1991; Winkler (Hg.), Sozialreport '90, 1990 mit der Ergänzung durch den »Altenreport«, Blätter f. Wohlfahrtspflege, H. 10/11/1990 und eigene Berechnungen, hier insbesondere Anlage 9 sowie Anhänge I und II zu diesem Gutachten.

1. Pflichtversicherung und freiwillige Zusatzrentenversicherung (FZR)

Die Rentenversicherung war ebenso wie die Kranken- und Unfallversicherung auf zwei Träger verteilt: Auf den FDGB, Verwaltung der Sozialversicherung und die Staatliche Versicherung der DDR, welche unmittelbar dem Ministerium für Finanzen unterstand.
In der Sozialversicherung der Arbeiter und Angestellten waren die abhängig Beschäftigten, die die Möglichkeit zur Mitgliedschaft im FDGB hatten, während der Dauer ihres Arbeitsverhältnisses pflichtversichert, dies waren 85 % der Berufstätigen. Dazu zählten auch die Beschäftigten, die Mitglied in einem der Zusatzversorgungssysteme der Intelligenz (AAÜG, Anlage 1, 1., 4., 5., 8. und 11.) waren.
Wurden Pflichtversicherung und FZR hinsichtlich der zuletzt genannten Personen vom FDGB verwaltet, so war in bezug auf ihre Zusatzversorgung die staatliche Versicherung zuständig.[2]
Es wurde ein Versichertenbestand von insgesamt etwa 7,5 Millionen sowie eine Gesamtzahl der Rentner Ende 1989 von 3,5 Millionen angenommen bei Gesamtaufwendungen 1989 von 14 Milliarden Mark für diesen Zweig der Rentenversicherung.
Zu den Versicherten bei der staatlichen Versicherung der DDR zählten neben den Angehörigen der Intelligenz auch Genossenschaftsmitglieder und Selbständige. Der Versichertenbestand wurde auf rd. 1 Million geschätzt, davon Mitglieder der Landwirtschaftlichen Produktionsgenossenschaften (LPG) ca. 689.000, Mitglieder der Produktionsgenossenschaften (PG) des Handwerks usw. etwa 175.000, selbständige Handwerker rd. 112.000 und sonstige Selbständige rd. 81.000. Die Anzahl der Rentner wurde mit 0,5 Millionen angegeben, 1989 wurden Gesamtaufwendungen in Höhe von 2,5 Milliarden Mark getätigt.
Der Beitrag des Werktätigen zur Pflichtversicherung betrug bis zu monatlich 600 Mark Verdienst 10 %. Die Betriebe und Einrichtungen führten ihrerseits 12,5 % für die Pflichtversicherung ab. Die Beitragsbemessungsgrenze hatte seit 1947 unverändert bei 600,- Mark monatlich gelegen, obwohl sich das durchschnittliche Einkommen seither erheblich erhöht hatte und 1988 1.307,- Mark betrug. Dementsprechend hatte sich das Verhältnis zwischen dem Erwerbseinkommen und den Rentenleistungen der Sozialversicherung im Laufe der Jahre immer mehr verschlechtert.
Auch deshalb wurde bei beiden Versicherungsträgern 1971 neben der Pflichtversicherung die Freiwillige Zusatzrentenversicherung (FZR) einge-

2 Vgl. auch sogleich S. 23 ff. sowie S. 26 ff.

führt. Dort wurden die die Beitragsbemessungsgrenze aus der Pflichtversicherung übersteigenden Entgelte versichert. Seit Mitte der 80er Jahre waren mehr als 85 % der Beitrittsberechtigten in der FZR versichert.
Für die FZR mußte der Werktätige für das 600 Mark übersteigende Arbeitseinkommen ebenfalls 10 % aufwenden, den gleichen Betrag zahlte der Betrieb bzw. die Einrichtung. Nach 25-jähriger Zugehörigkeit sollten die Versicherten beitragsfrei sein. Entweder konnte das Einkommen bis zu 1200 Mark oder - ab 1976 - bis zu seiner vollen Höhe in der FZR versichert werden. Überwiegend wurde die erste Variante gewählt.[3]
Anfang Mai 1990 betrug die Durchschnittsrente für die 2,5 Mio Altersrentner 475,19 Mark, für die 894 000 Rentner mit FZR 569,37 Mark, bei den übrigen Renten 422,46 Mark. Die FZR betrug bei einem Durchschnittsverdienst 122 Mark.[4]
Der Staatszuschuß als dritte Quelle der Finanzierung wurde in Höhe der Differenz zwischen Einnahmen und Ausgaben der Sozialversicherung gewährt und betrug schließlich rd. 50 %.[5] »Von 100 Mark von einem Versicherten 1988 in Anspruch genommenen Leistungen wurden 23,10 Mark aus persönlichen Beiträgen der Werktätigen und 76,90 Mark aus Mitteln der Gesellschaft finanziert (. . .) Auch wenn in der DDR von einem Umlageverfahren gesprochen wurde, so handelte es sich doch um ein Defizitdekkungsverfahren. Denn im Gegensatz zu dem Verfahren in der Bundesrepublik waren die Ausgaben nicht an die eigenen Einnahmen gekoppelt, der Beitragssatz nicht an den Ausgaben orientiert.«[6]
Die Rentenversicherung der DDR war also allgemein in wesentlich geringerem Maße beitragsorientiert als die der BRD - ein Aspekt, der in modifizierter Form bei den Zusatzversorgungssystemen der Intelligenz erneut erscheinen wird.[7]
Es galt eine starre Altersgrenze von 65 Jahren bei Männern und 60 Jahren bei Frauen. Die Mindestzahl von Jahren versicherungspflichtiger Tätigkeit betrug grundsätzlich 15. Für Frauen, die drei und mehr Kinder geboren haben, verringerte sich diese Anzahl für jedes Kind um ein Jahr.
Die FZR hatte dieselben Anspruchsvoraussetzungen wie die Pflichtversicherung.

3 Ruland, DtZ 1990, S. 161.
4 Zur Entwicklung der Durchschnittsrenten vom 1.5.1990 bis zum 1.7.1991 vgl. auch die Übersicht in rv 1991, S. 211.
5 Vgl. auch Anlagen 1 und 2.
6 Schmidt, a.a.O., S. 58.
7 S. dazu unten, S. 26-32.

Die Renten aus der Pflichtversicherung waren nicht dynamisch, wurden vielmehr etwa alle drei bis fünf Jahre staatlicherseits angehoben.
Die Rente aus der Pflichtversicherung berechnete sich nach einem Fest- und einem Steigerungsbetrag. Der Festbetrag lag vor dem 01.12.1989 einheitlich bei 140,- Mark, danach errechnete er sich individuell nach der Anzahl der Arbeitsjahre. Er erhöhte sich um Beträge zwischen 30 und 70 Mark und betrug ab Dezember 1989 bei unter 25 zurückgelegten Arbeitsjahren 170,- Mark, bei 40 und mehr Arbeitsjahren 210,- Mark, einschließlich der Zurechnungszeiten.
Neben dem Festbetrag wurde ein Steigerungsbetrag je nach Höhe der individuellen Beiträge gewährt. Er belief sich für jedes Arbeitsjahr auf 1 % des beitragspflichtigen Durchschnittsverdienstes der letzten 20 Jahre vor Beendigung der letzten versicherungspflichtigen Beschäftigung, für Angehörige der Deutschen Reichsbahn, der Deutschen Post und des Gesundheitswesens 1,5 %. Der Steigerungsbetrag betrug 1 % bis zur Bemessungsgrenze von 600,- Mark. Bei 50 Versicherungsjahren ergab sich ein Betrag von insgesamt 300,- Mark. Zusammen mit dem Festbetrag von 210,- Mark errechnete sich daraus eine Höchstrente aus der Pflichtversicherung von 510,- Mark zum 30.06.1990.
Lag die Summe aus Fest- und Steigerungsbetrag unterhalb eines Mindestbetrages von 330,- Mark, wurde dieser Betrag als Rente gezahlt. Bei weniger als 15 Arbeitsjahren wurde eine Mindestrente gezahlt.
Für Ehegatten wurde ein Zuschlag in Höhe von 200,- Mark gewährt, wenn der Ehegatte keine Rente bezog und die allgemeine Altersgrenze erreicht hatte oder Invalide war. Pro Kind wurde ein Zuschlag in Höhe von monatlich 60,- Mark gezahlt. Die Witwen-/Witwerrenten betrugen 50 % der Rente des Verstorbenen ohne Zuschläge. Auch hier lag die Mindestrente bei 330,- Mark.
Hinzuverdienstgrenzen gab es bei Altersrenten nicht - eine arbeitsmarktpolitische Maßnahme. Mehrfachbezug von Renten aus der SV war grundsätzlich nicht möglich.
Die Leistungen aus der FZR wurden sowohl nach der Dauer der Zugehörigkeit zur FZR als auch aufgrund des während dieser Zeit erzielten monatlichen Durchschnittseinkommens über 600,- Mark errechnet, für das Beiträge zur FZR entrichtet wurden. Für jedes Jahr der Zugehörigkeit zur FZR wurden 2,5 % des monatlichen Durchschnittseinkommens über 600,- Mark als Rente gezahlt. Sind z.B. für 20 Jahre Beiträge aufgrund eines monatlichen Durchschnittseinkommens von 1000 Mark entrichtet worden, belief sich die Zusatzaltersrente auf 200,- Mark pro Monat (20 x 0,25 x 400).

Im Unterschied zur Pflichtversicherung wurden die Zusatzrenten überhaupt nicht der allgemeinen Einkommensentwicklung angepaßt.

2. Zusatzversorgungssysteme

Hierunter versteht das Bundesministerium für Arbeit in einer unveröffentlichten Aufstellung von Anfang 1991 »all die Systeme, aus denen Leistungen zusätzlich zu den Renten aus der gesetzlichen Rentenversicherung erbracht wurden. Insgesamt bestehen 63 Zusatzversorgungssysteme, die generell Gesamtversorgungscharakter tragen, jedoch hinsichtlich der Leistungen und der Beitragszahlung Unterschiede aufweisen.«
Als Versorgung wurde den Berechtigten in der Regel ein fester Prozentsatz ihres durchschnittlichen Bruttoeinkommens (60 bis 80 %) zugesagt, bei maximal 90 % des Nettogehaltes unter Anrechnung der Renten aus der Sozialversicherung. Die Systeme sind am ehesten der betrieblichen Altersversorgung, insbesondere der Zusatzversorgung des öffentlichen Dienstes vergleichbar, allerdings vollständig vom Staat organisiert und verwaltet,[8] nicht etwa von der Verwaltung der Sozialversicherung im FDGB. Ein Angestellter etwa wurde also in bezug auf Pflichtversicherung und FZR vom FDGB »verwaltet«, hinsichtlich seiner Zusatzversorgung dagegen von der staatlichen Versicherung.
Insgesamt sind die Zusatzversorgungssysteme sehr unterschiedlich, was die Anzahl ihrer Mitglieder, die Höhe und Voraussetzungen der Leistungen sowie die Beiträge angeht.
»Die Einbeziehung in Zusatzversorgungssysteme war für bestimmte Berufsgruppen obligatorisch (z.B. Hochschullehrer und Pädagogen sowie bestimmte Gruppen von Medizinern). Sie konnte in einigen Bereichen aber auch durch Einzelfallentscheidung des zuständigen Ministers mit Zustimmung des Staatssekretärs für Arbeit und Löhne erfolgen (z.B. für Mitglieder der technischen und künstlerischen Intelligenz sowie Teile der wissenschaftlichen Intelligenz). Schließlich war zu bestimmten Zusatzversorgungssystemen allein der freiwillige Beitritt vorgesehen (z. B. für Mitarbeiter des Staatsapparates und der Parteien sowie für künstlerisch Beschäftigte und Mediziner).
Die obligatorische Einbeziehung war im Regelfall mit einer Freistellung von der Beitragszahlung verbunden. Das gleiche galt bis 1971 für diejenigen

8 Reimann, DAngVers 1991, S. 281 (282).

Personen, die aufgrund einer Einzelfallentscheidung eine Versorgungszusage erhielten. Ab 1971 waren dann von den Versorgungsberechtigten in der Regel Beiträge zur FZR (d.h. zur Sozialversicherung) zu entrichten. Auch die Systeme mit freiwilliger Beitrittsmöglichkeit sahen eine Beitragszahlung vor, allerdings oft nur in reduzierter Form in Höhe von 5 % oder 3 % des maßgeblichen Verdienstes (anstelle des übliche FZR-Beitragssatzes von 10 %). (. . .) die Versorgungsberechtigten erhielten Leistungen nach den für sie zumeist günstigeren Regelungen der jeweiligen Versorgungsordnung (alternativ zur FZR), die Finanzierung erfolgte jedoch aus Mitteln der FZR.«[9]

Ihr konnten die Versorgungsberechtigten angehören und leisteten folglich Beiträge. Gem. § 28 FZR-VO vom 17.11.1977[10] wurde für Mitglieder der Zusatzversorgung der Intelligenz eine FZR in Höhe der Altersversorgung der Intelligenz gezahlt. Die Rentenberechnung erfolgte in diesem Fall durch die staatliche Versicherung, die Zahlung wurde dagegen durch den FDGB vermittelt, da der Rentenempfänger eine vom FDGB verwaltete FZR bezog. Da gem. § 17 1. DB-FZR-VO[11] die Betriebe in diesem Fall die Umlage nicht mehr zu entrichten hatten, waren ca. 90 % der technischen Intelligenz auch Mitglied der FZR.

Das Zusatzversorgungssystem für die Mitarbeiter des Staatsapparates war mit über 70.000 Mitgliedern (Durchschnittsrente daraus: 255 Mark) das größte, gefolgt von dem der Pädagogen mit 64.000 (507 Mark). Die Schichtung ergibt, daß über 70 % der Versorgungen zwischen 200 und 800 Mark pro Monat lagen. Es bestanden ca. 1 Mio Anwartschaften.

Wie zwei der anliegenden Tabellen mit dem Stand 1991 zeigen, divergieren die Angaben bezüglich der Zahl der Mitglieder erheblich.[12]

Die Tabellen ergeben u.a.:

- Von Dezember 1990 auf Januar 1991 sind die Rentenleistungen aus Zu-

9 Reimann, ebenda.

10 GBl. I S. 395; veröffentlicht wie zahlreiche andere sozialversicherungsrechtliche Regelungen der DDR, auf die in dieser Arbeit Bezug genommen wird, auch in der vorzüglichen Textsammlung der BfA, Rentenversicherung im Beitrittsgebiet, 1990.

11 V. 17.11.1977, GBl. I S. 400.

12 Anlage 3, Tab. 1 sowie Anlage 5, Tab. 3, Spalte 11. Tabelle 1 geht von 190.000, Tabelle 3 dagegen von 136.00 Ansprüchen aus, beide für Januar 1991.
Anlage 5, Tabelle 3 schlüsselt die Leistungen der Zusatzversorgungssysteme auf. Danach bezogen 95 % Leistungen von unter 50,- DM bis 800,- DM und 0,74 % Leistungen von 1.800,- DM und mehr. Berücksichtigt man Tabelle 4 mit 601 Altersrenten über 3.000,- DM, waren dies, bezogen auf die höheren Werte der Tabelle 1, 0,44 %. Tabelle 4 ist noch aufschlußreich bezüglich der Verteilung von 3.000,- DM an aufwärts. Tabelle 5, ebenfalls vom Januar 1991, faßt die Werte der Tabellen 1 und 2 zusammen, enthält darüberhinaus in Spalten (6) und (7) Summenbeträge.

satzversorgungssystemen insgesamt um über 100 % gesenkt worden, nämlich um 46,593 Millionen auf 45,126 Millionen DM.

- Die Leistungen für den einzelnen sind fast halbiert worden: Sie beliefen sich nach einer Reduzierung um durchschnittlich 193,- DM im Januar 1991 durchschnittlich noch auf 237,- DM.
- Auch die Anzahl der Anspruchsberechtigten ist von Dezember 1990 auf Januar 1991 um über 10 % gesunken, nämlich um 22.895 und betrug im Januar 1991 190.018.

Im Vorgriff auf die weitere Darstellung liegen die Gründe hierfür darin, daß die Angleichung von Renten mit Zusatzversorgungen nicht wie sonst zum 1.7.1990, sondern erst zum 1.1.1991 erfolgte, wobei sowohl die Erhöhung aus der Angleichung als auch aus der Anpassung[13] auf die Zusatzversorgung angerechnet wurde. Dadurch sanken die Anzahl der Zusatzversorgungen wie auch die daraus gezahlten Beträge.

Betont werden soll schon jetzt:

- Was die Zahlbeträge in bezug auf sehr hohe Zusatzversorgungsansprüche angeht, die in der öffentlichen wie in der Gesetzgebungsdiskussion eine exorbitante Rolle spielten, handelte es sich um insgesamt 800 Personen. Von diesen bezogen 742 eine Zusatzversorgung zwischen DM 2.000,- und DM 3.000,-, davon Altersrente 553; 41 (Altersrente 32) eine solche von DM 3.000,- bis unter DM 4.000,-, und der Rest von DM 4.000,- bis unter DM 7.000,- macht 16 Personen aus. Eine Person schließlich liegt in ihrer Zusatzversorgung zwischen DM 7.000,- und DM 8.000,-.
- Bei insgesamt ca. 100 Personen erfolgte die Befreiung von der 800-Mark-Grenze durch Ministerratsbeschluß ohne Rechtsgrundlage in der jeweiligen Versorgungsordnung.[14]

Diese Zahlen und Untersuchungen sind der Bundesregierung seit spätestens Januar 1991, also vor Ingangsetzen des Gesetzgebungsprozesses zum RÜG, bekannt gewesen.

Als Zusatzversorgungssysteme der »Intelligenz« galten, wie schon die Bezeichnungen des AAÜG, Anlage 1, ergeben, vor allem die nach Ziffern 1. und 4., daneben 5. Aus dem System nach Nr. 4. wurden durch Anordnung vom 20.4.1988, in Kraft seit 1.7.1988, die Ärzte und Apotheker im staatlichen Gesundheitswesen ausgegliedert (vgl. jetzt AAÜG, Anlage 1, 8. und

13 Zu diesen Begriffen s.u. S. 87, FN 75.

14 Vgl. Gesetzentwurf der Bundesregierung, BR-Drs. 197/91, S. 113 sowie Anlagen 8 dieses Gutachtens, jeweils unter der Rubrik »Rechtliche Grundlagen«; vgl. auch sogleich unten.

11.). Der wesentliche Unterschied dieser zuletzt genannten Systeme zu dem der wissenschaftlichen Intelligenz lag darin, daß die Begrenzung des Höchstbetrages aus der Versorgung auf 800 M generell aufgehoben wurde. Die nun folgende Darstellung des Zusatzversorgungssystems der technischen (s. sogleich a)) sowie der wissenschaftlichen Intelligenz (s. unten b)) kann daher für die übrigen, die Gegenstand dieses Gutachtens sind (AAÜG, Anlage 1, 5., 8. und 11.), stehen. Wenn im folgenden von »Zusatzversorgungssystemen der Intelligenz« die Rede ist, sind, wenn nichts Besonderes vermerkt ist, stets die Systeme in AAÜG, Anlage 1, 1., 4., 5., 8. und 11. gemeint.[15]

a) Zusätzliche Altersversorgung der technischen Intelligenz (AAÜG, Anlage 1, 1.)[16]

Rechtsgrundlagen der DDR für die zusätzliche Altersversorgung der technischen Intelligenz waren:

- Verordnung über die zusätzliche Altersversorgung der technischen Intelligenz in den volkseigenen und ihnen gleichgestellten Betrieben vom 17.08.1950;[17]
- 2. Durchführungsbestimmung zu dieser Verordnung vom 24.05.1951;[18]
- Verordnung über die Erhöhung der Gehälter für Wissenschaftler, Ingenieure und Techniker in der DDR vom 28.06.1952;[19]
- Verordnung über die Neuregelung von Ansprüchen auf zusätzliche Altersversorgung der Intelligenz vom 01.03.1962.[20]

Die Begründung für die Einführung der zusätzlichen Altersversorgung der technischen Intelligenz ergab sich aus der Präambel zur o.a. Verordnung vom 17.08.1950:

> ›Die allseitige Entwicklung der wissenschaftlichen Forschungsarbeit und der Technik ist für den schnelleren planmäßigen Aufbau der Friedenswirtschaft der DDR von großer Bedeutung. Darum hat die technische Intelligenz, die vor allem diese großen wissenschaftlichen und technischen Aufgaben durchzuführen hat,

15 Vgl. zu allen Systemen den von der Überleitungsanstalt erarbeiteten Überblick (Stand: Anfang 1991), Anlage 8 dieses Gutachtens.
16 Vgl. zusammenfassend Anlage 8 dieses Gutachtens.
17 GBl.Nr. 93, S. 844.
18 GBl. Nr. 62, S. 487 (die 1. DB wurde durch die 2. DB ab 01.05.1951 außer Kraft gesetzt).
19 GBl. Nr. 84, S. 510.
20 GBl. Teil II, Nr. 13, S. 116.

einen Anspruch auf einen höheren Lebensstandard. Es ist notwendig, die Lebenslage der technischen Intelligenz in den volkseigenen und ihnen gleichgestellten Betrieben durch die Gewährung einer zusätzlichen Altersversorgung weiter zu verbessern.‹

Weiter heißt es in der Verordnung dazu:

›Für die Angehörigen der technischen Intelligenz in den volkseigenen und ihnen gleichgestellten Betrieben wird über den Rahmen der Sozialpflichtversicherung hinaus eine Versorgungsversicherung eingeführt.‹ (Vgl. § 1 der Verordnung vom 17.08.1950)

Ansprüche und Anwartschaften in Bezug auf das Zusatzversorgungssystem setzten voraus: Einen technischen Hoch- oder Fachschulabschluß, die Vereinbarung der Altersversorgung in einem Einzelvertrag, die Ausübung der Tätigkeit als Betriebsdirektor *oder* einen bedeutenden Einfluß auf den Produktionsprozeß sowie ein Anstellungsverhältnis des Versicherten zu einem volkseigenen oder diesem gleichgestellten Betrieb und den ständigen Wohnsitz in der DDR (vgl. §§ 1 und 2 der 2. Durchführungsbestimmung und § 1 Abs. 1 der Verordnung vom 01.03.1962).
Träger dieser Versicherung waren die für den Sitz des jeweiligen Betriebs zuständigen Versicherungsanstalten der Länder Brandenburg, Mecklenburg, Sachsen, Sachsen-Anhalt und Thüringen. Die Versicherungsanstalt des Landes Brandenburg war federführend. Ihr wurde die Bearbeitung sämtlicher Anträge auf Altersversorgung der Intelligenz und die Ausfertigung der Dokumente über diese Versorgung übertragen (vgl. § 2 der Verordnung vom 17.08.1950 und § 3 Abs. 4 - 6 der 2. Durchführungsbestimmung vom 24.05.1951).
Die zusätzliche Altersversorgung der technischen Intelligenz wurde neben der Altersrente gezahlt, sowohl für den Versicherten selbst wie auch für den hinterbliebenen Ehepartner und die Kinder, soweit sie unterhaltsberechtigt waren. Die Zusatzversorgung betrug in der Regel 60 % des durchschnittlichen Bruttoverdienstes der letzten zwölf Monate vor Eintritt des Rentenfalles, im Höchstfall 800,- Mark monatlich. Die Höchstgrenze von 800,- Mark wurde nicht angewandt, wenn bestimmte gesetzlich festgelegte Voraussetzungen erfüllt waren.
Die zusätzliche Versorgung für den hinterbliebenen Ehepartner betrug 50 % der zusätzlichen Rente des verstorbenen Versorgungsberechtigten.
Für die anspruchsberechtigten Voll- und Halbwaisen betrug die zusätzliche Versorgung insgesamt 25 % der zusätzlichen Rente des Verstorbenen (vgl. § 3 der Verordnung vom 17.08.1950, § 6 der 2. Durchführungsbestimmung

vom 24.05.1951 sowie §§ 1 bis 6, §§ 8 und 9 in Verbindung mit § 10 der Verordnung vom 28.06.1952).
Zur Finanzierung der zusätzlichen Altersversorgung der technischen Intelligenz wurden die erforderlichen Beiträge von den Betrieben, bei denen das Anstellungsverhältnis des Versorgungsberechtigten bestand, aufgebracht (vgl. § 4 der Verordnung vom 17.08.1950). War der Angehörige der technischen Intelligenz Mitglied der FZR, entfiel, wie erwähnt, seit 1.1.1978, dem Inkrafttreten der FZR-VO (§ 41), die Zahlung der Umlage durch den Betrieb (§ 17 Abs. 2 1. DB-FZR-VO), und die Altersversorgung wurde - neben dem Staatszuschuß - allein durch die Beiträge des Arbeitnehmers zur FZR finanziert.
Die Berechnung und Erhebung der Beiträge geschah in folgender Weise:

›Die Versicherungsanstalt des Landes Brandenburg hat jeweils zum Jahresende die im laufenden Jahr gezahlten Rentenleistungen zzgl. Verwaltungskosten zu ermitteln. Die Verteilung des sich hierbei ergebenden Gesamtbetrages auf die Betriebe hat in der Weise zu erfolgen, daß der Betrag entsprechend der Anzahl der in den einzelnen Betrieben versicherten Personen auf die volkseigenen und ihnen gleichgestellten Betriebe anteilig umgelegt wird‹ (vgl. § 4 der bereits erwähnten 2. DB vom 24.05.1951).

Daraus folgt, daß diese zusätzliche Altersversorgung aus Umlagen finanziert wurde, die vom Arbeitgeber (oder - im Falle des § 28 FZR-VO seit 1978 - durch Beiträge des Werktätigen zur FZR) getragen wurden.
Mit der Verwaltungsreform 1952 ging die Trägerschaft für die zusätzliche Altersversorgung sowie die Berechnung und Erhebung der Beitragsumlage auf die Deutsche Versicherungsanstalt über (später erfolgte deren Umbenennung in Staatliche Versicherung der DDR), ohne daß sich jeweils der sachliche Inhalt und die Rechtsvorschriften änderten.

b) Zusätzliche Altersversorgung der wissenschaftlichen, künstlerischen, pädagogischen und medizinischen Intelligenz (AAÜG, Anlage 1,4.)[21]

Rechtsgrundlagen für diese zusätzliche Altersversorgung waren:
- Verordnung über die Altersversorgung der Intelligenz an wissenschaftlichen, künstlerischen, pädagogischen und medizinischen Einrichtungen der DDR vom 12.07.1951;[22]

21 Vgl. zusammenfassend Anlage 8 dieses Gutachtens.
22 GBl. Nr. 85, S. 675.

- 1. Durchführungsbestimmung zur vorgenannten Verordnung vom 26.09.1951;[23]
- 2. Durchführungsbestimmung zur vorgenannten Verordnung vom 11.06.1959;[24]
- Verordnung über die Vergütung der Hochschullehrer sowie der wissenschaftlichen und künstlerischen Assistenten und über die Emeritierung der Professoren vom 12.07.1951;[25]
- Verordnung über die Erhöhung der Gehälter für Wissenschaftler, Ingenieure und Techniker in der DDR vom 28.06.1952;[26]
- Verordnung über die Neuregelung von Ansprüchen auf zusätzliche Altersversorgung der Intelligenz vom 01.03.1962.[27]

Als Begründung für die Einführung dieser zusätzlichen Altersversorgung wurde in der Präambel zur Verordnung vom 12.07.1951 u.a. ausgeführt:

> ›Den Wissenschaftlern, Künstlern, Lehrern, Erziehern und Ärzten, die sich durch ihr erfolgreiches und aufopferungsvolles Wirken um den friedlichen Aufbau verdient gemacht haben, bringt unser Volk Dank und Anerkennung entgegen.
> Zur weiteren Verbesserung der materiellen Lebensbedingungen der in Wissenschaft, Kunst, Erziehung und Gesundheitswesen tätigen Menschen wird von der Regierung der DDR daher folgendes verordnet:‹

Dazu besagte die Verordnung, daß für den genannten Personenkreis über den Rahmen der Sozialversicherung hinaus eine zusätzliche Altersversorgung eingeführt werde (vgl. § 1 der Verordnung vom 12.07.1951).
Als versorgungsberechtigter Personenkreis wurden die Angehörigen der Intelligenz in den wissenschaftlichen und öffentlichen Einrichtungen des Gesundheitswesens, des Bildungs- und Erziehungswesens, von Kunst und Kultur sowie die im öffentlichen Dienst stehenden Tierärzte bezeichnet (vgl. §§ 2-4 und 6 der Verordnung vom 12.07.1951).
Leistungen bzw. Anwartschaften aus der zusätzlichen Versorgung erhielt, wer zum Personenkreis der wissenschaftlichen, künstlerischen, pädagogischen oder medizinischen Angehörigen der Intelligenz zählte oder wenn die zusätzliche Altersversorgung in einem Einzelvertrag vereinbart war.

23 GBl. Nr. 117, S. 879.
24 GBl. Teil I Nr. 41, S. 612.
25 GBl. Nr. 85, S. 677.
26 GBl. Nr. 84, S. 510.
27 GBl. Teil II Nr. 13, S. 116.

Weiter waren ein Angestelltenverhältnis zu einer der genannten öffentlichen Einrichtungen und der ständige Wohnsitz in der DDR erforderlich (vgl. §§ 2 bis 7 und § 11 der Verordnung vom 12.07.1951 und § 1 Abs. 1 der Verordnung zum 01.03.1962).
Träger der zusätzlichen Altersversorgung waren zunächst ebenfalls die für den Sitz der jeweiligen öffentlichen Einrichtung zuständigen Landesversicherungsanstalten. Der Versicherungsanstalt des Landes Brandenburg in Potsdam war die Federführung sowie die Bearbeitung sämtlicher Anträge auf Altersversorgung der Intelligenz und die Ausfertigung der Dokumente für diese Versorgung übertragen worden (die Versicherungsanstalten der übrigen Länder waren zeitweilig für die Zahlung der Versorgungsleistungen an die Versorgungsberechtigten zuständig, § 3 der 1. DB. vom 26.09.1951).
Mit der Verwaltungsreform 1952 ging die Trägerschaft für die zusätzliche Altersversorgung auf die Deutsche Versicherungsanstalt über (später wurde diese, wie erwähnt, in Staatliche Versicherung der DDR umbenannt), ohne daß sich am sachlichen Inhalt und den geltenden Rechtsvorschriften für die zusätzliche Altersversorgung etwas änderte.
Die zusätzliche Altersversorgung der wissenschaftlichen, künstlerischen, pädagogischen und medizinischen Intelligenz sah eine zusätzliche Alters-, Invaliden- (Erwerbsunfähigkeits-), Berufsunfähigkeitsrente für den Versicherten selbst sowie Hinterbliebenenrenten für den hinterbliebenen Ehepartner und die Voll- sowie Halbwaisen vor.
Die Höhe der zusätzlichen Altersversorgung bei Erreichen der Altersgrenze, bei Invalidität oder Berufsunfähigkeit lag im allgemeinen bei 60 % des durchschnittlichen Bruttogehaltes der letzten 12 Monate vor Eintritt des Rentenfalles, maximal bei 800,- Mark monatlich, in Ausnahmefällen und bei der Emeritierung von ordentlichen Professoren bis zu 80 % des Bruttogehaltes.
Zusammen mit der Rente aus der Sozialpflichtversicherung waren die Gesamtrentenleistungen in der Regel auf 90 % des Nettoverdienstes der letzten zwölf Monate vor Eintritt des Rentenfalles begrenzt. Bei Wissenschaftlern der Akademien, Universitäten und Hochschulen erfolgte keine Anrechnung der Rente aus der Sozialpflichtversicherung auf diese Begrenzung von 90 %.
Die Höchstgrenze der zusätzlichen Altersversorgung von 800,- Mark wurde bei Erfüllung bestimmter gesetzlich festgelegter Bedingungen (z.B. bei hauptberuflich tätigen Professoren und Hochschuldozenten generell) nicht angewandt.
Die zusätzliche Versorgung für den hinterbliebenen Ehepartner betrug zu-

letzt 50 % der zusätzlichen Versorgung des verstorbenen Versorgungsberechtigten.
Für die versorgungsberechtigten Voll- und Halbwaisen betrug die zusätzliche Versorgung insgesamt 25 % der zusätzlichen Versorgung des Verstorbenen (vgl. §§ 8 und 9 der Verordnung über die Altersversorgung vom 12.07.1951 sowie §§ 10 und 11, §§ 13 und 14 der Hochschullehrervergütungsordnung vom 12.07.1951 sowie §§ 7 bis 9 in Verbindung mit § 10 der Verordnung vom 28.06.1952).
Die Versicherungsanstalt des Landes Brandenburg in Potsdam (später die Deutsche Versicherungsanstalt bzw. Staatliche Versicherung der DDR) hatte die monatlichen Rentenleistungen aus der zusätzlichen Altersversorgung jeweils für ein Kalenderjahr vorzufinanzieren und zum Schluß des jeweiligen Jahres gegenüber dem Ministerium der Finanzen, Hauptabteilung Staatshaushalt abzurechnen. Danach erfolgte die Erstattung der von der Versicherung verauslagten finanziellen Mittel zentral durch den Staatshaushalt. In den letzten fünfzehn Jahren wurden die Leistungen aus der zusätzlichen Altersversorgung durch vierteljährliche Abschlagszahlungen aus dem Staatshaushalt vorfinanziert und jeweils am Ende eines Kalenderjahres vollständig zwischen der Versicherung und dem Ministerium abgerechnet (vgl. § 4 der 1. DB. vom 26.09.1951).
Da es sich bei den Arbeitgebern der vorgenannten Angehörigen der Intelligenz um haushaltsfinanzierte Einrichtungen handelte, stellen die für die zusätzliche Altersversorgung aufgewandten Finanzmittel Beiträge der Arbeitgeber (öffentliche bzw. staatliche Einrichtungen) dar.
§ 28 FZR-VO samt DB, die bereits erwähnt worden sind, galten auch für dieses Zusatzversorgungssystem, d.h. auch hier wurde eine FZR in Höhe der Altersversorgung der Intelligenz gewährt bei Mitgliedschaft in der FZR, zu der Beiträge bis 1200 M oder seit 1976 bzw. 1978 bis zum vollen Einkommen entrichtet werden konnten. Dies hatte für Assistenten, Oberassistenten und Dozenten auch den Vorteil, daß sich dadurch der Bezug von Krankengeld ab der siebenten Woche wesentlich verbesserte (§ 282 Abs. 2 AGB). Professoren waren zwar auch insoweit abgesichert, doch waren auch von ihnen viele Mitglied in der FZR und zahlten entsprechend Beiträge - in Erfüllung einer »Vorbildfunktion« für ihre Mitarbeiter.
Eine überblickartige Zusammenstellung der Spezifika sämtlicher Zusatzversorgungssysteme hat die Überleitungsanstalt zu Beginn des Jahres 1991 vorgelegt.[28]

28 Vgl. Anlage 8 zu diesem Gutachten.

c) *Finanzierungsquellen von Zusatzversorgungssystemen*

Die Finanzierung der verschiedenen Zusatzversorgungssysteme erfolgte also unterschiedlich:

- zum Teil aus dem Staatshaushalt;
- zum Teil aus eigenen Beiträgen der Versicherten, jedenfalls anteilig neben Beiträgen des Arbeitgebers;
- zum Teil im Wege der Umlage nur von seiten des Arbeitgebers (in den Zusatzversorgungssystemen der technischen Intelligenz);
- zum Teil auch durch ein Umlagesystem durch interne Vorfinanzierung und anschließende Verrechnung im Staatshaushalt;
- zum größten Teil vermittelt über Beitragsleistungen der Versorgungsberechtigten selbst an die FZR (in allen Zusatzversorgungssystemen der Intelligenz).

3. *Zur Vervollständigung: Sonderversorgungssysteme*

Dies sind laut interner Aufstellung des BMA »eigenständige Sicherungssysteme anstelle der gesetzlichen Sozialpflichtversicherung. Neben Rentenleistungen aus diesen Systemen werden keine gleichartigen Renten aus der Rentenversicherung gezahlt. Es bestanden folgende Sonderversorgungssysteme:

- ehemaliges Ministerium für Staatssicherheit/Amt für nationale Sicherheit;
- nationale Volksarmee;
- ehemaliges Ministerium des Innern;
- ehemaliges Ministerium der Finanzen.«

II. *Die Rechtsentwicklung seit dem Staatsvertrag vom 18.05.1990*

1. *Zum Inhalt des Staatvertrages*

Art. 10 Abs. 5 Staatsvertrag stellte auch die Renten im Verhältnis 1 : 1 um. Der Staatsvertrag enthält eine Reihe von rentenrechtlichen Detailvorschriften, so in Art. 18 Abs.4, Anlage III (dort sind die von der DDR aufzuhebenden oder zu ändernden Rechtsvorschriften benannt), III. Sozialunion,

8. - 13., Anlage IV (die von der DDR neu zu erlassenden Rechtsvorschriften), II. Sozialunion, worin sich die DDR verpflichtete, ein Gesetz über die Sozialversicherung sowie ein Gesetz zur Angleichung der Bestandsrenten an das Nettorentenniveau der Bundesrepublik Deutschland und weitere rentenrechtliche Regelungen zu erlassen sowie in Anlage V (von der Bundesrepublik Deutschland zu ändernde Rechtsvorschriften, unter VI. 6-9.).
Die allgemeinen Grundsätze finden sich in Kap. IV Staatsvertrag, Art. 18 (Grundsätze der Sozialversicherung) sowie Art. 20 (Rentenversicherung).
Die Angleichung an das bundesdeutsche Rentenniveau orientiert sich an der Durchschnittsrente nach 45 Versicherungsjahren und soll 70 % des durchschnittlichen Nettoarbeitsverdienstes in der DDR betragen. Berechnungsbasis ist die volle Beitragsleistung zur Pflichtversicherung sowie zur FZR.
Für die rentennahen Jahrgänge wird in einer Übergangszeit von fünf Jahren dem Grundsatz des Vertrauensschutzes Rechnung getragen.
Die bestehenden Zusatzversorgungssysteme wurden gem. Art. 20 Abs. 2 grundsätzlich zum 01.07.1990 geschlossen, bestehende Ansprüche und Anwartschaften in die gesetzliche Rentenversicherung überführt, Leistungen aufgrund von Sonderregelungen sollten mit dem Ziel überprüft werden, ungerechtfertigte Leistungen abzuschaffen und überhöhte Leistungen abzubauen. Schon der Staatsvertrag enthält also als Zielrichtung die Überführung der Versorgungen in die Rentenversicherung.
Das Nettorentenniveau ergab in der DDR je nach Zugangsjahr unterschiedlich hohe Renten. Für das Zugangsjahr 1970 betrug sie 470,- Mark (Nettorentenniveau 49 %), für das Zugangsjahr 1980 506,- Mark (Nettorentenniveau 52,7 %) und für das Zugangsjahr 1990 602,- Mark (Nettorentenniveau 62,7 %). Bei einem angepeilten Nettorentenniveau von 70 %, welches für 45 Versicherungsjahre unter Ausschöpfung der Möglichkeiten zur Beitragszahlung in Pflichtversicherung und FZR definiert wurde,[29] mußte es daher je nach Zugangsjahr und abhängig von der Zahl der Arbeitsjahre verschieden hohe Zuschläge geben. Im einzelnen regelten dies §§ 2, 10 Rentenangleichungsgesetz (RAnglG).

29 Michaelis/Reimann, DAngVers 1990, S. 297.

2. Das Gesetz über die Sozialversicherung (SVG) sowie das Gesetz zur Angleichung der Bestandsrenten an das Nettorentenniveau der Bundesrepublik Deutschland und zu weiteren rentenrechtlichen Regelungen - Rentenangleichungsgesetz (RAnglG)

Art. 23 des Gesetzes über den Staatsvertrag vom 25.6.1990[30] konkretisierte die Vorgaben des Staatsvertrages. Entsprechend modifizierte die DDR mit dem SVG und dem RAnglG ihr bisheriges Rentenversicherungsrecht.
Beide in Erfüllung der im Staatsvertrag übernommenen Verpflichtungen erlassenen Gesetze datieren vom 28.06.1990. Sie sind übrigens vom Einigungsvertrag weitgehend aufrecht erhalten worden.
Nach § 22 Abs. 1 RAnglG wurden die bestehenden Zusatzversorgungssysteme zum 01.07.1990 geschlossen, die bis zum 30.06.1990 erworbenen Ansprüche und Anwartschaften in die Rentenversicherung überführt. Die Mehraufwendungen waren dieser aus dem Staatshaushalt zu erstatten (Art. 20 Abs. 2 S. 3 Staatsvertrag).
Die oben (1.) erwähnten Überprüfungen von Leistungen aufgrund von Sonderregelungen wurden wie folgt durchgeführt:

- Gem. § 23 Abs. 1 S. 1 RAnglG wurden am 01.07.1990 für Empfänger einer Zusatzversorgung die Renten aus der Sozialversicherung nicht erhöht.
- Renten aus den Versorgungssystemen der Parteien und gesellschaftlichen Organisationen, des Staatsapparates und der Generaldirektoren der Kombinate sowie Versorgungsbezüge aus den Sonderversorgungssystemen wurden generell auf monatlich 1.500,- DM begrenzt. Dies betrifft später im AAÜG, Anlage 1 die Ziff. 23. - 27., 21., 20., 19., 2. und 3. sowie in Anlage 2 die Ziff. 1. und 2. Laut amtlicher Begründung wurden damit die Verantwortungsträger im bisherigen politischen System betroffen, bei denen eine Kürzung ihrer Versorgung politisch gerechtfertigt sei.
- Die Überführung sollte im zweiten Halbjahr 1990 durch Neufestsetzung der Renten geschehen. Für Angehörige von Zusatzversorgungssystemen wurde dabei die Beitragszahlung entsprechend dem Einkommen für die Zeit ab 01.03.1971 fingiert (§ 24 Abs. 1, Ziff. 2 RAnglG).

§§ 26 f. RAnglG konkretisierten, was »Beseitigung ungerechtfertigter Leistungen« hieß. Danach wurden die Versorgungen wegen Teilberufsunfähigkeit sowie an erwerbsfähige Witwen und Witwer eingestellt, die wegen voller Berufsunfähigkeit begrenzt. Nach § 27 RAnglG konnten Ansprüche

30 BGBl. II S. 518.

oder Anwartschaften aus zusätzlichen Versorgungssystemen, insoweit ging die Volkskammer über die in Art. 20 Staatsvertrag übernommenen Verpflichtungen der DDR hinaus, gekürzt werden, wenn der Berechtigte in schwerwiegendem Maße seine Stellung zum eigenen Vorteil oder zum Nachteil anderer mißbraucht hatte. Die Kürzung durfte dabei nicht dazu führen, daß der Berechtigte insgesamt weniger Rente erhielt, als er entsprechend seinen gezahlten Beiträgen durch die Sozialversicherung erhalten hätte. Diese Bestimmung hat der Einigungsvertrag neu gefaßt.
Im siebenten Abschnitt regelte das Gesetz weitere Sonderleistungen, die sich auf Ehrenrenten und Ehrenpensionen des Ministerrats, Kampfgruppenzuschläge, Ehrenpensionen für Kämpfer gegen den Faschismus und Verfolgte des Faschismus sowie für deren Hinterbliebene und schließlich berufsbezogene Zuwendungen für Ballettmitglieder sowie aus betrieblichen Mitteln gezahlte Renten oder Pensionen bezogen.
Diese Sonderleistungen haben im Einigungsvertrag eine von den Zusatz- und Sonderversorgungssystemen gesonderte Regelung erfahren und finden sich auch nicht in Anlage 1 zum AAÜG.
Zur Überführung der Bestandsrenten (und analog der Anwartschaften nach § 25 RAnglG) ist noch zu bemerken:
Nach § 24 Abs. 1 Ziff. 2 RAnglG wurden, wie erwähnt, Zeiten in einem Versorgungssystem frühestens ab 01.03.1971 so gestellt, als ob Beiträge zur FZR entrichtet worden sind. »Berechnet wird also für diese Zeit eine FZR-Rente, die dann mit der Rente aus der Sozialpflichtversicherung zusammengeführt wird.«[31] Nach § 24 Abs. 3, Buchst. b) RAnglG wurde der bisherige Betrag weitergezahlt, wenn die neu festgesetzte Rente unter dem am 1.7.1990 gezahlten Gesamtbetrag aus Rente und Versorgung lag. Begrenzt wurde dies nur, wenn Versorgungsregelungen einen Gesamtbetrag von über 90 % des Nettoverdienstes zuließen.
Schon das RAnglG fingierte für Zusatzversorgungssysteme daher Beiträge und enthielt einen akzentuierten, gegenständlich differenzierten Besitzschutz.
»Die Anhebung der Beitragssätze auf bundesdeutsches Niveau (. . .) führt zu einer erheblichen Mehrbelastung sowohl der Betriebe als auch der Versicherten. Dabei ist allerdings zu berücksichtigen, daß die Betriebe in der Vergangenheit letztlich auch den hohen Staatszuschuß zur Sozialversicherung finanziert haben. Die neue Regelung bringt daher vor allem eine klarere Abgrenzung zwischen Beiträgen und Steuern. Die Belastung der Versi-

31 Michaelis/Reimann, DAngVers 1990, S. 299.

cherten, die bislang 10 % des Bruttoeinkommens ausgemacht hat, wird auf 17,9 % ansteigen.«[32]
Gem. § 19 RAnglG wurden die Renten aus der Pflichtversicherung und der FZR entsprechend der Entwicklung der Nettolöhne und -gehälter in der DDR angepaßt.
Gem. § 18 RAnglG wurde für Renten , die sich aus der Pflichtversicherung sowie der FZR ergaben und deren Zahlbetrag unter 495,- DM lag, ein Sozialzuschlag in Höhe der Differenz gezahlt. Dies galt auf Antrag auch, wenn die Summe der Renten und der Zusatz- oder Sonderversorgung weniger als 495,- DM betrug. Die Mittel dafür erstattete der Staat der Sozialversicherung ebenso wie die durch die Überführung der Zusatz- und Sonderversorgungssysteme in die Rentenversicherung entstehenden Mehraufwendungen (§§ 18 Abs. 5, 28 RAnglG sowie Art. 20 Abs. 2 S. 4 Staatsvertrag).
Gem. § 77 SVG - DDR wurde schließlich der Haushalt der Sozialversicherung der DDR mit Wirkung zum 1.7.1990 aus dem Staatshaushalt der DDR herausgelöst.

3. *Schlußfolgerungen für die weitere Untersuchung*

- Schon der Staatsvertrag enthält die Verpflichtung, Zusatz- und Sonderversorgungssysteme in die Rentenversicherung zu überführen (Art. 20 Abs. 2 S. 2). Darauf bauen das RAnglG (§ 22 Abs. 3) und später der Einigungsvertrag (Anl. II, Kap. VIII, H., Abschn. III, 9.b)) auf.
  »Dabei wäre es aus Gründen der Systemkonformität, des Schutzes der Beitragszahler vor zusätzlichen Belastungen und der Akzeptanz seitens der Beitragszahler angezeigt gewesen, auf eine derartige Überführung in die Rentenversicherung zu verzichten und die Ansprüche , soweit man sie für begründet hält, in einem gesonderten System außerhalb der Rentenversicherung abzuwickeln, zumal sich dabei differenziertere Gestaltungsmöglichkeiten ergeben hätten«.[33]
- Das RAnglG begrenzt die Zahlbeträge nur für bestimmte Zusatz- und Sonderversorgungssyteme ab 01.07.90 auf 1.500,- DM, nicht dagegen für die in § 23 Abs. 2 nicht genannten Systeme, insbesondere also nicht für die Zusatzversorgungssysteme der Intelligenz.
- Der bei etwa 50 % liegende Staatszuschuß aus dem alten Rentenversicherungssystem der DDR ist letztlich auch in der Vergangenheit von den

32 Ruland, DtZ 1990, S. 163.
33 Michaelis/Reimann, DAngVers 1990, S. 300.

Betrieben bzw. dem Staat als Arbeitgeber finanziert worden. Er wird nunmehr »umdefiniert« und präzisiert für die Sozialzuschläge sowie die Mehraufwendungen aus den Zusatz- und Sonderversorgungssystemen. »Im übrigen trägt auch in der DDR der Staat in besonderer Weise finanzielle Verantwortung für die Rentenversicherung. Er hat einen Staatszuschuß zu zahlen (Art. 20 Abs. 6 Staatsvertrag i.V.m. § 39 DDR-SVG), der ab 1991 18,8 % der Rentenausgaben betragen soll.«[34]

III. Rentenversicherung, insbesondere Zusatzversorgungssysteme nach dem Einigungsvertrag - Resümee der wesentlichen Bestimmungen

Der Einigungsvertrag enthält über den Staatsvertrag hinausgehende grundsätzliche Bestimmungen sowie eine Reihe von Detailregelungen zur Rentenversicherung im allgemeinen, den Zusatzversorgungssystemen im besonderen.

Danach blieben die Vorschriften der DDR zur Pflicht- sowie zur freiwilligen Versicherung bis zum 31.12.1991 grundsätzlich in Kraft, andere wurden schon zum 03.10.1990 bzw. zum 01.01.1991 Bundesrecht angeglichen.[35]

Die bisherigen beitragsrechtlichen Regelungen der DDR galten ebenfalls bis zum 01.01.1992 im allgemeinen fort. Die Beitragsbemessungsgrenze beträgt seit dem 01.01.1991 3.000,- DM , bis dahin belief sie sich auf 2.700,- DM.

Bis zum 01.01.1992 galt auch das Leistungsrecht der Rentenversicherung der ehemaligen DDR im allgemein fort, Ausnahme ist das Rehabilitationsrecht, das bereits seit 01.01.1991 angeglichen ist.

Die FZR-Verordnung und das RAnglG blieben grundsätzlich ebenfalls bis zum 31.12.1991 in Kraft, die Renten wurden also bis zu diesem Datum nach dem Recht der ehemaligen DDR berechnet.

Für Rentenzugänge ab 01.01.1992 gilt das SGB VI mit gewissen Modifikationen für Rentenanwartschaften aus Zusatz- und Sonderversorgungssystemen bis zum 31.12.1993 sowie mit Vertrauensschutzbestimmungen nach Art. 30 Abs. 5 EV, die sich auf einen Rentenbeginn bis zum 30.06.1995 erstrecken.

34 Ruland, a.a.O.

35 Vgl. näher Michaelis/Reimann, DAngVers 1990, S. 419 mit konkreter Darstellung der einzelnen Aspekte.

Überdies soll nach derselben Regelung des Einigungsvertrages die Überleitung von dem Ziel bestimmt sein, mit der Angleichung der Löhne und Gehälter in der ehemaligen DDR an diejenigen in den übrigen Ländern auch eine Angleichung der Renten zu verwirklichen.
Eine Reihe von Zusatzrentensystemen wurden geschlossen und zum Teil den Tarif- oder Betriebsparteien überantwortet (Anl II, Kap VIII, Sachgebiet H, Abschn. III, 2. - 6. EV). Die Leistungen aus der Anordnung über Ehrenpensionen für Kämpfer gegen den Faschismus und für Verfolgte des Faschismus und für deren Hinterbliebene waren bis zum 31.12.91 zu gewähren. Die zu diesem Zeitpunkt laufenden Leistungen an Berechtigte und sich daraus ableitende Leistungen an Hinterbliebene werden weitergezahlt.
Zu den Zusatz- und den Sonderversorgungssystemen trifft der Einigungsvertrag, a.a.O., 9. eine Reihe von Festlegungen:

- Die erworbenen Ansprüche und Anwartschaften wegen Alter waren bis zum 31.12.1991 in die Rentenversicherung zu überführen.
- Ansprüche und Anwartschaften waren nach Art, Grund und Umfang den Ansprüchen und Anwartschaften nach den allgemeinen Regelungen der Sozialversicherung der ehemaligen DDR anzupassen. Dabei waren ungerechtfertigte Leistungen abzuschaffen und überhöhte Leistungen, und zwar »nach den Kriterien der Sozialversicherung« (Erläuterung zu Nr. 9), abzubauen - wenngleich ersteres schon § 26 RAnglG, letzteres § 23 Abs. 2 RAnglG sowie des Gesetz der Volkskammer über die Aufhebung der Versorgungsordnung des ehemaligen Ministeriums für Staatssicherheit/Amtes für Nationale Sicherheit v. 29.6.1990[36] besorgt bzw. angegangen hatten.
- Darüber hinaus waren - ganz so, wie das RAnglG dies auch bestimmt hatte - die Ansprüche und Anwartschaften zu kürzen oder abzuerkennen, wenn der Berechtigte gegen die Grundsätze der Menschlichkeit und der Rechtsstaatlichkeit verstoßen oder in schwerwiegendem Maße seine Stellung zum eigenen Vorteil oder zum Nachteil anderer mißbraucht hat. Von einer weitergehenden, pauschalen bzw. allgemeinen Begrenzung von Anwartschaften oder Ansprüchen sieht der EV ab.
- Bei Personen, die am 03.10.1990 leistungsberechtigt waren, durfte bei der eben erwähnten Anpassung der Zahlbetrag nicht unterschritten werden, der für Juli 1990 aus der Sozialversicherung und dem Versorgungssystem zu erbringen war. Das gleiche gilt für Personen, die zwischen dem 04.10.1990 und 30.06.1995 leistungsberechtigt werden.

36 GBl. I S. 501.

- Die amtliche Erläuterung zum Einigungsvertrag bestimmt explizit: ›Für Personen, die am 03.10.1990 bereits Leistungen wegen (. . .) Alter aus dem Versorgungssystem beziehen, soll bei der Anpassung an die allgemeinen Regelungen der Sozialversicherung der für Juli 1990 zu erbringende Rentenzahlbetrag gewährleistet bleiben.‹

IV. Die 1. und 2. Rentenanpassungsverordnung (RAV) der Bundesregierung

Diese beiden Verordnungen der Bundesregierung[37] erhöhten zunächst die Renten zum 01.01. bzw. 01.07.1991 um jeweils 15 %, sahen überdies differenzierte, teils ergänzende, teils abweichende Regelungen in bezug auf Zusatz- und Sonderversorgungssysteme vor.

1. Die 1. RAV vom 14.12.1990

Wie erwähnt, wird im 6. Abschnitt des RAnglG , der von Zusatzversorgungssystemen handelt, gem. § 23 Abs. 1 S. 1 bestimmt, daß die bis zum 30.06.1990 gezahlten Renten und zusätzlichen Versorgungen ab 01.07.1990 bis zur Überführung in die Rentenversicherung in unveränderter Höhe weitergezahlt wurden. »Die Bundesregierung war der Meinung, insbesondere Rentenbeziehern mit geringen Zusatzversorgungsleistungen nicht länger die Rentenangleichung und auch eine mögliche Rentenanpassung vorenthalten zu können. Ohne der endgültigen Überführung der Zusatzversorgungen in die RV vorgreifen zu wollen, wurde eine Zwischenlösung entwickelt.«[38]
Gem. § 6 Abs. 1 1.RAV wurden dementsprechend die nach § 23 Abs. 1 RAnglG nicht anzugleichende Renten nach den für Arbeitnehmer ohne Zusatzversorgung geltenden Bestimmungen der Rentenverordnung festgesetzt und nach den Bestimmungen des 1. und 2. Abschnitts des Rentenangleichungsgesetzes angeglichen. Eine Nachzahlung wurde insoweit geleistet, als der sich aus der Neufestsetzung ergebende Betrag den Betrag einer gleichartigen zusätzlichen Versorgung überstieg. Dies wurde ähnlich für die Be-

37 Vom 14.12.1990 - BGBl. I S. 2867 sowie vom 19.6.1991 - BGBl. I S. 1300.
38 Heller, DAngVers 1991, S. 42.

zugszeiten vom 01.07.1990 bis 31.12.1990 (§ 6 Abs. 2 RAV) sowie für die Zeit ab 01.01.1991 geregelt (§ 6 Abs. 3).
Waren die Erhöhungsbeträge niedriger als die Zusatzversorgung, wurde nichts nachgezahlt, sondern die Zusatzversorgung vorübergehend entsprechend gemindert.
Der Zahlbetrags-Besitzschutz wurde demnach auch durch die 1. RAV in vollem Umfang gewahrt.
Das Verfahren der Rentenanpassung lief konkret also wie folgt:
- Neufestsetzung der Renten nach der Rentenverordnung;
- Nachholung der Rentenangleichung durch Anpassung der neu festgesetzten Rente um den Erhöhungsbetrag;
- Vergleich des monatlichen Erhöhungsbetrages aus der Neufestsetzung der Renten nach der Rentenverordnung sowie der Nachholung der Rentenangleichung mit der gleichartigen Zusatzversorgung; - ggfs. Anrechnung des gesamten Erhöhungsbetrages auf die Zusatzversorgung, so daß der bisherige monatliche Gesamtbetrag unverändert blieb;
- Rentenanpassung zum 01.01.1991 durch Erhöhung der angeglichenen Rente um 15 %;
- schließlich ggf. weitere vorübergehende Verminderung der Zusatzversorgung um den eben erwähnten Erhöhungsbetrag.

2. Die 2. RAV vom 19.06.1991

Die seit 01.07.1991 geltende Verordnung datiert vom 19.06.1991, also unmittelbar vor der 2. und 3. Lesung des RÜG am 21.06.1991.
»Die bereits im zweiten Halbjahr 1990 erkennbare Tendenz einer Annäherung des Lohn- und Gehaltsniveaus im Beitrittsgebiet an das der alten Bundesländer wird sich auch im weiteren Verlauf des Jahres 1991 fortsetzen (. . .) Um entsprechend der Vorgabe des Staatsvertrages im Beitrittsgebiet ein Nettorentenniveau von 70 % zu ermöglichen, ist daher zum 01.07.1991 eine Anhebung der Renten sowie der Kriegsbeschädigtenrenten im Umfang von 15 % erforderlich, wodurch die Standardrente in den beigetretenen Ländern 50,77 % der Standardrente im übrigen Bundesgebiet erreicht.«[39]
»Bei der Rentenanpassung zum 01.07.1991 soll nunmehr ein weiterer Zwischenschritt in Richtung auf die Überführung von Ansprüchen und Anwartschaften aus Zusatz- und Sonderversorgungssystemen in die Rentenversicherung erfolgen: Erhöhungsbeträge aus der Rentenanpassung zum

39 Begründung zur Verordnung der Bundesregierung - BR-Drs 255/91 vom 25.04.1991.

01.07.1991 sollen nur noch in begrenztem Umfang auf zusätzliche Versorgungen angerechnet werden (...). Eine darüber hinausgehende Anpassung - z.B. auch der Zusatzversorgung selbst - ist nicht vorgesehen, um das Entstehen neuer (sic!) Besitzstände zu vermeiden.«[40]
Die Bundesregierung war sich, wie die Begründung ergibt, also im Klaren darüber, daß schon Besitzstände zu beachten waren, denn sie wollte nur das Entstehen neuer vermeiden, nicht jedoch alte abbauen, wie auch die Regelung in § 8 2. RAV im einzelnen belegt. Hieraus ergibt sich, daß die bisherige Zusatzversorgung, soweit der Zahlbetrag die dort genannten Grenzwerte überstieg, um den Betrag der Rentenerhöhung gemindert wurde, so daß der alte Zahlbetrag erhalten blieb, sich aber neu zusammensetzte.
Dies wurde in den Mitteilungen über die Rentenanpassung nach der 2. RAV im einzelnen so durchgeführt:

- Die bisherige Rente aus der Sozialversicherung wurde um 15 % erhöht;
- die Addition der neuen Rente mit der bisher gewährten, gleichartigen Zusatzversorgung wurde mit dem Grenzwert gem. § 8 Abs. 2 2. RAV, der z.B. für Versicherte 1.500,- DM betrug, verglichen;
- die Zusatzversorgung wurde um den Erhöhungsbetrag aus der SV-Rente gemindert und ergab zusammen mit der SV-Rente denselben Gesamtauszahlbetrag ab 1. Juli 91 wie zuvor auch.

Weder die 1. noch die 2. RAV haben also den zum 01.07.1990 maßgebenden Zahlbetrag bei Rentenansprüchen oder -anwartschaften gemindert, bei niedrigen Ansprüchen aus Zusatzversorgungssystemen wohl aber erhöht.
Die Anpassung der Rentenansprüche und -anwartschaften bei Leistungen aus Zusatzversorgungssystemen erfolgte also seit dem Einigungsvertrag kraft der beiden RAV in mehreren Schritten unter strikter Wahrung des Zahlbetrags-Besitzschutzes des EV. Noch die 2. RAV folgte diesem Prinzip, obwohl der Gesetzentwurf der Bundesregierung vom 11.04.1991 in der Begründung schon angekündigt hatte, diese Vorgabe sei nicht zu halten. Die Bundesregierung war aber offenbar der Auffassung, die zum 01.07.1991 in Aussicht gestellte Rentenanpassung durchführen zu müssen - allerdings um einen Monat danach den gerade neu festgesetzten Rentenzahlbetrag durch Gesetz auf teilweise etwas mehr als die Hälfte reduzieren zu lassen.

40 A.a.O., S. 70.

V. Zur Entstehung und zum Inhalt des Renten-Überleitungsgesetzes (RÜG) vom 25.7.1991[41], insbesondere in Bezug auf die Zusatzversorgungssysteme

Der Titel des im Bundesgesetzblatt vom 31.7.1991 veröffentlichten Gesetzes lautet »Gesetz zur Herstellung der Rechtseinheit in der gesetzlichen Renten- und Unfallversicherung (Renten-Überleitungsgesetz - RÜG)«.

1. Zur Entstehung des RÜG

»Lassen Sie sich von dem bürokratisch klingenden Kürzel »Rentenüberleitungsgesetz« nicht täuschen. Hier wird über die Lebenslage von Rentnern und Renterinnen - ich sage es einmal ein bißchen pathetisch -, von Witwen und Waisen entschieden. Hier werden die Weichen für die materielle Existenzgrundlage auch derjenigen gestellt, die heute noch Jahre oder Jahrzehnte vor dem Rentenbeginn stehen.«[42]
Dieses Zitat aus der Rede der Abgeordneten Mascher (SPD) aus der 2. Lesung des RÜG am 21.06.1991 verdeutlicht die praktische sozialpolitische Bedeutung dieses Gesetzgebungswerkes.
Der Einigungsvertrag hatte dem Gesetzgeber den verbindlichen Auftrag erteilt, die Materie bis zum 31.12.1991 zu regeln. Da die Rentenversicherungsträger etwa ein halbes Jahr Vorlauf brauchten, sollte das Gesetzgebungsverfahren bis zur parlamentarischen Sommerpause abgeschlossen werden.
Der Gesetzentwurf datiert vom 11.04.1991, die Schlußabstimmung fand am 21.06.1991, also nur zehn Wochen danach statt. Diese kurze Frist für ein derart komplexes Gesetzgebungswerk, das im Verlauf der parlamentarischen Beratungen zudem noch grundsätzlich geändert wurde - so war der erste Entwurf schon in der Fassung der Beschlußempfehlung des Ausschusses vom 19.06.91 durchgreifend modifiziert worden - verdeutlicht den Zeitdruck, unter dem alle Beteiligten standen.
Das Gesetz trat grundsätzlich zum 01.01.1992 in Kraft, maß sich aber nach Maßgabe seines Art. 42 teilweise langfristige Rückwirkung bei. Mit Wirkung vom 01.08.1991 trat u.a. Art. 3 RÜG, das AAÜG also, in Kraft.
Die SPD hatte anstelle eines Rentenüberleitungs- ein Rentenvorschaltge-

41 BGBl. I 1991, S. 1605.
42 BT, Stenograph. Bericht 35. Sitzung vom 21.6.1991, Protokoll 12/35, S 2933.

setz vorgeschlagen, war damit aber im Ausschuß gescheitert und zog zur Schlußabstimmung ihren Antrag schließlich zurück.[43]
Zum Hintergrund und zum Gang der parlamentarischen Beratungen sei der Abgeordnete Dreßler (SPD) zitiert:

»Was heute vorliegt, ist aber nicht mehr der gleiche Gesetzentwurf. Wir erleben heute die wohl einmalige Situation, daß die Koalitionsfraktionen zusammen mit der SPD einen Änderungsantrag zur 2. Lesung einbringen, der den ursprünglichen Gesetzentwurf in wesentlichen Punkten aufhebt und andere zukunftsweisende Impulse ausweist. Dies, meine Damen und Herren, ist das Resultat langer und intensiver Verhandlungen, die beide Seiten unter Einbeziehung der Bundesländer geführt haben. Diese Verhandlungen haben wir geführt, um bei diesem Gesetz, das der Zustimmung des Bundesrates bedarf, die Anrufung des Vermittlungsausschusses und die Notwendigkeit von Sondersitzungen von Bundestag und Bundesrat während der Sommerpause zu vermeiden.«[44]

Vom 20.06. bis zur 2. und 3. Lesung im Bundestag am 21.06. wurde von den drei Bundestagsfraktionen noch eine völlige Neufassung des Art. 4 - aus einem Versorgungskürzungs- wurde ein Versorgungs-Ruhensgesetz - und eine weitgehende Neufassung des Art. 3 vorgelegt, der u.a. die Zusatzversorgungssysteme der Parteien fast gänzlich von der Überführung ausklammerte. Diesem Entwurf wurde offenbar aufgrund von Zeitnot keine Gesetzesbegründung mehr angefügt.
Die parlamentarische Schlußabstimmung erbrachte eine Annahme des Gesetzentwurfes gegen die Stimmen der beiden Gruppen PDS/Linke Liste und Bündnis 90/GRÜNE. Außerdem wurde ein Entschließungsantrag der drei Bundestagsfraktionen angenommen.
Im Laufe der parlamentarischen Behandlung führte der zuständige Ausschuß für Arbeit und Sozialordnung des Bundestages drei umfangreiche Anhörungen durch:
- eine eher allgemeine, die auch verfassungsrechtliche Probleme bereits einschloß, am 16./17.05.1991;[45]

43 Schließlich war das RRG '92 erst am 08.11.1989 im Parlament beschlossen worden. Es stellten sich daher bei der Beratung des RÜG weitreichende politische Alternativen: Den Rentenreformkompromiß, der unter Einbeziehung aller parlamentarisch maßgebenden Kräfte zustandegekommen war, auf die fünf neuen Länder zu erstrecken oder schon vor dessen Inkrafttreten eine erneute Rentenreform unter Einbeziehung von Strukturelementen beider Systeme zu wagen; oder durch ein Vorschaltgesetz erst einmal Zeit zu gewinnen, um eine Reform gründlicher vorzubereiten. Im allgemeinen setzte sich der schon vom Einigungsvertrag vorgezeichnete Weg durch bei Offenhalten von Reformoptionen, insbesondere in Bezug auf die eigenständige Sicherung der Frau durch das Rentensystem.
44 Plenarprotokoll, a.a.O., S.2945.
45 Stenografisches Protokoll, 15. Sitzung - 752-2450 -.

- eine Anhörung zu verfassungsrechtlichen Problemen, insbesondere der Art. 3 und 4 des Gesetzentwurfes zum RÜG, vom 05.06.1991;[46]
- schließlich eine Sachverständigenanhörung zur Rechtmäßigkeit von Art. 3 § 14 (Parteien-Systeme) in der Fassung des Änderungsantrages der Fraktionen CDU/CSU und FDP vom 17.06.1991.[47]

Die Schlußdebatte am 21.06., die unter dem Eindruck des kurz zuvor mühsam gefundenen Kompromisses stand, widerspiegelte u.a.

- ein gewisses Pathos über die bedeutsamen und weitreichenden Resultate;[48]
- die Betonung des Kompromißcharakters des Ausgangs der parlamentarischen Diskussion;
- die Hervorhebung des Übergangscharakters des RÜG zur Überbrückung zweier inkompatibler Alterssicherungssysteme, was notwendigerweise zu Friktionen führen müsse; in Verbindung damit die Betonung eines besonders scharfen Systembruchs;[49]
- die wiederholten rechtspolitischen Bedenken hinsichtlich der fehlenden eigenständigen Alterssicherung der Frauen;
- die ebenfalls häufig geäußerte Warnung vor der Verquickung von Strafrecht mit Sozialrecht;
- die Betonung gravierender verfassungsrechtlicher Bedenken in bezug auf die vor allem in Art. 3 und 4 RÜG geregelten Gegenstände;[50]
- schließlich wird des öfteren der »unfertige« Charakter des RÜG deutlich, so etwa
  - in der Entschließung des Bundestages;
  - in der zunächst summarischen Rentenüberleitung, was - im Verlaufe der parlamentarischen Anhörungen grob geschätzt - mit Einsparungen von ca. 700 Mio DM verbunden ist und in den auf summarischen Angaben beruhenden Rentenbescheiden zum 01.01.1992 zum Ausdruck kommt, die frühestens 1994 überprüft werden bzw. werden können;
  - schließlich im Offenlassen der gesetzlichen Behandlung der Zusatzversorgungssysteme der Parteien.

46 Stenografisches Protokoll, 17. Sitzung.
47 Stenografisches Protokoll, 22. Sitzung.
48 Vgl. z.B. Plenarprotokoll, a.a.O., S. 2930, 2933.
49 Ebd., S. 2956.
50 Von fünfzehn Rednern in der 2. Lesung erwähnten diese mindestens fünf, die allen drei Fraktionen angehören. Auch die letzte, entschärfte Fassung, veranlaßte sie zu der mehr oder minder offenen Aufforderung an »Karlsruhe«, es »zu richten«.

2. Die Behandlung der Zusatzversorgungssysteme im RÜG - Überblick über die gesetzliche Regelung im AAÜG

a) Allgemeines

Das AAÜG regelt die Überführung von 22 der ursprünglich wohl insgesamt 63 Zusatzversorgungssysteme sowie der vier Sonderversorgungssysteme in die gesetzliche Rentenversicherung abschließend. Die fünf Zusatzversorgungssysteme der Parteien der DDR (AAÜG, Anlage 1, 23.-27.) bleiben weitgehend einer gesonderten gesetzlichen Regelung überlassen (§§ 2 Abs. 2 iVm 14 AAÜG).

Die ursprünglich 63 Zusatzversorgungssysteme sind dadurch zu insgesamt 27 »geschrumpft«, daß unter einer Ziffer der Anlage 1 teilweise mehrere Zusatzversorgungssysteme zusammengefaßt worden sind.[51] Dies gilt vor allem für die freiwillige zusätzliche Altersversorgung für hauptamtliche Mitarbeiter gesellschaftlicher Organisationen, hinter welcher Sammelbezeichnung sich ursprünglich wohl über 30 verschiedene Zusatzversorgungssysteme verborgen haben.

Die schon im EV gesondert geregelten zusätzlichen Alterssicherungssysteme, die sich auf Angehörige der Deutschen Post, der Reichsbahn, auf die Zusatzrentenversorgung für die Arbeiter und Angestellten in den wichtigsten volkseigenen Betrieben, Ehrenpensionen für Kämpfer gegen Faschismus und für Verfolgte des Faschismus und für deren Hinterbliebene und auf die Gewährung einer berufsbezogenen Zuwendung an Ballettmitglieder in staatlichen Einrichtungen beziehen, werden vom RÜG nicht erfaßt, folglich durch dieses Gesetz auch nicht in die gesetzliche Rentenversicherung überführt.[52]

Das AAÜG ist gem. Art. 42 Abs. 8 RÜG zum 01.08.1991 in Kraft getreten. Zu diesem Datum sind bereits Rentenbescheide in Anwendung des § 10 AAÜG (Begrenzung der Zahlbeträge auf 2.010,- DM) erlassen worden.

Die übrigen Bestimmungen traten zum 01.01.1992 in Kraft. Zu diesem Datum ergingen dann auch die übrigen Rentenbescheide in Anwendung der §§ 256 a , 307 b SGB VI.

51 BR-Drs. 197/91, S. 146.
52 Ausführlicher zu diesen Systemen Reimann, DAngVers 1991, S. 286.

b) Die allgemeine Gesetzesbegründung zum AAÜG

Sieht der Einigungsvertrag die Weitergewährung der am 01.07.1990 zustehenden Zahlbeträge aus einem Zusatzversorgungssystem bzw. die Berechnung nach der am 01.07.1990 zustehenden Anwartschaft auf Rente aus einem Zusatzversorgungssystem vor, so betont schon die (für das gesamte Gesetzgebungsverfahren allein erstellte) Begründung des ersten Entwurfs:

> »Eine in der Zwischenzeit durchgeführte Bestandsaufnahme der Zusatz- und Sonderversorgungssysteme hat ergeben, daß die Einhaltung der Vorgaben des Einigungsvertrages zu nicht sachgerechten und zu nicht nur sozialpolitisch unvertretbaren Ergebnissen führen müßte. Eine Beitragspflicht war nur teilweise gegeben (. . .) Geleistete Beitragszahlungen sind deshalb als Kriterium für die Berechnung der Leistungen ungeeignet. Völlig unvertretbar wäre jedoch die Beibehaltung der Besitzschutzregelung des Einigungsvertrages mit der Folge der Weiterzahlung und Neubewilligung von Leistungen bis zum Mehrfachen der Höchstrente aus der Rentenversicherung vor allem auch bei Personen, die unter den politischen Rahmenbedingungen der ehemaligen DDR in hohe und höchste Funktionen aufsteigen konnten und deren Versorgungsansprüche sich teilweise ausschließlich auf Ministerratsbeschlüsse (. . .) stützen. Können aber die Vorgaben des Einigungsvertrages nicht eingehalten werden , ergibt sich die Notwendigkeit einer gesetzlichen Regelung« (anstelle der im Einigungsvertrag ursprünglich vorgesehenen Regelung durch Rechtsverordnung der Bundesregierung, d. Verf.).[53]

Die Abweichungen vom Einigungsvertrag sind danach in mehrfacher Hinsicht gegeben:
- Der Zahlbetragsschutz wird nicht eingehalten;
- die Orientierung an den Beitragszahlungen, die das RAnglG noch verfolgte, wird aufgegeben;
- die Neuregelung erfolgt durch Gesetz anstatt durch Rechtsverordnung.

c) Zusammenfassung der wichtigsten Aussagen des AAÜG

aa) Die Zusatzversorgungssysteme werden von den Funktionsnachfolgern gem. Art. 13 EV in die gesetzliche Rentenversicherung überführt, nicht etwa in die Trägerschaft von Bund, Ländern, Kommunen oder sonstigen Körperschaften des öffentlichen Rechts, die die Versorgung der Angehörigen des öffentlichen Dienstes finanzieren.

53 BR-Drs 197/91, S. 113.

Exkurs: Die Alterssicherung vergleichbarer Personengruppen in der alten Bundesrepublik

Die in der Anlage 1, 1. - 22. AAÜG aufgeführten Personenkreise gehören in den Altländern teils der Beamtenversorgung, teils Zusatzversorgungssystemen für Arbeitnehmer in der Privatwirtschaft (betriebliche Altersversorgung) oder der öffentlichrechtlichen Zusatzversorgung für Angehörige des öffentlichen Dienstes (vor allem der VBL) oder den verschiedenen Alterssicherungssystemen für Selbständige an. So sind etwa in der öffentlichrechtlichen Zusatzversorgung in der alten BRD derzeit über 5 Mio Versicherte im unmittelbaren oder mittelbaren öffentlichen Dienst erfaßt, über 1 Mio Menschen beziehen Renten bzw. Hinterbliebenenrenten. Die Beamtenversorgung erfaßte 1988 1,85 Mio aktive Bedienstete. Die Zahl der Versorgungsempfänger belief sich auf 1,25 Mio.[54] Freiberuflich Tätige aus den sogenannten kammerfähigen Berufen (z.B. Apotheker, Ärzte, Steuerberater, Rechtsanwälte) sind nach landesgesetzlichen Vorschriften in öffentlichrechtlichen Versicherungs- und Versorgungswerken erfaßt. Schließlich basiert für eine kleinere Gruppe die Alterssicherung hauptsächlich auf privater Vorsorge (z.B. Lebensversicherungen bzw. auf Erträgen aus Vermögen einschließlich Miet- und Pachteinnahmen). Dies trifft aber derzeit auf weniger als 3 % der älteren Generation zu. Einnahmen aus Erwerbstätigkeit bilden ebenfalls für weniger als 3 % der über 65-jährigen die primäre Quelle ihrer Alterssicherung. Dabei handelt es sich zu rd. 50 % um Selbständige.[55]
In dieser Einbeziehung der in Anlage 1 AAÜG genannten Personengruppen in die gesetzliche Rentenversicherung bzw. in der Beschränkung hierauf liegt die Wurzel des sozialpolitischen und auch verfassungsrechtlichen Konflikts.

Ende des Exkurses

Da in diesen Zusatzversorgungssystemen (anders als bei den Sonderversorgungssystemen und den Zusatzversorgungssystemen der Parteien) nur teilweise Beiträge entrichtet wurden (so z.B. in der freiwilligen zusätzlichen Altersversorgung für hauptamtliche Mitarbeiter des Staatsapparates, AAÜG, Anlage 1, 19., aber z. T. auch in den Zusatzversorgungssystemen der Intelligenz laut AAÜG, Anlage 1,1., 4., 5., 8. und 11.), die Finanzie-

54 Bäcker/Bispinck/Hofemann/Naegele, Sozialpolitik und soziale Lage in der Bundesrepublik Deutschland, 1989, Bd. II, S. 226 mit Übersichten S. 228 f.

55 Bäcker u.a., a.a.O., S. 228 f.

rung vielmehr vielfach durch Umlagen der Betriebe (etwa im Zusatzversorgungssystem der technischen Intelligenz, AAÜG, Anlage 1, 1.) oder durch Verrechnungsposten innerhalb des Staatshaushaltes (so etwa im Zusatzversorgungssystem für die wissenschaftliche, künstlerische, pädagogische und medizinische Intelligenz, AAÜG, Anlage 1, 4.) oder aber - wie dargestellt - durch eigene Beiträge zur FZR geschah, wurden - so die Begründung zum Gesetzentwurf - Beiträge der Arbeitnehmer anders als bei der Überführung der Pflichtversicherungs- und FZR-Renten (vgl. § 256 a Abs. 2 und 3 SGB VI) nicht als Anknüpfungspunkt für die Überführung der Renten und Anwartschaften aus Zusatz- und Sonderversorgungssystemen angesehen. Dementsprechend fingiert § 6 AAÜG für die Ermittlung der Entgeltpunkte nach § 256 a SGB VI die Zahlung von Beiträgen.[56]

bb) Es wird also in bezug auf die Zusatzversorgungssysteme in Anlage 1 AAÜG eine Art »Nachversicherung« durchgeführt, allerdings nicht auf Antrag, wie etwa bei ausgeschiedenen Beamten nach westdeutschem Rentenversicherungsrecht, sondern kraft Gesetzes, und zwar für die Zeiten, die in den Systemen zurückgelegt worden sind (§ 5 Abs. 1 AAÜG).

(1) Dabei fingiert § 5 Abs. 2 AAÜG (s.auch § 259 b SGB VI) als Zeiten der Zugehörigkeit zu einem Versorgungssystem auch solche Zeiten vor dessen Einführung, die, hätte es bestanden, in dem System zurückgelegt worden wären. Für einen seit 1950 als Orchestermusiker tätigen Arbeitnehmer wird also so getan, als ob er seit dieser Zeit dem Zusatzversorgungssystem, das erst zum 01.01.1986 errichtet worden ist (AAÜG, Anlage 1, 14.), angehört hat. Die »Nachversicherung« nach dem AAÜG mit seinen Begrenzungen nach § 6 ergreift also auch Zeiten, für die der Arbeitnehmer Beiträge zur Pflichtversicherung sowie zur FZR entrichtet hat. Die tatsächlich geleisteten Beiträge werden dergestalt in fiktive verwandelt und dem AAÜG unterworfen, welches diese zu fiktiven deklarierten Beiträge nach Maßgabe von § 6 begrenzt.

(2) § 2 Abs. 3 AAÜG ordnet an, daß bei Rentenzeiten teils innerhalb eines Versorgungssytems, teils außerhalb desselben die gesamte Zeit als in dem Versorgungssystem zurückgelegt gilt, folglich insgesamt auch den Begrenzungen bzw. Modalitäten der §§ 6, 10 AAÜG unterliegt. Dies zielt vor allem auf § 28 1. FZR-VO, wo bestimmt war, daß Werktätige, die der FZR beigetreten waren und danach in die zusätzliche Altersversorgung der Intel-

56 Ähnlich schon § 24 Abs. 1 Ziff. 2 RAnglG.

ligenz einbezogen wurden, oder erst in diese einbezogen wurden und danach der FZR beitraten, anstelle der Altersversorgung der Intelligenz eine Zusatzrente in Höhe der zugesicherten Altersversorgung der Intelligenz erhielten, sofern die Zusatzrente aufgrund ihrer Beitragszahlung und der Beitragszahlung des Betriebes nicht höher war. § 28 1. FZR-VO versprach also eine FZR-Rente.
Wer 18 Jahre und 11 Monate der FZR angehörte und schließlich noch für einen Monat in die zusätzliche Altersversorgung der Intelligenz einbezogen wurde, für den fingiert demnach § 2 Abs. 3 AAÜG, daß er die gesamte Zeit Ansprüche aus dem Versorgungssystem erworben hat. Folglich gelten auch in diesem extremen Beispiel die Entgeltbegrenzungen bei der Rentenfestsetzung, die das AAÜG bestimmt. In einem solchen Fall wurde nach § 10 Abs. 3 AAÜG ab 01.08.1991 auch der Zahlbetrag im Vorgriff auf die Überführung in die Rentenversicherung begrenzt.

cc) Aus dem AAÜG und dem SGB VI ist folgender »Fahrplan« für die Rentenentwicklung zu entnehmen:
- Mit Wirkung vom 01.08.1991 wirksame Begrenzung des Zahlbetrages nach den in § 10 AAÜG differenziert genannten Beträgen für alle Zusatzversorgungssysteme;
- zum 31.12.1991 Überführung der Ansprüche und Anwartschaften aus Zusatz- und Sonderversorgungssystemen in die gesetzliche Rentenversicherung;
- zum 01.01.1992 Neufestsetzung der Renten nach SGB VI (§ 307 b SGB VI);
- frühestens ab 01.01.1994, also zwei Jahre nach der pauschalisierten Neufestsetzung der Rente, individuelle Neuberechnung.

Im einzelnen ist zu den Schritten zu bemerken:

(1) Rentenanwartschaften und -ansprüche wurden zum 31.12.1991 in die gesetzliche Rentenversicherung überführt. Vorher galt altes DDR-Rentenversicherungsrecht mit den Maßgaben des Einigungsvertrages sowie der beiden Rentenanpassungsverordnungen. Bis zum Erlaß des AAÜG galt insbesondere auch § 23 Abs. 2 RAnglG, wonach die Zahlbetragsbegrenzung auf insgesamt 2.010,- DM nur für die dort genannten wenigen Zusatz- und Sonderversorgungssysteme, zu denen die hier interessierenden nicht zählten, vorgesehen war. Insoweit bringt mit Wirkung vom 01.08.1991 § 10 AAÜG eine Erstreckung der Zahlbetragsbegrenzungen auf alle in Anlage 1 und Anlage 2 AAÜG aufgeführten Systeme.
Bei der Begrenzung des Gesamtzahlbetrages werden nur Versorgungslei-

stungen in ihrer Höhe eingeschränkt, dagegen nicht die Rente aus der Sozialpflichtversicherung, und zwar auch dann nicht, wenn sie den Kappungsbetrag übersteigt (§ 10 Abs. 4 AAÜG).
Mit Wirkung vom 01.08.1991 wurden bestimmte Leistungen aus Sonderversorgungssystemen eingestellt (§ 13 AAÜG). § 11 AAÜG dagegen bezieht sich auf solche Leistungen aus Sonderversorgungssytemen, die keine Parallele in der Rentenversicherung haben, die jedoch über den 31.12.1991 hinaus weitergezahlt werden (z.B. Versorgungsleistungen aufgrund vorzeitiger Entlassung oder bei Teilinvalidität usw.).
§ 10 Abs. 3 AAÜG enthält dieselbe Fiktion der Zugehörigkeit zu einem Versorgungssystem, die bereits bei § 5 Abs. 2[57] erörtert worden ist.
Nach § 10 Abs. 5 AAÜG ergeht über die Begrenzung nach den Abs. 1 und 2 ein Bescheid.

(2) Die Überführung aller Rentenansprüche und Anwartschaften geschah zum 31.12.1991. Überführt wurden also auch die nach § 10 zum 1.8.1991 vorläufig begrenzten und (nur) insoweit besitzgeschützten Leistungen.
Zunächst wurden die noch nicht geschlossenen Sonderversorgungssysteme des Zolls, der NVA und des Ministeriums des Innern zum 31.12.1991 geschlossen (§ 2 Abs. 1 AAÜG).
Nach § 4 Abs. 3 AAÜG werden die am 31.12.1991 nach den bisherigen Vorschriften zu gewährenden Rentenleistungen ab 01.01.1992 behandelt wie eine Rente, die nach den Regeln des Beitrittsgebietes berechnet ist. Dadurch wird sichergestellt, daß der am 31.12.1991 maßgebliche Zahlbetrag auch für die Zukunft geschützt ist und mindestens erhalten bleibt. Dieser Anspruch unterliegt allerdings nicht der Dynamisierung, sondern nur die nach § 307 b SGB VI neu berechnete SGB-Rente.
Für Rentenanwartschaften, bei denen der Rentenbeginn in der Zeit zwischen dem 01.01.1992 und dem 31.12.1993 liegt, bestimmt § 4 Abs. 4 AAÜG in bezug auf Zusatz- und Sonderversorgungssysteme Entsprechendes, wobei auch hier der Zahlbetrag gem. § 10 AAÜG begrenzt ist. Andersartige Übergangsvorschriften enthält Art. 2 RÜG für Personen, deren Rente zwischen dem 01.01.1992 und dem 31.12.1996 beginnt, soweit sie einem Zusatz- oder Sonderversorgungssystem nicht angehört haben (vgl. Art. 2 § 45 RÜG).
Überführt werden nur bestimmte Ansprüche aus Zusatzversorgungssystemen (§ 4 Abs. 1 iVm Abs. 3 S. 2 AAÜG; vgl. auch § 2 Abs. 2 S. 1 AAÜG).

57 S. oben, S. 48.

Aus der Überführung in die gesetzliche Rentenversicherung zum 01.01.1992 folgt, daß von diesem Zeitpunkt an die Regelungen dieser Versorgungssysteme insoweit nicht mehr anzuwenden sind (§ 2 Abs. 2 S. 2 AAÜG). Nach § 307 b Abs. 3 SGB VI endet auch die Leistung aus dem System in dem Monat nach Bekanntgabe des Bescheides über die neuberechnete SGB-Rente (§ 307 b Abs. 1).
Bei der Überführung werden zur Ermittlung der Entgeltpunkte Zeiten der Zugehörigkeit zu dem Versorgungssystem, in dem eine Beschäftigung oder Tätigkeit ausgeübt worden ist, als Pflichtbeitragszeiten in der Rentenversicherung fingiert, gleichgültig, ob Beiträge entrichtet worden sind oder nicht.
Diesen fingierten Zeiten der Beschäftigung oder Tätigkeit ist als Verdienst gem. § 256 a Abs. 2 SGB VI das erzielte Arbeitsentgelt zugrundezulegen. Dieses ist aber auf die Höchstbeträge begrenzt, die sich nach § 6 Abs. 1 S. 1 i.V.m. Anlage 3 AAÜG bestimmen. Dabei sind die Höchstbeträge so definiert, daß sie, multipliziert mit dem jährlichen Umrechnungsfaktor nach § 256 a SGB VI iVm Anlage 10 die Beitragsbemessungsgrenze nach Westniveau ergeben. Die Umrechnung erfolgt also dergestalt, daß Ost-Arbeitseinkommen für jedes Jahr auf West-Arbeitseinkommen umgerechnet wird und bis zur Beitragsbemessungsgrenze berücksichtigungsfähig ist. Beitragsbemessungsgrundlage ist der Verdienst, der jährlich mit dem Werten der Anlage 10 zu § 256 a SGB VI multipliziert wird.
Die Zugehörigkeit zu einem Versorgungssystem kann also maximal so viele Entgeltpunkte eintragen wie bei einem Verdienst an der Beitragsbemessungsgrenze. Dies sind, je nach jährlich festgesetzter Beitragsbemessungsgrenze schwankend, zuletzt etwa 1,8 Entgeltpunkte, im Durchschnitt dagegen ca. 1,57 Entgeltpunkte. Die Zugehörigkeit zu einem Versorgungssystem begrenzt also die zu überführenden Pflichtbeitragszeiten (Ost) auf das maximal aus der gesetzlichen Rentenversicherung erreichbare Rentenniveau (West). Soweit Einkommen aufgrund der Lohn- und Sozialpolitik der DDR unterhalb dieser Grenze lagen, wie häufig im Bereich der »Intelligenz« im Verhältnis zur Industriearbeiterschaft, perpetuiert sich dies folglich bis hinein in die SGB-VI-Rente (und damit auch in die Leistungen an Hinterbliebene).
Gem. § 256 a Abs. 1 SGB VI wird das auf Westniveau umgerechnete Ost-Arbeitsentgelt dem westdeutschen Durchschnittsentgelt gegenübergestellt. Nach § 256 a Abs. 1 u. 2 SGB VI werden die beitragspflichtigen Arbeitsverdienste und der Verdienst, für den Beiträge zur FZR gezahlt worden sind, für die Ermittlung der Entgeltpunkte (Ost) zugrundegelegt. Nach § 256 a Abs. 3 SGB VI werden jedoch auch die darüber hinaus erzielten Ar-

beitsverdienste und Einkünfte zur Ermittlung der Beitragsbemessungsgrundlage berücksichtigt.
Eine Rentenberechnung zum 31. 12. 1991 bei 1,8 Entgeltpunkten je Versicherungsjahr und 45 Versicherungsjahren ergibt 81 Entgeltpunkte. Multipliziert mit dem aktuellen Rentenwert (Ost) von 19,76 DM (§ 307 b Abs. 2 SGB VI; inzwischen 23,57 DM) ergab dies eine Netto-Rente von 1.600,56 DM. Die entsprechend berechnete »West-Rente« betrug 3.357,- DM brutto oder 3.152,- DM netto. Die »Ost-Rente« erreichte folglich zum 31. 12. 1991 50,77 % der »West-Rente«. Die »Standardrente Ost« (1 Entgeltpunkt, 45 Versicherungsjahre) betrug mit 01.07.1991 DM 889,-, die vergleichbare Rente »West« DM 1.865,- brutto und DM 1.751,- netto. Diese Beiträge dynamisieren sich entsprechend der Lohnentwicklung in den neuen Ländern (§ 255 a SGB VI).

(3) Das individuelle Arbeitsentgelt nach Maßgabe von § 6 AAÜG ist unterhalb der Beitragsbemessungsgrenze vielfach begrenzt, je nach vermuteter »Staatsnähe« der Renten- bzw. Anwartschaftsberechtigten. Es wird mit anderen Worten in folgenden Fällen eine Ausnahme von der »Nachversicherung« bis zur westdeutschen Beitragsbemessungsgrenze gemacht: Wird »Staatsnähe« angenommen, wird höchstens 1 Entgeltpunkt, also auf der Basis des Durchschnittsentgelts, vergeben (§ 6 AAÜG iVm Anlage 5). Dies stellt sich im einzelnen wie folgt dar:

- Bei Zugehörigkeit zu einem Zusatzversorgungssystem im Staatsapparat (AAÜG, Anlage 1, 19.-22.) und für den Fall, daß keine leitende Tätigkeit ausgeübt wird, wird der tatsächliche Arbeitsverdienst bis zur Beitragsbemessungsgrenze des § 6, Anlage 3 AAÜG zugrundegelegt (§ 6 Abs. 2 S. 1 AAÜG).
- Dasselbe gilt bei Tätigkeiten im Staatsapparat und Zugehörigkeit zu einem anderen Zusatzversorgungssystem, wenn keine Berufungs- oder Wahlfunktion ausgeübt worden ist (§ 6 Abs. 2 S. 2 AAÜG).
- Kombinatsdirektoren oder LPG-Vorsitzende (AAÜG, Anlage 1, 2. und 3.) werden auf den Durchschnittsverdienst reduziert (§ 6 Abs. 3 S. 1 AAÜG).
- Betriebsdirektoren, es sei denn, sie hätten diese Funktion in einem Betrieb ausgeübt, der vor 1972 in ihrem Eigentum stand, Fachdirektoren eines Kombinats auf Leitungsebene oder einer staatlich geleiteten Wirtschaftsorganisation, Direktoren oder Leiter auf dem Gebiet der Kaderarbeit, Sicherheitsbeauftragte oder Inhaber einer entsprechenden Funktion, es sei denn, ihre Tätigkeit bezog sich auf die technische Überwachung oder die Einhaltung des Arbeitsschutzes, hauptamtliche Partei-

sekretäre, Direktoren oder Leiter einer pädagogischen Einrichtung im Bereich der Volks- und Berufsbildung mit Ausnahme von Einrichtungen für Behinderte und schließlich Professoren oder Dozenten in einer Bildungseinrichtung einer Partei oder des FDGB werden ebenfalls auf den Durchschnittsverdienst reduziert (§ 6 Abs. 3 S. 3 AAÜG), gleichgültig, welchem Zusatz- oder Sonderversorgungssystem sie angehörten.[58]

- Dies gilt allerdings nicht für Personen nach § 6, Anlage 7 (§ 6 Abs. 4 AAÜG), also hauptamtliche Mitarbeiter von Banken, Sparkassen, Versicherungen, der Sozialversicherung und des Feriendienstes, wenn sie einem der Zusatzversorgungssysteme nach AAÜG, Anlage 1, Nr. 19 oder Nr. 22 angehörten, des Blinden- oder Sehschwachen-Verbandes, des Bundes der Architekten, des Deutschen Roten Kreuzes, des Gehörlosen- und Schwerhörigen-Verbandes, der Kammer der Technik, des Kulturbundes, der Volkssolidarität, der Wissenschaftlichen Gesellschaft für Veterinärmedizin, der Agrarwissenschaftlichen Gesellschaft und der Berufsfeuerwehr für ihre Zugehörigkeitszeit zum Sonderversorgungssystem nach AAÜG, Anlage 2, Nr. 2. In diesen Fällen wird ebenfalls die Begrenzung auf den Durchschnittsverdienst nicht angewandt.
- Richter, Staatsanwälte, Arbeitnehmer in Berufungs- oder Wahlfunktionen oder leitender Funktion, d.h. soweit der Arbeitnehmer im Staatsapparat ein Verdienst bezog, das höher als das 1,4-fache des Durchschnittsverdienstes betrug (vgl. im einzelnen AAÜG, Anlage 4) und soweit die Person Mitglied in einem Zusatzversorgungssystem war, werden ebenfalls auf den Durchschnittsverdienst reduziert.

Es zeigt sich also ein hochdifferenziertes Netz an unterschiedlichen, teils system-, teils funktions-spezifischen Differenzierungen der Tätigkeiten für die Ermittlung der Entgeltpunkte. Auf diese Weise wird »Staatsnähe« konkret.

(4) Mit diesen Maßgaben und insoweit werden die umgewerteten Ansprüche und Anwartschaften aus Zusatz- und Sonderversorgungssystemen mit Wirkung zum 01.01.1992 in die gesetzliche Rentenversicherung überführt. Diese »Mitnahme« von Entgeltpunkten wird praktisch relevant bei der ab 01.01.1994 durchzuführenden individuellen Neuberechnung der Rente oder für den Fall, daß eine Rentenanwartschaft nach dem 01.01.1992 zum Vollrecht erstarkt.

58 Müller, DAngVers 1991, S. 319.

dd) (1) Gem. § 307 b Abs. 1 SGB VI ist, wenn am 31.12.1991 Anspruch auf eine nach dem AAÜG überführte Rente bestand, eine neue Rentenberechnung nach dem SGB VI vorzunehmen. Diese führt rückwirkend, frühestens für die Zeit ab 01.07.1990, ggfs. zu Nachentrichtungen. Dazu wird der am 31.12.1991 maßgebliche Zahlbetrag (§ 4 Abs. 3 S. 1 AAÜG) verglichen mit der neuberechneten Rente und der höhere Betrag gezahlt (§ 307 b Abs. 3). Die Leistung aufgrund von § 4 Abs. 3 S. 1 AAÜG wird nicht dynamisiert. Ein darüber hinausgehender Besitzschutz, wie bei den »normalen« Bestandsrenten (ohne Versorgungsansprüche) in Form von Auffüllbeträgen nach § 315 a SGB VI, ist nicht vorgesehen.

(2) Da die Neuberechnung der überführten Bestandsrenten aus Zusatz- und Sonderversorgungssystemen vom Verwaltungsaufwand her kurzfristig nicht realisierbar ist, denn es sind hierfür etwa 350 000 Versicherungskonten von Versorgungsbeziehern neu aufzubauen und entsprechende neue Rentenbescheide zu fertigen, erlaubt § 307 b Abs. 5 u. 6 der BfA, bei überführten Bestandsrenten persönliche Entgeltpunkte zunächst in einem pauschalierten Verfahren zu ermitteln. Dies hat seinen Grund darin, daß die in § 307 b Abs. 5 SGB VI genannten Daten der Rentenversicherung bereits zur Verfügung stehen und auch in den SV-Ausweisen eingetragen sind, folglich nicht erst neu ermittelt werden müssen.

(3) Die Umwertung von Zusatzversorgungen mit Wirkung zum 01.01.1992 knüpft an das beitragspflichtige Durchschnittseinkommen der letzten 20 Jahre für die Rente der Sozialpflichtversicherung an. Dieser Wert wird, abhängig vom Ende des 20-jährigen Zeitraumes vor Rentenbeginn und von seiner Höhe, mit einem sogenannten Anhebungsfaktor gem. Anlage 17 SGB VI multipliziert. Dieser soll pauschaliert die zusätzliche Absicherung von Entgelten in der FZR zum Ausdruck bringen. Das auf diese Weise errechnete »individuelle« Gesamtentgelt der letzten 20 Jahre wird dividiert durch das jeweils maßgebende Gesamtdurchschnittsentgelt aller Versicherten, woraus ein individueller Entgeltpunktwert (Ost) je Arbeitsjahr resultiert. Dieser ist schließlich mit der Zahl der Arbeitsjahre zu multiplizieren. Auf diese Weise erhält man die Summe der persönlichen Entgeltpunkte (Ost).
Die Anhebungsfaktoren in Anlage 17 SGB VI sind jedoch so niedrig (der höchste Wert beträgt 1,3156), daß diese Umwertung der überführten Bestandsrenten aus Zusatz- und Sonderversorgungssystemen für die Bezieher mittlerer und höherer Einkommen kaum relevant werden dürfte. Eine höhere Rente als bisher dürfte sich für Bezieher von Renten mit Zusatzversor-

gung unter 200,- DM ergeben. Daraus folgt, daß die Besitzschutzregelung in § 4 Abs. 3 S. 1 AAÜG noch auf längere Zeit von Relevanz ist. M.a.W.: Für die Bezieher mittlerer und höherer Renten aus Zusatz- und Sonderversorgungssystemen wird ihr zum 31.12.1991 bezogener Zahlbetrag auf längere Zeit gleichbleiben.
Anlage 9 dieses Gutachtens enthält aufgrund eigener Berechnungen in der Tabelle 2 einen Vergleich zwischen pauschalierter Nachberechnung nach § 307 b Abs. 5 SGB VI mit der individuellen Neuberechnung gem. §§ 307 b Abs. 5 S. 8 iVm 307 a Abs. 8 S. 5 SGB VI sowie eine Aufstellung der Einbußen aufgrund der pauschalierten Neuberechnung. Nicht völlig eindeutig ist, ob die Nachzahlung nach § 307 b Abs. 3 SGB VI sich auch auf diesen eingebüßten Betrag erstrecken soll. Nimmt man dies an, wäre ein Anspruch frühestens am 01.01.1994 fällig.

(4) Die pauschal umbewertete bzw. neu berechnete Rente steigt mit den Erhöhungen des aktuellen Rentenwerts (§ 255 a SGB VI) im Zuge der Angleichung der Verdienste im Beitrittsgebiet an die in den alten Bundesländern, so daß mit den Einkommen auch die Renten steigen werden. Angepeilt ist ein Zeitraum bis 1995, um die Rentenniveaus einander anzugleichen. Berücksichtigt man allerdings die Modellrechnung der Bundesregierung, spricht hierfür wenig bis nichts. Die Bruttoentgelte liegen danach 1994 erst bei 62 %, die Nettoentgelte bei 66 %.[59]

ee) Diese pauschaliert ermittelte Bestandsrente auf der Basis von durchschnittlichen Entgeltpunkten ist nicht vor dem 01.01.1994 zu »überprüfen«, d.h. offenbar individuell neu zu berechnen, also zwei Jahre nach der pauschalierten Renten-Neufestsetzung (§ 307 b Abs. 5 S. 8 iVm § 307 a Abs. 8 S. 5 SGB VI).
ff) Die verfassungsrechtliche Erörterung wird zwischen zwei Kategorien von Betroffenen (und folglich Bescheiden) differenzierten:
- Den Mitgliedern von Zusatzversorgungssystemen der Intelligenz, deren Gesamtzahlbetrag mit Wirkung zum 1.8.1991 durch Bescheid auf 2010,- DM begrenzt worden ist, die folglich vorher mehr erhalten haben;
- den Mitgliedern, deren Zahlbetrag schon zuvor unter diesem Betrag lag. Wie die der erstgenannten Gruppe haben auch die Angehörigen dieser

59 Vgl. z.B. Müller, H.-W., DRV 1991, S. 451 (460 ff.). Nach Berechnungen des DIW lagen die Durchschnittseinkommen der abhängig Beschäftigten im Zweiten Quartal 1992 in Ostdeutschland bei etwa 61 % der vergleichbaren Einkommen in Westdeutschland; DIW-Wochenbericht 34-35/92, S. 421.

Rentenbescheide zum 1.7.1990, 1.1.1991, 1.7.1991 und 1.1.1992 erhalten, anders als jene jedoch keinen zum 1.8.1991.[60]
Da die Rentenbescheide zum 1.1.1992 auf einer zwischenzeitlichen Änderung des RÜG beruhen, ist diese abschließend zu erwähnen:

d) Das Gesetz zur Änderung des Rentenüberleitungsgesetzes (RÜG-ÄndG) vom 18.12.1991[61]

Wie das RÜG ist auch dies Gesetz ein Artikel-Gesetz; es ändert bzw. ergänzt in Art. 1 das AAÜG und in Art. 2 das RÜG. Es ist zum 1.12.1991 in Kraft getreten.
Bei dem Vergleich der bisherigen Zahlbeträge mit den zum 1.1.1992 festgesetzten wurden außerhalb von Zusatz- und Sonderversorgungssystemen nach § 315 a SGB VI die ersteren zuvor um 6,84 % erhöht, nicht dagegen beim Vergleich von Zahlbeträgen, die im Dezember 1991 auch auf diesen Systemen beruhten. Diese offenkundige Ungleichbehandlung beseitigt das RÜG-ÄndG durch Ergänzung des § 4 Abs. 4 S. 1 AAÜG sowie - aus systematischen Gründen - konsequenterweise des § 307 b Abs. 3 S. 2 SGB VI. Dies ist bereits in den Rentenbescheiden zum 1.1.1992 berücksichtigt; eine Erhöhung des Zahlbetrags von z.B. 2010,- DM um 6,84 % macht 2147,48 DM aus.
Die weiteren Änderungen bzw. Ergänzungen des AAÜG beschränken sich auf Regelungen zum Sonderversorgungssystem des MfS/AfNS. Auf ihre Darstellung kann hier verzichtet werden.
Die Ergänzungen des RÜG in Art. 2 RÜG-ÄndG sind für den Kontext dieses Gutachtens nur insoweit von Belang, als, wie erwähnt, § 307 b Abs. 3 S. 2 SGB VI betroffen und die Beitragsbemessungsgrundlage des § 256 a mit Anlage 10 SGB VI (i.e. die »Umrechnungsfaktoren« der Verdienste) durch Rechtsverordnung auch für das Jahr 1991 festgesetzt werden dürfen.

e) Fazit und Schlußfolgerung

Für Rentenzeiten in den staatsnahen Positionen erfolgt eine dauerhafte Rentensenkung: Das Verdienst wird Durchschnittsverdiensten gleichgestellt.

60 Anlage 9, Tabelle 4 zu diesem Gutachten differenziert innerhalb dieser Gruppe noch einmal zwischen solchen Berechtigten, deren monatliche Zahlbeträge zwischen 1501,- und 2009,- DM liegen und solchen, die weniger als 1501,- DM erhalten. Diese Differenzierung ist für die verfassungsrechtliche Beurteilung nicht zwingend geboten, wird daher vernachlässigt.

61 BGBl. I S. 2207.

Bereits im Vorgriff auf die Rentenüberleitung werden Ansprüche und Anwartschaften aus Zusatz- und Sonderversorgungssystemen mit Wirkung vom 01.08.1991 auf 2.010,- DM, die der abgeleiteten zweiten Leistungen auf 30, 40 bzw. 60 % davon begrenzt.
Die Orientierung an den Arbeitsverdiensten der DDR bringt es mit sich, daß die dort verfolgte Lohnpolitik perpetuiert und zur entscheidenden Grundlage für die SGB VI-Rente wird - mit all ihren Verzerrungen, politischen Prioritäten, ja, Diskriminierungen, insbesondere auch im Hinblick auf die »Intelligenz«.
Die Integration der Zusatz- und Sonderversorgungssysteme in die gesetzliche Rentenversicherung bewirkt, daß die von der DDR der »Intelligenz« für ihre vergleichsweise niedrigen Einkommen versprochene Kompensation in Form einer besseren Alterssicherung nicht realisiert wird.[62]
Die in der DDR fast völlig fehlende Möglichkeit (mit Ausnahme gewisser geringer Spielräume im Rahmen der FZR), private Vorsorge für das Alter zu treffen (etwa durch Lebensversicherungen), führt, da sie durch das RÜG nicht kompensiert wird, zu einer Frustration von Rentenerwartungen und Rentenansprüchen, insbesondere, was ihre weitere Entwicklung angeht.
Durch die Kategorie der Staatsnähe werden dem Rentenversicherungsrecht systemfremde Elemente implantiert.
Der versprochene Besitzstand für Bestandsrenten und Rentenanwartschaften bis zum 31.12.93 bedeutet angesichts gestiegener Preise und Lebenshaltungskosten, vor allem im Bereich der Mieten, tatsächlich eine erhebliche Einbuße an Kaufkraft der Rente.[63]
Die Versprechungen insbesondere von RAnglG, Einigungsvertrag, 1. und 2. RAV, also sämtlicher im Zuge der Einigung erlassener Normen, einen Besitzschutz für Ansprüche und Anwartschaften aus Zusatzversorgungssystemen zu gewährleisten, werden nicht eingelöst.

VI. Zusammenfassung des Ersten Teils

Betrachtet werden die Zusatzversorgungssysteme der Intelligenz (AAÜG, Anlage 1, 1., 4. 5., 8. und 11.). Detaillierter werden die Zusatzversorgungs-

62 Vgl. dazu unten S. 85 mit FN 72 sowie Anhänge I und II.
63 Vgl. dazu Anhänge I und II zu diesem Gutachten.

systeme der technischen (AAÜG, Anlage 1,1.) und der wissenschftlichen Intelligenz (AAÜG, Anlage 1, 4.) dargestellt.
Die Hochschulabsolventen technischer Fachrichtungen, die in den Betrieben beschäftigt waren, waren Mitglied des Zusatzversorgungssystems der technischen Intelligenz (insgesamt ca. 19.000; durchschnittlicher Zahlbetrag 294,- DM, Stand: Januar 1991); dem Zusatzversorgungssystem der wissenschaftlichen Intelligenz (AAÜG, Anlage 1, 4.) gehörten Hochschulabsolventen aller Fachrichtungen, darunter Hochschullehrer (i.e. berufene Professoren und Dozenten) und wissenschaftliche Mitarbeiter an Universitäten, Hoch- und Fachschulen sowie Akademien an; Mitglied im Zusatzversorgungssystem nach Anlage 1, 5. AAÜG waren die Akademiker bei der Akademie der Wissenschaften und der Deutschen Akademie der Landwirtschaftswissenschaften (zusammen ca. 6.700 Mitglieder, durchschnittliche Leistung: 730,- DM im Januar 1991). Dem Zusatzversorgungssystem der Angehörigen des staatlichen Gesundheitswesens (AAÜG, Anlage 1, 8. und 11.) gehörten vor allem dort angestellte Ärzte und Apotheker an.
Die Voraussetzungen für die Leistungen aus allen diesen Zusatzversorgungssystemen sowie für die Mitgliedschaft darin waren einander sehr ähnlich.
600 Personen aus allen 63 Zusatzversorgungssystemen der DDR erhielten Altersbezüge in Höhe von insgesamt über 2.000,- DM, davon 550 zwischen 2.000 und 3.000 DM, 16 Personen solche zwischen 4.000 und 8.000 DM. Insgesamt gehörten allen Zusatzversorgungssystemen im Januar 1991 190.000 Personen an.
Finanziert wurden die Zusatzversorgungssysteme der Intelligenz durch Beiträge der Betriebe oder über Beiträge des Mitglieds zur FZR. Der FZR gehörten viele Mitglieder der Zusatzversorgungssysteme der Intelligenz, die keine Hochschullehrer waren, aber auch Hochschullehrer, an.
Laut Staatsvertrag wurden die Zusatzversorgungssysteme zum 01.07.1990 geschlossen, Ansprüche und Anwartschaften sollten in die gesetzliche Rentenversicherung überführt werden.
Die Überführung in die Rentenversicherung geschah durch das RAnglG jedoch zunächst nur allgemein, konnte auch zum 31.12.1990 nicht realisiert werden. Die Zahlbeträge, die Mitglieder von Zusatzversorgungssystemen bezogen, wurden zum 01.07.1990 nicht erhöht, für die meisten Systeme, so auch die der Intelligenz, wurde ein Zahlbetragsbesitzschutz normiert.
Der EV verlegte den Termin für die Überführung der Ansprüche und Anwartschaften auf den 31.12.1991, bestätigte erneut die Überführung in die RV unter Berücksichtigung von Beitragszahlungen, ebenso wie den Zahlbetrags-Besitzschutz bis zu einem Rentenbeginn am 30.06.1995, verfügte

Regelungen bezüglich ungerechtfertigter oder überhöhter Leistungen sowie bei Menschenrechts- oder Rechtsstaatsverletzungen und ermächtigte die Bundesregierung, das Nähere zu regeln.
Die 1. und 2. Rentenanpassungsverordnung der Bundesregierung vom 14.12.1990 und 19.06.1991 holten die Rentenangleichungen für Mitglieder von Zusatzversorgungsleistungen nach, wahrten den Zahlbetragsbesitzschutz und erhöhten die Zahlbeträge nur für Empfänger niedriger Leistungen.
Das RÜG vom 21.06.1991 regelt in Art. 3, dem AAÜG, die endgültige Überführung von Ansprüchen und Anwartschaften in die RV durch Gesetz, nicht durch Rechtsverordnung. Von den Prinzipien des Zahlbetragsbesitzschutzes und - teilweise - der Orientierung an geleisteten Beiträgen rückte der Gesetzgeber ab. Im Vorgriff auf die Überleitung begrenzte er mit Wirkung zum 01.08.1991 Ansprüche und Anwartschaften differenziert, bei den Zusatzversorgungssystemen auf 2.010,- DM bzw. bei den zweiten Leistungen auf 30, 40 oder 60 % davon. Zeiten in Versorgungssystemen der DDR werden »nachversichert«, wobei die Verdienste bis zur (westdeutschen) Beitragsbemessungsgrenze berücksichtigungsfähig sind. In »staatsnahen« Systemen, zu denen die Zusatzversorgungssysteme der Intelligenz nicht zählten, werden Entgelte auf das Durchschnittsentgelt reduziert, bei Mitarbeitern des MfS auf 70 % davon.
Die am 31.12.1991 gezahlten Leistungen gelten ab 01.01.1992 als Rentenleistungen, werden aber nicht dynamisiert.
Für die Zeit seit frühestens 01.07.1990 wird eine - dynamische - SGB-VI-Rente neu berechnet; Zeiten in einem Versorgungssystem gelten dabei als Pflichtbeitragszeiten zur Rentenversicherung, sind höchstens bis zur westdeutschen Beitragsbemessungsgrenze bzw. für »staatsnahe« Personen bis zum Durchschnittsentgelt, für Angehörige des MfS bis zu 70 % davon berücksichtigungsfähig. Für 1992 und 1993 wird mit Hilfe der verfügbaren Daten aus der SV der DDR eine zunächst pauschale Umwertung von überführten Zusatzversorgungen einschließlich der Anwartschaften vorgenommen. Diese pauschal umbewertete »monatliche Rente« (Bruttorente) wird angepaßt, der Erhöhungsbetrag wird aber vom Differenzbetrag bis zum besitzgeschützten »monatlichen Zahlbetrag« (Nettorente) abgezogen, bis dieser erreicht bzw. überschritten wird. Dann erst steigt der monatliche Zahlbetrag. Nur bei Empfängern sehr niedriger Leistungen aus anderen Zusatzversorgungssystemen als denen der Intelligenz liegt die SGB-VI-Rente schon seit 1.1.1992 höher.
Erste Übersichten ergeben für grundsätzlich alle Bezieher von Zusatzversorgungen der Intelligenz, daß ihre SGB-VI-Renten zum 1.1.1992 auf 1000

bis 1200,- DM nivelliert sind. Von hier aus wird dynamisiert. Dies hat z.B. zur Konsequenz, daß der Zahlbetrag von 2010,- DM, auf den Empfänger höherer Zusatzversorgungen seit dem 1.8.1991 verwiesen sind, auf lange Zeit nicht erreicht bzw. überschritten wird.
Ab 01.01.1994 wird die SGB-VI-Rente nicht pauschal, sondern individuell neu berechnet. Ob eine Nachzahlung, die sich aus der Differenz zwischen den Beträgen der niedrigeren pauschalen Umwertung zur individuellen Neuberechnung ergibt, geleistet werden soll, ist zur Zeit nicht geklärt. Die Einsparung durch die zunächst pauschale Unwertung im Verhältnis zu einer sogleich zum 1.1.1992 erfolgenden individuellen Neuberechnung wird auf ca. 700 Mio DM geschätzt.

Zweiter Teil:

Art. 3 Abs. 1 GG

Art und Weise sowie Resultate der Überführung von Ansprüchen und Anwartschaften aus den Zusatzversorgungssystemen der Intelligenz (AAÜG, Anlage 1, Ziff. 1., 4., 5.,8. und 11.) in die gesetzliche Rentenversicherung, soweit das Arbeitsentgelt oder Arbeitseinkommen stets oder fast stets über den jeweiligen Beträgen nach § 6 AAÜG, Anlage 3 lag, könnten den allgemeinen Gleichheitssatz des Art. 3 Abs. 1 GG verletzen.
Ein spezielles Gleichheitsgrundrecht ist nicht einschlägig:
Für die nähere Erörterung des Art. 3 Abs. 3 GG (Benachteiligung wegen der Heimat und Herkunft) fehlt es daran, daß die Ungleichbehandlung bezweckt ist.[1] Wie die Begründung der Bundesregierung zeigt, ist Zweck der Überführung die - wenn auch modifizierte - Erfüllung der Vorgaben des Einigungsvertrages, nicht die Ungleichbehandlung wegen der Herkunft aus der DDR.[2]
Art. 3 Abs. 1 GG ist bereichsspezifisch anzuwenden,[3] er soll folglich in seiner sozialversicherungsrechtlichen Ausprägung entfaltet werden.
Soweit bei der Anwendung des allgemeinen Gleichheitssatzes ein Vergleich zweier Personengruppen angestellt wird, von denen eine nur in den neuen Bundesländern, die andere nur in den alten Bundesländern sich befindet, hat das BVerfG mittlerweile festgestellt, was nach Inkraftsetzen des Grundgesetzes gem. Art. 3 Einigungsvertrag ohnehin evident war: Art. 3 Abs. 1 GG gilt insofern übergreifend.[4]
Die folgenden Ausführungen legen die Rechtsprechung des BVerfG zugrunde und beziehen ihre Resultate auf die Prüfungsgegenstände. Eine kri-

1 Vgl. z.B. BVerfGE 75, S. 40 (70); für eine ähnliche Konstellation hierzu zuletzt Binne, DRV 1991, S. 493 mwN.
2 BR-Drs 197/91, S. 113.
3 Zuletzt BVerfG v. 27.06.1991 - 2 BvR 1493/89, DB 1991, S. 1421 mwN.
4 Vgl. BVerfG, 3. Kammer des Ersten Senats, Beschluß vom 02.07.1991 - 1 BvR 468/91, veröffentlicht z.B. in Wirtschaftsrecht 1991, S. 282, wo im Rahmen eines Gruppenvergleiches Kapitalgesellschaften in den neuen Ländern mit Unternehmen im alten Bundesgebiet verglichen werden.

tische Auseinandersetzung mit der Rechtsprechung mit dem Ziel eigener verfassungsrechtsdogmatischer Aussagen ist nicht intendiert.[5]

A. Inhalt und Reichweite des allgemeinen Gleichheitssatzes (Art. 3 Abs. 1 GG) im Rentenversicherungsrecht

I. Unterschiedliche Prüfungsdichte bei Art. 3. Abs. 1 GG

Bei Art. 3 Abs. 1 GG findet im Sozialversicherungsrecht »eine verdichtete Gleichheitsprüfung« statt, das Grundrecht gewinnt angeblich in folgenden Konstellationen »etwas schärfere Konturen«:[6]
Es muß sich um die verschiedene Behandlung von Personen oder Personengruppen handeln, nicht ausreichend ist dagegen eine unterschiedliche Behandlung der Verhältnisse derselben Personen in unterschiedlichen Regelungszusammenhängen.[7]
Außerhalb der Prüfung der »Verschiedenbehandlung« von Personengruppen, d.h. bei der Verschiedenbehandlung von Lebenssachverhalten hat der Gesetzgeber eine weitergehende Freiheit und unterliegt nur dem Willkürverbot.[8]

2. Zum allgemeinen Inhalt der »verdichteten Gleichheitsprüfung« nach der »neuen Formel«

Art. 3 Abs. 1 GG ist verletzt, wenn eine Gruppe von Normadressaten im Vergleich zu anderen Normadressaten anders behandelt wird, obwohl zwischen beiden Gruppen keine Unterschiede von solcher Art und solchem Gewicht bestehen, daß sie die ungleiche Behandlung rechtfertigen könnten. Eine für alle Betroffenen gleiche Regelung verletzt Art. 3 Abs. 1 GG, wenn sie für eine Personengruppe Unterschiede von solcher Art und solchem Ge-

5 Vgl. dazu näher Rüfner, SGb 1984, S. 147; Wendt, NVwZ 1988, S.778; Schoch, DVBl 1988, S. 864; Katzenstein, SGb 1988, S. 178; Bley, Sozialrecht, 6. Aufl. 1988, S. 30; Papier, Sozialrechtshandbuch, 1988, S. 114 ff., alle mit zahlreichen Rechtsprechungsnachweisen.
6 Papier, Sozialrechtshandbuch, 1988, S. 114 ff., Rn. 80 ff.
7 BVerfGE 55, S. 89.
8 BVerfGE 81, S. 206.

wicht zur Folge haben, daß ihr gegenüber die gleichartige Behandlung nicht mehr zu rechtfertigen wäre.[9]

3. *Das Prüfprogramm des Art. 3 Abs. 1 GG*

a) »Vergleichspaare«

Zunächst sind Vergleichspaare zu bilden.[10] In Bezug auf die Ungleichbehandlung ist also festzustellen, ob es zwei Personengruppen gibt, die wesentliche und kennzeichnende Gemeinsamkeiten aufweisen.[11]
Ob diese Vergleichspaare gleich oder ungleich behandelt werden, ist durch eine »gebotene Gesamtbetrachtung zu klären«.[12]
Die Feststellung, ob die übereinstimmenden oder die verschiedenen Einzelmerkmale zweier Sachverhalte ausschlaggebend sind, ob die Sachverhalte also als gleich oder als ungleich anzusehen sind, entscheidet sich nach dem Differenzierungskriterium (tertium comparationis), unter welchem Aspekt der Vergleich angestellt wird.[13]
Die Auswahl dieses Differenzierungskriteriums beinhaltet stets ein Werturteil, nämlich die Wertung, ob die übereinstimmenden oder die divergierenden Merkmale zweier Sachverhalte wesentlich sein sollen.
Die Auswahl des Differenzierungskriteriums erfolgt stets im Hinblick auf ein bestimmtes Ziel, das durch die unterschiedliche Behandlung erreicht werden soll, das sogenannte Differenzierungsziel.[14] Dieses kann aus dem Gesetz selbst, aus seinem Sinn, hilfsweise aus den Motiven des Gesetzgebers oder aus dessen wirtschaftspolitischen Vorstellungen entnommen werden.
Dabei ist stets neben der Erforschung, welches Ziel und welches Mittel (Differenzierungskriterium) der Gesetzgeber verfolgt, zu klären, ob dagegen verfassungsrechtliche Bedenken bestehen.
Dies leitet bereits über in die Prüfung der verfassungsrechtlichen Rechtfertigung:

9 BVerfGE 72, S. 150; z.T. abweichende Formulierung und etwas anderer Ansatz in der Rechtsprechung des Zweiten Senats - BVerfGE 79, S. 236; vgl. jüngst auch BVerfG DB 1991, S. 802.
10 BVerfGE 78, S. 247.
11 Binne, a.a.O., S. 496.
12 BVerfG, 3. Kammer des Ersten Senats, Wirtschaftsrecht 1991, S. 282.
13 Gubelt, in: v. Münch (Hg.), GG-Kommentar, Band 1, 3. Aufl. 1984, Art. 3, RN 12.
14 Gubelt, a.a.O, RN 14.

b) *Verfassungsrechtliche Rechtfertigung; Verhältnismäßigkeit*

Bei Ungleichbehandlungen fragt sich, ob die Verschiedenheiten ihrer Art und ihrem Gewicht nach die ungleiche Rechtsfolge trotz im übrigen übereinstimmender Sachlage rechtfertigen. (Mutatis mutandis ist bei Gleichbehandlungen zu verfahren.) Ob die Unterschiede Differenzierungsanlaß sein dürfen, ist abhängig vom Grund, Zweck und den Auswirkungen der Regelung sowie der Eigenart des betroffenen Sachbereichs.[15] Zulässig ist dabei eine Differenzierung nur, wenn die Sachverhalte speziell hinsichtlich eines solchen Aspekts ungleich sind, der einen inneren Bezug zur Eigenart der normierten Materie aufweist.[16]

Alsdann ist zu prüfen, ob die Differenzierung verhältnismäßig ist, ob also eine richtige Relation zwischen Differenzierungskriterium und -ziel in Bezug auf die Eignung, die Erforderlichkeit und die Angemessenheit der Differenzierung besteht.

Was zunächst die Geeignetheit der Differenzierung angeht, müssen die vom Gesetzgeber gewählten Rechtsfolgen zweckrational auf den Differenzierungsanlaß reagieren.[17]

Dabei darf der Gesetzgeber bei der Ordnung von Massenerscheinungen, wie sie vor allem auch im Sozialversicherungsrecht vorkommen, typisieren.[18]

Die dabei auftretenden Härten und Ungerechtigkeiten sollen aber nur unter folgenden Voraussetzungen gerechtfertigt sein:

- Der Verstoß gegen den Gleichheitssatz darf nicht sehr intensiv sein;
- er darf außerdem nur eine verhältnismäßig kleine Personenzahl betreffen;[19]
- schließlich ist die Typisierung nur zulässig, wenn eine durch sie entstehende Ungerechtigkeit nur unter Schwierigkeiten vermeidbar wäre, wofür auch die praktischen Erfordernisse der Verwaltung von Gewicht sind.[20]

Überdies muß sich die Verschiedenheit der angeordneteten Rechtsfolgen »dem Ausmaß nach« rechtfertigen lassen, also in diesem Sinne erforderlich

15 BVerfGE 63, S. 255 (262).
16 Wendt, a.a.O., S. 782 f.
17 Wendt, a.a.O., S. 784.
18 Katzenstein, a.a.O., S. 182; Bley, a.a.O., S. 30; Wendt, a.a.O., S. 786; BVerfGE 43, S. 213 (227); 63, S. 119 (128); 71, S. 393; 79, S. 100 usw.
19 BVerfGE 63, S. 128; 79, S. 100.
20 BVerfGE 63, S. 128.

sein. Hier wird geprüft, ob dasselbe Ziel auch mit einem geringeren Differenzierungskriterium erreichbar gewesen wäre.
Und schließlich ist als entscheidende Station der Prüfung nach der Angemessenheit der Regelung zu fragen. »Bei der Prüfung der Angemessenheit einer differenzierenden Regelung stehen also deren konkrete rechtliche und faktische Auswirkungen auf die beiden unterschiedlich behandelten Personengruppen und darüberhinaus die Folgewirkungen für das gesamte soziale System im Vordergrund«.[21]

c) Weiter gesetzgeberischer Spielraum

Der Gesetzgeber hat einen weiten Spielraum bei Übergangsregelungen; in Bezug auf komplexe Zusammenhänge, insbesondere solange noch Erfahrungen zu sammeln sind; bei der Beseitigung von Kriegs- und Kriegsfolgelasten usw.[22] sowie bei den fortwährenden schnellen Veränderungen der Verhältnisse im Sozialrecht.[23]
Umgekehrt liegt ein geringerer Spielraum des Gesetzgebers und dementsprechend eine strengere Prüfung beim Durchbrechen eines selbst gewählten Regelungssystems (Gesichtspunkt der Systemgerechtigkeit) nahe. Systemwidrigkeit kann jedoch allenfalls einen Verstoß gegen Art. 3 Abs. 1 GG indizieren. Sprechen plausible Gründe für eine gesetzliche Regelung, scheidet ein Verstoß in jedem Falle aus.[24]
Der Gesetzgeber darf in der Rentenversicherung Privilegien beseitigen.[25]

d) Rechtsfolgen einer Verletzung des Art. 3 Abs. 1 GG

Schließlich kann nicht erfolgreich gerügt werden, eine gesetzliche Regelung sei unvollständig oder nur mangelhaft geeignet. Art. 3 Abs 1 GG verpflichtet nicht, der Ungleichheit von Sachverhalten gerade durch eine bestimmte andere Regelung Rechnung zu tragen. Es ist Sache des Gesetzgebers, wie er eine gebotene Gleich- oder Ungleichbehandlung durchführt. Das BVerfG kann nur prüfen, ob der Gesetzgeber die ›äußeren‹ bzw. ›äußersten‹ Gren-

21 Binne, a.a.O., S. 502.
22 Jarass/Pieroth, GG-Kommentar, 2. Auflage 1992, Art. 3, RN 16.
23 BVerfGE 81, S. 205.
24 Jarass/Pieroth, a.a.O., RN 19 sowie BVerfGE 81, S. 207; vgl. auch Katzenstein, a.a.O., S. 181; Papier, a.a.O., RN 82 ff und Hase, DRV 1988, S. 436 ff.
25 BVerfGE 58, S. 111; 76, S. 239 (243 f.).

zen seines Ermessens überschritten, nicht aber, ob er im einzelnen die zweckmäßigste, vernünftigste oder gerechteste Lösung gefunden hat.[26]

B. Anwendung des allgemeinen Gleichheitssatzes am Beispiel des Vergleichs der Hochschullehrer (Ost) und (West)

Die Bildung von Vergleichspaaren ist nur teilweise ohne weiteres möglich, und zwar aus »sachlichen« wie aus »persönlichen« Gründen.
Sachlich ergibt sich u.a. folgendes Problem:

- Der öffentliche Dienst in der ehemaligen DDR ist »weder in seinen rechtlichen Strukturen noch in seinem Umfang mit den Gegebenheiten in der Bundesrepublik Deutschland vergleichbar«.[27]
- Auch waren etwa Angehörige des Zusatzversorgungssystems der technischen Intelligenz (AAÜG, Anlage 1, 1.) ganz überwiegend in Betrieben beschäftigt, die dem öffentlichen Dienst im »westlichen« Sinn gänzlich fernstanden. Ähnliches gilt in bezug auf Teile der anderen Zusatzversorgungssysteme der Intelligenz.

Was den »persönlichen Geltungsbereich« eines derartigen Vergleichs angeht, um einen Terminus aus dem Tarifvertragsrecht zu bemühen, ist zu betonen, daß dem Zusatzversorgungssystem des staatlichen Gesundheitswesens (AAÜG, Anlage 1, 8. und 11.) zwar in seiner übergroßen Mehrheit Ärzte und Apotheker, aber z.B. auch einige Sportwissenschaftler oder Diplom-Ökonomen im Gesundheitswesen, dem der technischen Intelligenz (AAÜG, Anlage 1,1.) auch Diplom-Juristen in technischen Betrieben oder etwa auch Fachschul-Ingenieure angehörten.
Es liegt deshalb nahe, bei der Bildung von Vergleichspaaren nach beruflichen Funktionen vorzugehen - so, wie das RÜG für die gesetzliche RV außerhalb von Zusatzversorgungen ebenfalls das Problem löst, indem es nämlich in § 256 b SGB VI mit Anlagen 13 Qualifikationsgruppen und Bereiche bildet.
Es bieten sich dann zwanglos etwa folgende Vergleichspaare an:

- Hochschullehrer (Ost) mit solchen (West);

26 BVerfGE 81, S. 156 (206) sowie 3. Kammer des Ersten Senats, Wirtschaftsrecht 1991, S. 283.
27 Vgl. Denkschrift zu Art. 20 EV sowie zu Art. 13 Abs. 1 EV; vgl. auch Wolter, ZTR 1991, S. 273 (281 f.).

- Wissenschaftler (Ost) in sonstigen Einrichtungen (Akademien, Forschungsinstituten, auch Forschungseinrichtungen von Großbetrieben) mit solchen im Westen;
- angestellte Ärzte und Apotheker im staatlichen Gesundheitswesen (Ost) mit solchen (West) usw.

Der Vergleich wird im folgenden für Hochschullehrer durchgeführt. Dies waren in der DDR Professoren und Dozenten an Universitäten, Hochschulen und Akademien, die durch den Minister für Hoch- und Fachschulwesen berufen worden waren.[28] Sie waren im wesentlichen, aber nicht ausschließlich, Mitglied in einem System nach Anlage 1,4. und 5. AAÜG.[29]
Dieser Vergleich bezogen auf Hochschullehrer zeitigt ähnliche Resultate wie die hier freilich nicht mehr im einzelnen durchgeführten Vergleiche der übrigen genannten Berufsgruppen; folglich gelten auch die Resultate der verfassungsrechtlichen Prüfung für die weiteren Vergleichspaare aus dem gesamten Bereich der Zusatzversorgungssysteme der Intelligenz entsprechend.
Zur Vermeidung von Wiederholungen sei deshalb für diese Qualifikationsgruppen und Bereiche auf jene verwiesen.

I. Die Bildung der Vergleichspaare und ihre rechtliche Behandlung

1. Hochschullehrer (Ost)

Die Ansprüche bzw. Anwartschaften von im Ruhestand befindlichen, emeritierten oder rentennahen Hochschullehrern aus dem Beitrittsgebiet, die, wie erwähnt, vor allem einem der Zusatzversorgungssysteme des AAÜG, Anlage 1, 4. oder 5., zu geringem Teil auch 1., 8. oder 11. angehörten, lagen in ihren Bezügen bzw. Vergütungen stets, zumindest überwiegend über den Jahreshöchstverdiensten nach AAÜG, Anlage 3. Sie werden bezüglich ihrer in diesen Zusatzversorgungssystemen erworbenen Ansprüche und Anwartschaften gemäß §§ 3, 4 Abs. 1 AAÜG in die gesetzliche Rentenversicherung überführt.

28 Vgl. ausführlich unten S. 77 ff.
29 Vgl. näher Anlage 8 zu diesem Gutachten; die dortige Aufstellung, die von der Überleitungsanstalt stammt, faßt noch AAÜG, Anl. 1,4. und 5., die im Gesetz getrennt aufgeführt werden, zusammen.

2. *Hochschullehrer (West)*

Hochschullehrer (West), die sich im Ruhestand befinden, emeritiert oder ruhestandsnah sind, erhalten eine Beamtenversorgung aufgrund von § 67 BeamtVG bzw. ihnen ist eine solche versprochen. Sind oder waren Hochschullehrer (West) im Angestelltenstatus, haben sie neben der Rente aus der gesetzlichen Rentenversicherung als Angehörige des öffentlichen Dienstes in der Regel einen kraft Arbeitsvertrages vereinbarten Anspruch auf die nach näherer Maßgabe von Tarifverträgen geltende zusätzliche Altersversorgung, und zwar als Mitglieder der Versorgungsanstalt des Bundes und der Länder (VBL).

3. *Ungleichbehandlung*

Hierin liegt eine Ungleichbehandlung:

a) *Hochschullehrer (Ost)*

Diese haben eine Vergütung bezogen, die stets oberhalb der in Anlage 3 AAÜG genannten Jahreshöchstverdienste lag.[30]

Anlage 3 AAÜG, multipliziert mit dem Umrechnungsfaktor nach Anlage 10 zu § 256 a SGB VI, ergibt für jedes Kalenderjahr die Beitragsbemessungsgrenze »West«. Der eben genannte Personenkreis hat also, abstrahiert man von den Besitzstandsregelungen der §§ 307 b Abs. 3 SGB VI, 4 Abs. 4 AAÜG, Anspruch auf eine Rente, die den Prinzipien der gesetzlichen Rentenversicherung folgt, also beschränkt ist auf der Grundlage der Beitragsbemessungsgrenze (West). Die Höchstbeträge für berücksichtigungsfähige Ost-Entgelte (Anlage 3 AAÜG) sind also so bestimmt worden, daß sich nach Umrechnung der Höchstbeträge auf Westniveau (mit den Umrechnungsfaktoren nach Anlage 10 zu § 256 a SGB VI) exakt die Beitragsbemessungsgrenze (West) ergibt. Es erfolgt demnach eine konsequente Gleichstellung der aus Zusatzversorgungssystemen herrührenden Ansprüche und Anwartschaften mit den Regelungen und der Logik der gesetzlichen Rentenversicherung nach SGB VI. Der Kreis der oben umschriebenen Hochschullehrer wird demzufolge gleich behandelt mit Personen, die der gesetzlichen Rentenversicherung angehören, und nur dieser.

30 Vgl. Anhang I zu diesem Gutachten; s. auch S. 103 f. und sogleich unten.

Eine Rente (Ost) für Personen, die stets oberhalb der Beitragsbemessungsgrenze verdient haben, hätte 1991 auf der Basis von 45 Versicherungsjahren einen Betrag von ca. 1.600,- DM ergeben; die Rentenerhöhung für die neuen Bundesländer in Höhe von 11,65 % mit Wirkung zum 1.1.1992 eingerechnet, ergibt einen Rentenanspruch in Höhe von etwa 1.787,- DM. (Es sei daran erinnert, daß sich dies auf Rentner, deren Ansprüche aus Zusatzversorgungssystemen herrühren, nicht bezieht. Deren SGB-VI-Rente liegt, sieht man vom Besitzschutz ab, seit 1.1.1992 im allgemeinen zwischen 1000,- und 1200,- DM.)[31]
Ein Rentenanspruch aufgrund des stetigen Überschreitens der Beitragsbemessungsgrenze (West) beträgt auf der Basis von 1,8 Entgeltpunkten je Versicherungsjahr und einer Anzahl von 45 Versicherungsjahren bei einem aktuellen Rentenwert von derzeit DM 41,44 DM 3.357,- brutto oder DM 3.152,- netto. Bei 50 Versicherungsjahren und einer möglichen persönlichen Bemessungsgrundlage von 200 % würden sich Renten von DM 4.144,- brutto bzw. DM 3.891,- netto monatlich ergeben.

b) Hochschullehrer (West)

Hochschullehrer (West), soweit sie Beamte sind, stehen gänzlich außerhalb des Systems der gesetzlichen Rentenversicherung, unterliegen vielmehr der Beamtenversorgung. Stehen sie in längerfristigen Beschäftigungsverhältnissen im Angestelltenstatus, sind sie zwar Mitglied der gesetzlichen Rentenversicherung, erhalten aber durchweg darüber hinaus kraft einzelvertraglicher Vereinbarung die Zusatzversorgungsleistungen des öffentlichen Dienstes aus VBL und Versorgungs-TV.

c) Hochschullehrer (West) im Verhältnis zu Hochschullehrern (Ost)

aa) Setzt man diesen Höchstbetrag der Rente aus der gesetzlichen Rentenversicherung (West), die insbesondere ein ehemaliger Professor (Ost) nach Abschluß des Angleichungsprozesses beziehen wird, in Relation zu einer durchschnittlichen Professoren-Versorgung (West),[32] bezogen auf ein Endruhegehalt C 4 ab 1.1.1990 von DM 6.854,23 sowie einen Ortszuschlag 1b, Stufe 2 von DM 929,23 mit sich daraus errechnenden Ruhegehaltsbezügen von DM 7.783,- pro Monat, erreicht diese Höchstrente

31 Vgl. auch Anlage 9 zu diesem Gutachten, Tabellen 2 und 5.
32 Vgl. dazu Anlage 9 und Anhang I.

(West) 43 %[33] der Professorenversorgung (West). Diese Relationsgröße ist sicherlich nicht bis ins Letzte exakt, für die Zwecke der Untersuchung reicht jedoch eine solche näherungsweise Angabe völlig aus. Vergleicht man die übrigen Angehörigen der Hochschullehrerschaft miteinander, also vor allem Dozenten, fällt der Vergleich nur geringfügig günstiger aus.[34]

bb) Hypothese ist weiter, daß nach Ende der Angleichung des Rentenniveaus (Ost) an dasjenige (West) die Relation zwischen Hochschullehrerversorgung (West) zu der für Hochschullehrer (Ost) allenfalls erzielbaren Höchstrente aus der gesetzlichen Rentenversicherung grosso modo gleich oder ähnlich sein wird. Es ist nicht anzunehmen, daß die Beamtenversorgungsbezüge und damit auch die Hochschullehrerversorgung in wesentlich geringerem Umfang erhöht werden wird als die dynamisierten Renten aus der gesetzlichen Rentenversicherung. Die Beamtenbesoldung ist in den letzten Jahren stets im Großen und Ganzen der Entwicklung der Löhne und Gehälter gefolgt. Und zwischen der Höhe der Besoldung und der der Versorgung besteht eine »Akzessorietät« insofern, als der jeweilige Stand der Besoldung zugleich auch das Maß der Versorgung mitbestimmt,[35] wie §§ 14 BBesG, 70 BeamtVG ergeben. Zwar bestehen ganz unterschiedliche Rechtsgrundlagen und Mechanismen der Leistungsanpassung an langfristige Entgeltsteigerungen,[36] auch wird die Vergleichbarkeit von gesetzlicher Rentenversicherung mit der Beamtenversorgung nicht nur dadurch erschwert, daß beide Systeme qualitativ andersartig sind,[37] sondern etwa auch dadurch, daß die steuerlichen Regelungen in Bezug auf beide Systeme unterschiedlich ausgestaltet sind.[38] Gleichwohl ist die bisherige Praxis der Leistungsanpassungen in beiden so unterschiedlichen Bereichen dadurch geprägt gewesen, daß mit einer Reihe von Modifikationen, im Endeffekt jedoch in einer ähnlichen Höhe eine Anpassung an veränderte wirtschaftliche Gegebenheiten erfolgte. Dafür, daß dies in der Zukunft qualitativ anders sein wird, etwa dergestalt, daß Beamtenbezüge künftig wesentlich geringer wachsen als Anwartschaften und Ansprüche aus der gesetzlichen Rentenversicherung, spricht derzeit wenig oder nichts.

33 Nach den Berechnungen nicht in Anhang I, sondern in Anlage 9 dieses Gutachtens dagegen am 1.7.1993 lediglich zwischen 29 und 33,5 %.

34 Vgl. dazu im Detail Anlage 9 dieses Gutachtens, Tabelle 1.

35 Fürst, Verfassungsrechtliche Grenzen einer Neuregelung der Beamtenversorgung, Verantwortung und Leistung, Heft 11/1984, S. 19f.

36 Vgl. dazu auch Scheerbarth/Höffken, Beamtenrecht, 5.Aufl. 1985, § 30 IV 2. b) insbesondere dd).

37 BVerfGE 76, S. 256 (319 f.), 44, S. 249 (269 f.).

38 Scheerbarth/Höffken, a.a.O., § 30 IV 2. b) ee).

cc) Ähnliche Mechanismen gelten in Bezug auf die Anpassung der Gesamtversorgung der Arbeitnehmer des öffentlichen Dienstes an wirtschaftliche Veränderungen:

»Die tarifvertraglich vereinbarte Gesamtversorgung des öffentlichen Dienstes ist dynamisch: Das gesamtversorgungsfähige Entgelt wird entsprechend der Erhöhungen der Beamtenversorgung angepaßt.«[39]

dd) Ergibt also eine auf die Beitragsbemessungsgrenze (West) hochgerechnete Rente für Professoren (Ost) bei Zugrundelegung von 81 Entgeltpunkten für 1993 ein Verhältnis der Zahlbeträge zwischen 29 und 33 % zu einer durchschnittlichen Professorenversorgung (West),[40] so sei zur Abrundung noch erwähnt, daß das aktuelle Verhältnis, bezogen auf die Zahlbetragsbegrenzung nach § 10 Abs. 1 Nr. 1 AAÜG, seit 01.08.1991 bei 25,8 % lag. In dem Maße, wie die Anwartschaften und Ansprüche aus der gesetzlichen Rentenversicherung gem. § 307 b SGB VI dynamisiert werden, diesen Besitzstand einholen und schließlich überholen, wird gleichwohl, auch nach Abschluß des Angleichungsprozesses des aktuellen Rentenwertes (Ost) an denjenigen (West) der Abstand einer Hochschullehrerrente (Ost) zu einer Hochschullehrerversorgung (West) mehr oder minder derselbe sein wie jetzt im Verhältnis der gesetzlichen ›Höchstrente‹ (West) zu durchschnittlicher Hochschullehrerversorgung (West), jene wird zwischen 40 % und 50 % dieser erreichen.
Da der Versorgungsgrad der Angestellten des öffentlichen Dienstes aufgrund der Zusatzversorgung gleich oder noch höher ist als derjenige der beamteten Hochschullehrer, wird auch im Vergleich zu angestellten Hochschullehrern (West) nach Abschluß des Rentenangleichungsprozesses ein ähnliches Abstandsniveau bestehen bleiben. Unter diesem Aspekt ist es folglich gleichgültig, ob man einen Hochschullehrer (Ost) mit einem beamteten oder einem angestellten Hochschullehrer (West) vergleicht.
Erneut sei dabei betont, daß diese Berechnungen nicht mehr als eine grobe Tendenzaussage darstellen sollen, die nicht nur im Detail zu präzisieren ist, sondern die auch in Bezug auf die Prognose der Rentenerhöhungen hier, der Anpassung der Beamtenversorgung dort Korrekturen gegenüber offen ist. Darauf kommt es indes nicht an, denn für die Zwecke dieser Untersuchung reichen Strukturaussagen auf der Grundlage der derzeitigen gesetzli-

39 Lassner, Die Altersversorgung der Arbeiterinnen, Arbeiter und Angestellten des öffentlichen Dienstes, 1991, S. 35 f.
40 Vgl. dazu erneut Anlage 9, Tabelle 1 zu diesem Gutachten.

chen Regelungen, die allein der verfassungsrechtlichen Überprüfung unterliegen können.

d) *Zusammenfassung und Schlußfolgerung*

Die Integration der Ansprüche und Anwartschaften der Hochschullehrer (Ost), genommen als pars pro toto für die Ansprüche bzw. Anwartschaften aus allen Zusatzversorgungssystemen der Intelligenz bzw. die Beschränkung auf diese Integration bewirken also, daß auch nach Abschluß des laufenden Angleichungsprozesses eine Ungleichbehandlung zwischen Hochschullehrern (Ost) und (West) zumindestens in Bezug auf die verfügbaren Zahlbeträge bestehen bleiben wird: Erstere werden sehr wahrscheinlich zwischen 40 und 50 % der Hochschullehrerversorgungen bzw. -gesamtversorgungen (West) für Beamte bzw. Angestellte erhalten, wenn der Angleichungsprozeß aufgrund der jetzigen gesetzlichen Regelungen abgeschlossen sein wird.
Damit ist zunächst festzuhalten, daß in Bezug auf die beiden oben gewählten Vergleichspaare eine Ungleichbehandlung nicht nur aktuell besteht, sondern vor allem auch nach Abschluß des Angleichungsprozesses der übergeleiteten Renten und Zusatzversorgungen vorliegen wird. Ähnliches kann grosso modo für die übrigen ehemaligen Mitglieder der Zusatzversorgungssysteme der Intelligenz angenommen werden.
Es stellt sich nun die Frage nach der Vergleichbarkeit (dazu 5.) bzw. nach den wesentlichen Unterschieden der Vergleichspaare am Beispiel der Hochschullehrer:

4. *Unterschiede bei den Vergleichspaaren*

a) *Beamtenversorgung der Hochschullehrer (West)*

Die Beamtenversorgung ist Ausprägung des verfassungsrechtlich garantierten Berufsbeamtentums.[41] Dienstbezüge, Ruhegehälter und Hinterbliebenenbezüge sind Voraussetzungen dafür, daß sich der Beamte ganz dem öffentlichen Dienst als Lebensberuf widmen und in rechtlicher und wirtschaftlicher Unabhängigkeit zur Erfüllung der dem Berufsbeamtentum vom

41 Fürst,a.a.O., S. 7.

GG zugewiesenen Aufgaben, eine stabile und gesetzestreue Verwaltung zu sichern, beitragen kann (§ 35 BRRG).[42]
Zugleich sind Dienstbezüge, Ruhegehälter und Hinterbliebenenbezüge auch die vom Staat festzusetzende, nach Befähigung, Eignung und fachlichen Verdiensten zu bemessende Gegenleistung des Dienstherren dafür, daß sich ihm der Beamte mit seiner ganzen Persönlichkeit zur Verfügung stellt und gemäß den jeweiligen Anforderungen seine Dienstpflicht nach Kräften erfüllt.[43]
Es besteht ein hergebrachter Grundsatz der amtsgemäßen Versorgung, der allerdings Kürzungen zuläßt, sofern der standesgemäße Unterhalt nicht beeinträchtigt wird.[44]
Der Art. 33 Abs. 5 GG innewohnende weite Beurteilungsspielraum entbindet den Gesetzgeber nicht davon, bei der Regelung der Versorgungsbezüge den Grundsätzen Rechnung zu tragen, die seit jeher für die Bemessung dieser Bezüge maßgebend waren.[45] Zu diesen hergebrachten Grundsätzen des Berufsbeamtentums gehört auch, daß die Dienstbezüge des letzten Amtes maßgebend sind, also der Grundsatz der amtsgemäßen Versorgung.[46]
Das Hochschullehrerverhältnis ist ein Beamtenverhältnis, das in vielerlei Hinsicht Besonderheiten gegenüber dem allgemeinen Beamtenverhältnis aufweist.[47] Emeritenbezüge stellen nur in Bezug auf ihre nicht fakultativen Teile hergebrachte Grundsätze des Hochschullehrerrechts dar.[48] Art. 5 Abs. 3 GG wirkt sich auf das Beamtenverhältnis des Hochschullehrers aus.[49]
Schließlich ist hervorzuheben, daß es auch im Bereich des Hochschullehrerbeamtenrechts zulässig ist, dieses an veränderte Gegebenheiten anzupassen oder aus politischen Gründen einen Wandel der Verhältnisse zu bewirken. Zu diesem Zweck kann es auch erforderlich sein, Normen zu erlassen, die in erheblichem Umfang an in der Vergangenheit liegende Umstände anknüpfen.[50]

42 BVerfGE 79, S. 223 (231); 71, S. 39 (60); 21, S. 329 (345, 350).
43 BVerfGE 21, S. 329 (344 f., 350).
44 BVerfGE 3, S. 58 (160); 76, S. 256 (310 ff.).
45 BVerfGE 61, S. 43 (57,58); 11, S. 203 (210).
46 BVerfGE 61, S. 43 (57 f.);76, S. 256 (324 f.).
47 BVerfGE 3, S. 58 (141); 67, S. 1 (12).
48 BVerfGE 35, S. 23 (30 f.).
49 BVerfGE 3, S. 58 (151).
50 BVerfGE 67, S. 1 (15).

b) Dienst- und versorgungsrechtliche Stellung der ehemaligen und der rentennahen Hochschullehrer (Ost)

Ehemalige Hochschullehrer der DDR bzw. »rentennahe« Jahrgänge waren und sind keine Beamte, Art. 5 Abs. 3, 33 GG galten vor dem 3. Oktober 1990 nicht für sie.

aa) Beamtenversorgung bzw. Berufung ins Beamtenverhältnis für die Zeit nach dem 3.10.1990?

Gemäß Art. 20 Abs. 2 EV ist die Wahrnehmung von öffentlichen Aufgaben (hoheitsrechtliche Befugnisse i.S.von Art. 33 Abs. 4 GG) so bald wie möglich Beamten zu übertragen. Soweit Hochschullehrer noch als solche beschäftigt sind, sind sie mit Wirkung vom 3.10.1990 Angestellte geworden.[51] Daran ändert auch nichts, daß gemäß Art. 3 EV auch Art. 33 GG in Kraft gesetzt worden ist - auch wenn die Sonderregelungen des Art. 20 EV ihrerseits an der »Fundamentalaussage« des Art. 3 EV nichts zu ändern vermögen.[52]
»Die Länder des Beitrittsgebietes werden eine gewisse Zeit brauchen, um ein eigenes Landesbeamtenrecht zu schaffen. Dazu ist ihnen eine Frist bis zum 31. Dezember 1992 eingeräumt. In der Zwischenzeit gelten die für Bundesbeamte geltenden Vorschriften einschließlich der Übergangsvorschriften, die in der Anlage I Kap. XIX Sachgebiet A Abschnitt III Nr. 3 des Einigungsvertrages für die Zeit bis zum 31.12.1996 bestimmt sind.«[53]
Auch das Beamtenversorgungsgesetz findet im Beitrittsgebiet Anwendung (Anlage I Kap. XIX Sachgebiet A Abschnitt III, Nr. 9 des Einigungsvertrages), freilich mit einer Reihe von Maßgaben. Die Erläuterung zur Maßgabe b) bestimmt insoweit unmißverständlich:

> »Nach § 4 Abs. 1 BeamtVG kann ein Ruhegehalt nur gewährt werden, wenn der Beamte eine Dienstzeit von mindestens 5 Jahren abgeleistet hat. Die Dienstzeit wird vom Zeitpunkt der ersten Berufung in das Beamtenverhältnis ab gerechnet.«

51 Zur Entstehungsgeschichte der beamtenrechtlichen Regelungen des Einigungsvertrages sowie zur Darstellung seiner beamtenrechtlichen Regelungen vgl. ausführlich Weiß, ZBR 1991, S. 1 (23 ff.).

52 Weiß, a.a.O., S. 25.

53 Stegmüller/Schmalhofer/Bauer, Beamtenversorgungsgesetz, Stand: Juli 1991, § 107 a, Erläuterung 1.

Daraus folgt, daß ehemalige Hochschullehrer der DDR, die nunmehr Rente beziehen, den Regelungen des Beamtenversorungsgesetzes nicht mehr unterfallen, da sie die Wartezeit nicht mehr zurücklegen können, und daß rentennahe Jahrgänge von Hochschullehrern einen Versorgungsanspruch frühestens fünf Jahre nach ihrer Berufung in das Beamtenverhältnis erwerben können, welche Frist erst mit den anstehenden Berufungen zu laufen beginnen kann.
Zur Abrundung sei noch die Rechtslage für jüngere, also weder verrentete noch rentennahe Hochschullehrer-Jahrgänge angedeutet, die ins Beamtenverhältnis berufen werden und auch die Wartezeit noch zurücklegen können:
Aufgrund von § 107 a BeamtenVG ist mittlerweile eine »Verordnung über beamtenversorgungsrechtliche Übergangsregelungen nach Herstellung der Einheit Deutschlands (Beamtenversorgungs-Übergangsverordnung-BeamtVÜV)« erlassen worden.[54] Gemäß § 2, Ziff. 5 dieser Verordnung gilt das BeamtVG mit folgender Maßgabe:

> »Den Renten i.S. des § 55 Abs. 1 des Beamtenversorgungsgesetzes stehen entsprechende wiederkehrende Geldleistungen von Versicherungsträgern mit Sitz im Beitrittsgebiet gleich. Dies gilt auch für Leistungen aufgrund der Zugehörigkeit zu Zusatz- und Sonderversorgungssystemen.«[55]

Werden also Hochschullehrer aus der ehemaligen DDR zu beamteten Hochschullehrern ernannt, gehen - nach Zurücklegung der Wartezeit - danach Leistungen aus Zusatzversorgungssystemen in ihre Beamtenversorgungen ein. Werden sie dagegen nicht zu Beamten ernannt, können sie die Wartezeit nicht mehr erfüllen. Befinden sie sich bereits im Ruhestand, werden die Ansprüche aus den Zusatzversorgungssystemen in die gesetzliche Rentenversicherung überführt.
Die geltende Rechtslage (Art. 33 Abs. 5 GG, EV, BeamtVG, BeamtVüV) verhindert also die Anwendung der Regelungen der Beamtenversorgung auf schon verrentete oder ruhestandsnahe Hochschullehrer (Ost). Damit liegen rentenversicherungsrechtlich relevante Unterschiede zur Vergleichsgruppe (West) vor, soweit es sich dabei um Beamte handelt.

54 Verordnung der Bundesregierung vom 11. März 1991 - BGBl I S. 630 mit Änderungsverordnung vom 24.7.1991 (BGBl I S. 1709).

55 Vgl. dazu Stegmüller/Schmalhofer/Bauer, a.a.O., § 107 a, Erläuterungen zu § 2 BeamtVÜV, insb. RN 15.

bb) Hochschullehrer (Ost) im Angestelltenstatus

Aber auch soweit Hochschullehrer als rentennahe Jahrgänge im Angestelltenverhältnis verbleiben und nicht zu Beamten ernannt werden oder soweit sie, da sie bereits aus dem aktiven Hochschuldienst ausgeschieden sind, schon aus diesem Grunde nicht mehr zu Beamten ernannt werden, bestehen im Vergleich zu den Versorgungssystemen für die Angehörigen des öffentlichen Dienstes in den alten Bundesländern rentenversicherungsrechtlich erhebliche Unterschiede:
Gemäß § 2 VersorgungsTV VBL gilt der Tarifvertrag für die Arbeitnehmer, die unter den Geltungsbereich des BAT fallen. Nach § 3, Buchstabe g) BAT sind die dort genannten Hochschulangehörigen von der Geltung des BAT ausgenommen. Danach fallen die in §§ 42 bis 54, 56 HRG aufgeführten hauptberuflichen Angehörigen des wissenschaftlichen und künstlerischen Personals an Hochschulen im allgemeinen in den Altländern nicht unter den Geltungsbereich des BAT.[56]
Allerdings hat der Arbeitgeber die Möglichkeit, diese Arbeitnehmer unter den Voraussetzungen des § 26 Abs. 1 der Satzung des VBL zu versichern, »d.h. die Pflicht zur Versicherung muß arbeitsvertraglich vereinbart werden, und außerdem müssen die weiteren Tatbestandsmerkmale, die mit § 5 übereinstimmen, erfüllt sein.«[57] Die Praxis ist die, daß wissenschaftlichen Angestellten durchweg die Versorgung nach den Regelungen der VBL einzelvertraglich versprochen wird.
Danach ist jedenfalls aufgrund einzelvertraglicher Vereinbarung eine Einbeziehung von angestelltem wissenschaftlichem und künstlerischem Personal an Hochschulen in die Gesamtversorgung des öffentlichen Dienstes die Regel.
Es ist weder bekannt, daß solche Vertragsinhalte auch mit noch tätigen Hochschullehrern (Ost) vereinbart worden wären noch daß schon verrentete Hochschllehrer (Ost) in die Gesamtversorgung einbezogen worden sind. Damit liegen auch insoweit rentenversicherungsrechtlich relevante Unterschiede vor.

c) Zusammenfassung

Zusammenfassend ergibt sich daher: Aufgrund Art. 5 Abs. 3, 33 Abs. 4 und 5 GG, §§ 55,67,107a BeamtVG, Art 20 Abs. 2 sowie Anlage I Kap.

56 Clemens/Scheuring/Steingen/Wiese, BAT Kommentar, Teil 1, § 3 BAT, 8.
57 Clemens u.a., a.a.O., Bd.6, Teil VII-Versorgungs-TV VBL, Erläuterungen zu §§ 1-3.

XIX Sachgebiet A Abschnitt III, 9. Einigungsvertrag, schließlich nach Maßgabe von §§ 3 Buchstabe g),46 BAT i.V.m. VersorgungsTV VBL bestehen rentenversicherungsrechtlich relevante Ungleichheiten zwischen »verrenteten« oder rentennahen Hochschullehrern (Ost), soweit sie sich im Angestelltenverhältnis befinden einerseits, beamteten oder angestellten Hochschullehrern (West) andererseits.

5. Vergleichbarkeit der Vergleichspaare

Andererseits bestehen jedoch auffällige Übereinstimmungen zwischen der dienst- und hochschulrechtlichen Stellung der aktiven Hochschullehrer in der ehemaligen DDR sowie den Regelungen der Zusatzversorgungssysteme der Intelligenz mit entsprechenden Regelungen in Bezug auf die Hochschullehrer (West), was nunmehr zu betrachten ist:

a) Die quasibeamtenrechtliche Pflichtenstellung der Hochschullehrer (Ost)

aa) Die Begründung des Hochschullehrerverhältnisses

Begründet wurde das Hochschullehrerverhältnis durch Berufung, nicht durch Arbeitsvertrag. Die Berufung erfolgte auf Antrag des Bewerbers in einem förmlich gestalteten Berufungsverfahren. Grundlage für die Berufung bildeten die Vorschläge der Fakultäten bzw. der Hochschule. Bei der Besetzung eines Lehrstuhls hatte die Hochschule einen Vorschlag mit drei Kandidaten zu unterbreiten (§ 10 Abs. 1 Hochschullehrerberufungsverordnung (HBVO)), die in den gewählten Organen der Hochschule, im Rat der Sektion bzw. im wissenschaftlichen Rat (§ 9 Abs. 1 HBVO) beraten und von diesen vorgeschlagen wurden. Die Lehrstühle und Dozenturen waren auszuschreiben (§ 8 Abs. 7 HBVO in Verbindung mit der Ordnung zur Ausschreibung von Lehrstühlen und Dozenturen).[58]

Die Berufung erfolgte durch den Minister für Hoch- und Fachschulwesen. Vertretungsorgane der Arbeiter und Angestellten wie Gewerkschaftsleitungen waren am Verfahren nicht beteiligt. Die Berufung wurde wirksam mit Ausstellung der Berufungsurkunde (§ 11 Abs. 1 HBVO).

Mängel der Berufung, Rücknahme oder Anfechtung der Berufung wurden nicht in einem arbeitsgerichtlichen, sondern in einem freilich außergerichtlichen Verwaltungsverfahren verhandelt und entschieden.

58 VuM des Ministeriums für Hoch- und Fachschulwesen, 1981, Nr. 3, S. 14.

bb) Inhalt des Hochschullehrerverhältnisses

Das durch Berufungsakt und Aushändigung der Berufungsurkunde begründete Hochschullehrerverhältnis war ein Dienst- und Fürsorgeverhältnis ähnlich dem Dienst- und Treueverhältnis der Hochschullehrer in den alten Bundesländern. Mit der Berufung erhielt der Hochschullehrer das Recht, den Titel zu führen (§ 26 HBVO). Zu den Dienstpflichten des Hochschullehrers gehörte die Pflicht, über die regelmäßige Arbeitszeit hinaus Dienst zu tun. Ein vom regelmäßigen Aufgabenbereich abweichender Dienst konnte sowohl vom unmittelbaren Dienstvorgesetzten als auch vom Minister gefordert werden, soweit er geboten und für den einzelnen zumutbar war. Nebentätigkeiten waren insoweit nicht genehmigungspflichtig, als sie mit der wissenschaftlichen Tätigkeit in Verbindung standen (gutachterliche Tätigkeit, Herausgeberschaft von wissenschaftlichen Druckwerken). Der Hochschullehrer war zur Übernahme von akademischen Wahlämtern und anderen Ämtern verpflichtet, soweit nicht ernsthafte Gründe entgegenstanden. Die Übertragung von akademischen Ämtern erfolgte durch Wahlakt (Dekan, Prodekan, Mitglied des Fakultätsrates, des Wissenschaftsrates, des Senates, Rektor) oder durch Verwaltungsakt (Bereichsleiter, Institutsdirektor). Dienstpflichten oblagen dem Hochschullehrer nicht nur innerhalb, sondern auch außerhalb der dienstlichen Tätigkeit. Er unterlag einem besonderen Disziplinarrecht.

Notwendiger Inhalt der Berufung war die Festlegung der Hochschullehrerkategorie (ordentlicher Professor, Hochschuldozent usw.). Gem. der HBVO von 1958 erfolgte die Berufung in ein Amt mit der Amtsbezeichnung Dozent, Professor mit Lehrauftrag, Professor mit vollem Lehrauftrag und Professor mit Lehrstuhl. Für diese Kategorien war jeweils ein festes Anfangs- und Endgehalt festgelegt (Anlage 1 zu § 1 Hochschullehrervergütungsverordnung vom 12.07.1951).[59] Nach Eignung, Befähigung und fachlicher Leistung konnte ein Hochschullehrer in der Art der Beförderung von einem Amt in das andere mit höherem Endgrundgehalt berufen werden. Die Regelbeförderung erfolgte alle vier Jahre. Es bestand jedoch kein Anspruch auf Beförderung.

Gem. der HBVO vom 06.11.1968[60] in der Fassung der 3. VO vom 08.04.1981[61] gab es innerhalb der Kategorie der Professoren die oben genannte Differenzierung nicht mehr. Sie wurde ersetzt durch den ordentli-

59 GBl. S. 677.
60 GBl. II, S. 997.
61 GBl. I, S. 121.

chen Professor, für den es alle zwei Jahre ein Aufsteigen im Gehalt bis zum Endgrundgehalt gab.
Der Hochschullehrer konnte bis zu vier Jahren zwecks Aufnahme einer anderen Tätigkeit freigestellt werden. Mit der Freistellung ruhte das Dienstverhältnis (§ 17 HBVO).

cc) Die Besoldung der Hochschullehrer der DDR

Die Vergütung der Hochschullehrer erfolgte auf der Grundlage der Hochschullehrervergütungsverordnung (Verordnung über Vergütung der Hochschullehrer sowie der wissenschaftlichen und künstlerischen Assistenten und über die Emeritierung von Professoren vom 12.07.1951[62] bis zu ihrer Ersetzung durch die Verordnung über die Vergütung der Hochschullehrer an den wissenschaftlichen Hochschulen - Hochschullehrervergütungsverordnung (HVO vom 06.11.1968).[63] Die Vergütung erfolgte nicht durch Tarifvertrag bzw. Kollektivvertrag, sondern auf gesetzlicher Grundlage. Die Hochschullehrervergütungsverordnung schloß eine Regelung aufgrund von Rahmenkollektivverträgen aus. Die Vergütung erfolgte nach dem Prinzip: Eingangsgehalt, aufsteigendes Gehalt, Endgehalt. Das Steigen im Gehalt und Erreichen des Endgehaltes entsprach nicht dem Lohnprinzip: Lohn für geleistete Arbeit, sondern dem Versorgungsprinzip: amtsgemäße angemessene Unterhaltssicherung, oder, wie es in der DDR genannt wurde, dem Dienstprinzip: Vergütung für die im Hochschulamt für den Staat geleisteten Dienste. Das Gehalt war gesetzlich festgelegt, der Unterhalt wurde auch den Hinterbliebenen (Witwern und Witwen sowie Waisen und Halbwaisen) gewährt. Auch hierin zeigt sich das Wirken des Alimentationsprinzips.
Ähnlich wie im Beamtenrecht gab es für den Hochschullehrer der DDR ein Grundgehalt, Ortszuschläge und Amtsvergütung (Anlage 2 zu § 20 der HVO von 1951 und Anlage 1 zu § 1, Anlage 2 zu § 2, Anlage 3 zu § 10 und Anlage 4 zu § 11 der HVO von 1968).

dd) Die Emeritierung des Hochschullehrers

Das Hochschullehrerverhältnis endete nicht wie das Arbeitsverhältnis von Arbeitern und Angestellten mit Erreichung der Altersgrenze (Frauen 60. Lebensjahr, Männer 65. Lebensjahr), sondern wandelte sich um in ein Ruhestandsverhältnis. Der Hochschullehrer wurde mit Erreichen der Alters-

62 GBl., S. 677.
63 GBl. II, S. 1013.

grenze emeritiert oder in den Ruhestand versetzt. Bei dauernder Arbeitsunfähigkeit konnte die vorzeitige Emeritierung bzw. vorzeitige Versetzung in den Ruhestand erfolgen (§ 5 der 1. DB zur Hochschullehrerberufungsverordnung und die Emeritierung und die Versetzung in den Ruhestand vom 15.01.1972).[64]
Der Hochschullehrer wurde vom Minister für Hoch- und Fachschulwesen emeritiert bzw. in den Ruhestand versetzt (§ 14 Abs. 2 der Verordung über die Vergütung der Hochschullehrer sowie der wissenschaftlichen und künstlerischen Assistenten und über die Emeritierung der Professoren vom 12.07.1951;[65] § 2 Abs. 2 Ruhestandsverordnung). Der Hochschulleher war berechtigt, seine Dienstbezeichnung mit dem Zusatz ›Emeritus‹ (em) zu führen (§ 14 Abs. 5 EMVO).
Der emeritierte bzw. in den Ruhestand versetzte Hochschullehrer war berechtigt, an der Forschungstätigkeit der Hochschule an seinem Fachgebiet teilzunehmen und Hochschulinstitute (Forschungsinstitute, Labors usw.) für eigene Forschungstätigkeit zu benutzen (§ 14 Abs. 6 EMVO bzw. § 4 RuhestandsVO). Diese Regelung wurde erweitert interpretiert und auf Lehrtätigkeit, Doktorandenbetreuung, Teilnahme an wissenschaftlichen Kongressen, Herausgebertätigkeit wissenschaftlicher Werke usw. erstreckt. In die ›Gewährung von Arbeitsmöglichkeiten‹ bzw. ›Gewährung von Unterstützung für die eigene wissenschaftliche Tätigkeit‹ wurde auch die Reisekostenvergütung bei Kongressreisen usw. einbezogen.
Emeritierte bzw. in den Ruhestand versetzte Hochschullehrer konnten mit Zustimmung des Rektors bzw. des Sektionsdirektors an den Beratungen der wissenschaftlichen Gremien teilnehmen (§ 3 Abs. 2 RuhestandsVO). Die Titelführung der emeritierten Professoren und der in den Ruhestand versetzten Hochschullehrer erfolgte gem. § 27 und § 28 Abs. 2 der HBVO und § 6 Abs. 2 RuhestandsVO. Die Amtszeit des Hochschullehrers konnte über die Erreichung der Altersgrenze hinaus verlängert werden (§ 14 Abs. 4 EMVO).

ee) Die Fürsorgepflicht des Staates der DDR

Dem Staat oblag dem Hochschullehrer gegenüber eine Fürsorgepflicht. Der Hochschullehrer erhielt mit Versetzung in den Ruhestand bzw. mit der Emeritierung keine Rente, sondern einen Versorgungsanspruch. Die Versorgungsleistungen entsprachen nicht dem Versicherungsprinzip.

64 GBl. II, S. 47.
65 GBl., S. 677 - EMVO.

Der Fürsorge des Staates für das Aufkommen der Versorgungsbezüge entsprach die Regelung des § 12 der Verordnung über Altersversorgung der Intelligenz in wissenschaftlichen, künstlerischen, pädagogischen und medizinischen Einrichtungen der DDR vom 12.07.1951[66], wonach die für die Altersversorgung aufzuwendenden Beträge jährlich in den Staatshaushaltsplan einzusetzen waren.
Dem Versorgungsprinzip entsprach es, daß die Versorgungsbezüge des Hochschullehrers nicht nach seinem beitragspflichtigen Einkommen, nach Beiträgen oder nach Dienstjahren bemessen wurden, sondern nach dem im letzten Jahr vor Eintritt des Versorgungsfalls bezogenen durchschnittlichen monatlichen Bruttogehalt (§ 10 Abs. 1a EMVO) und daß im Todesfall an den überlebenden Ehepartner eine Versorgung in Höhe von 50 % und an Waisen bis zu insgesamt 25 % des im letzten Jahr vor Eintritt des Versorgungsfalles bezogenen durchschnittlichen monatlichen Bruttogehalts geleistet wurde (§ 10 Abs. 1c) und d) EMVO).
Der Fürsorgepflicht des Staates entsprach es auch, daß der Hochschullehrer im Krankheitsfalle bis zu sechs Monaten nicht etwa auf den Krankengeldanspruch verwiesen war, sondern einen Anspruch auf Weiterzahlung seines Gehalts hatte. Nach länger als sechs Monate dauernder Krankheit wurde der Hochschullehrer in der Regel invalidisiert und erhielt den Versorgungsanspruch aus vorzeitiger Versetzung in den Ruhestand bzw. aus vorzeitiger Emeritierung (§ 14 Abs. 2, Satz 2 EMVO).
Daß die Altersversorgung der Hochschullehrer keine Rente darstellt, erhellt die Bestimmung des § 11 EMVO, daß die Rentenbezüge aus anderen Versicherungen von der Gewährung der Altersversorgung und Hinterbliebenenversorgung nicht berührt wurden. Die rentenrechtliche Regelung sah dagegen bei Zusammenfallen von zwei gleichartigen Renten nur einen Rentenanspruch aus einer Rente vor.
Den emeritierten bzw. in den Ruhestand versetzten Hochschullehrern oblagen die Pflicht zur Amtsverschwiegenheit und die Pflichten, die dem Hochschullehrer vor der Emeritierung bzw. Versetzung in den Ruhestand außerhalb des Dienstes zukamen:

ff) Die disziplinarische Verantwortlichkeit

Die Hochschullehrer unterlagen einer besonderen disziplinarischen Verantwortung. Der Hochschullehrer konnte nicht nur wegen Verletzung der ihm übertragenen Dienstpflichten disziplinarisch bestraft werden, sondern auch

66 GBl., S. 675 - IntelligenzVO, vgl. auch AAÜG, Anlage 1,4.

wegen unwürdigen Verhaltens außerhalb des Dienstes (§ 2 b) Anordnung über die disziplinarische Verantwortlichkeit der Hochschullehrer vom 08.02.1957).[67]
Der Hochschullehrer konnte auch nach der Emeritierung bzw. Versetzung in den Ruhestand disziplinarisch zur Verantwortung gezogen werden (§ 7 Abs. 1 RuhestandsVO). Von einer solchen Disziplinarmaßnahme wurden auch die Versorgungsanwartschaften der Hinterbliebenen betroffen.
In Disziplinarverfahren entschieden die Rektoren bzw. Direktoren sowie die an den Hochschulen und beim Ministerium für Hoch- und Fachschulwesen gebildeten Disziplinarausschüsse.
Als Disziplinarstrafen waren vorgesehen: Verweis, Rüge, strenge Rüge, fristlose Entlassung (§ 5 HochschullehrerDO). Gegen die Entscheidungen des Disziplinarausschusses an der Hochschule konnte der Hochschullehrer Beschwerde einlegen (§ 21 HochschullehrerDO). Über die Beschwerde entschied der Disziplinaraussschuß beim Ministerium für Hoch- und Fachschulwesen (§ 6 Abs. 4 DO). Gerichtlichen Rechtsschutz gab es nicht. Überdies waren in Disziplinarangelegenheiten der Hochschullehrer Konfliktkommissionen und Kammern für Arbeitssachen nicht zuständig (§ 6 Abs. 5 DO) - ein Indiz dafür, daß das Hochschullehrerverhältnis nicht als Arbeitsrechtsverhältnis konzipiert war.
Das Disziplinarverfahren war förmlich gestaltet. Die Bestimmungen der §§ 8 - 20 HochschullehrerDO regelten Antrag auf Einleitung und Antragsberechtigte, Fristen für Antragstellung, Begründung des Antrags, Beurlaubung, Vorbereitung der Verhandlung, Teilnahme an der Verhandlung, Ausschlußgründe für die Tätigkeit im Disziplinarausschuß, Durchführung der Verhandlung, Disziplinarentscheidung, Protokoll. Die Bestimmungen der §§ 21 - 27 regelten das Rechtsmittelverfahren, die Nachprüfung von Entscheidungen und Löschung der Disziplinarstrafe.

gg) Beendigung des Hochschullehrer-Verhältnisses

Kündigung und Entlassung wie im Arbeitsrecht für Arbeiter und Angestellte galten für Hochschullehrer nicht.
Die Beendigung des Dienstverhältnisses der Hochschullehrer konnte erfolgen:

67 GBl. I, S. 177 - HochschullehrerDO.

(1) durch Emeritierung oder Versetzung in den Ruhestand bei Erreichen der Altersgrenze bzw. bei Berufsunfähigkeit oder Invalidität (§ 2 RuhestandsVO);

(2) durch Abberufung auf eigenen Antrag (§ 21 Abs. 1 a) und § 22 Abs. 1 a) HBVO);

(3) durch Abberufung bei Aufhebung des Lehrstuhls bzw. der Planstelle infolge von Strukturveränderung (§ 21 Abs. 1 c) und § 22 Abs. 1 d) HBVO);

(4) durch Entzug der facultas docendi als Ergebnis eines Disziplinarverfahrens (§§ 21 Abs. 1 f), 22 Abs. 1 f), 25 HBVO).
Die Abberufung war eine Entscheidung, die vom Minister für Hoch- und Fachschulwesen getroffen wurde.
Die dienstrechtliche Gestaltung des Hochschullehrerverhältnisses in der DDR, die Berufung und Abberufung, die Fürsorgepflicht des Staates, die Vergütung der Hochschullehrer, die Versetzung in den Ruhestand, das Ruhestandsverhältnis und die Versorgung der Hochschullehrer waren mithin, wenn auch nicht formell, so doch materiellrechtlich einem Beamtenverhältnis sehr ähnlich gestaltet.

b) Die »wertende Gesamtbetrachtung«: Die Vergleichbarkeit der Hochschullehrer (Ost) mit denen (West)

Es zeigt sich, daß die konkreten Aufgaben und Pflichten des Hochschullehrers (Ost) aus seinem Hochschullehrerverhältnis denen seines westlichen Kollegen ähnlich waren. Vergleichbar waren insbesondere das - wenngleich in der DDR nicht so genannte - Alimentationsprinzip und vor allem die Versorgung, aber auch die Besoldung in ihrer allgemeinen Struktur (Grundgehalt, Ortszuschlag). Auffällig ist die starke Betonung der Pflichten des Hochschullehrers der DDR zulasten seiner Rechte und der Pflichten des Dienstherrn.[68]

68 Dies konvergiert übrigens mit der rechtlichen Behandlung der »Kader« in der DDR allgemein: Die »Verordnung über die Pflichten, Rechte und die Verantwortlichkeit der Mitarbeiter in den Staatsorganen« vom 19.02.1969 - GBl. II 1969, S. 163; veröffentlicht etwa auch bei Lohmann, Das Arbeitsrecht der DDR, 1987, S. 224, die gem. § 26 in ihren disziplinarischen Aspekten übrigens auch für Direktoren und Generaldirektoren von VVB und VEB galt, betont die Pflichten und Verantwortlichkeiten des Mitarbeiters, vernachlässigt demgegenüber die Rechte.

Das »Werturteil«, d.h. die Wertung, ob die übereinstimmenden oder die divergierenden Merkmale zweier Sachverhalte wesentlich sein sollen, welches durch die »gebotene Gesamtbetrachtung« zustande kommt,[69] ist weder global noch unter allen denkbaren Aspekten sinnvoll, sondern vor allem unter denen der Besoldung, Versorgung und danach, was der Anspruchsberechtigte hierfür gleichsam als »Äquivalent« zu leisten hatte, geht es doch vorliegend um die verfassungsrechtliche Prüfung von Rentenregelungen.
Insoweit zeigt sich ein erhebliches Maß an Übereinstimmung. Die DDR hatte die Hochschullehrer zahlreicher individueller Rechte und insbesondere der komplementären Durchsetzungsverfahren entkleidet, sich in bezug auf ihre Alimentation und Versorgung aber im wesentlichen mit einer formalen Umetikettierung begnügt.
In bezug auf die Versorgungsregelungen der Hochschullehrer der DDR wurde mit den Bestimmungen zu den Zusatzversorgungssystemen der Intelligenz nicht nur eine ganz ähnliche Berechnungsgrundlage für die Versorgungsbezüge gewählt (so waren die zuletzt bezogenen ruhegehaltsfähigen Dienstbezüge hier das Bruttogehalt der letzten 12 Monate vor dem Rentenfall dort). Auch das Versorgungsniveau der DDR, das sie ihren Hochschullehrern gewährte, war im Vergleich zu demjenigen für Hochschullehrer (West) nicht wesentlich anders: Einer Versorgung in Höhe von 75 % der ruhegehaltsfähigen Bezüge (zu denen Berufungsvereinbarungen und Bleibezulagen freilich idR nicht zählen), die die BRD ihren Hochschullehrern verspricht, entsprachen in den Zusatzversorgungssystemen der Intelligenz 60 % - 80 % des zuvor bezogenen durchschnittlichen monatlichen Bruttogehalts. Zusammen mit der SV-Rente konnte so maximal 90 % des Nettoverdienstes erreicht werden, was auch dem westdeutschen Versorgungsgrad sowohl bei den beamteten Hochschullehrern als auch bei den angestellten ungefähr entspricht. Dies galt insbesondere in den Systemen, in denen von der 800-Mark-Grenze nach den Bestimmungen der Versorgungsordnung abgesehen werden konnte und abgesehen wurde, wie bei Hochschullehrern (AAÜG, Anlage 1, Nr. 4. sowie bei Mitgliedern der Zusatzversorgungssysteme nach AAÜG, Anlage 1, 5., 8. und 11.).
Ähnlich war auch die Regelung der Beiträge: Die Leistungen der Beamtenversorgung werden ebenso aus dem Staatshaushalt finanziert wie bei der Altersversorgung der wissenschaftlichen Intelligenz, wobei hier u.a. die Besonderheit des § 28 FZR-VO zu beachten ist.[70]

69 Vgl. dazu oben S. 63 mwN.
70 Vgl. dazu ausführlich oben, S. 24, 31, 48 f.; vgl. auch unten S. 140 ff.

Das BVerfG hat fiktive Beiträge des Beamten für seine Altersversorgung ausgemacht, und zwar in dem Sinne, daß sie der Dienstherr durch eine geringere Bemessung der Bezüge von vornherein einbehält.[71] Nach demselben Prinzip verfuhr die DDR: Viele der Zusatzversorgungssysteme wurden überhaupt erst geschaffen, um eine Minderbezahlung während der aktiven Zeit auszugleichen.[72]

Schließlich standen nicht nur die Hochschullehrerversorgungen in Ost und West in einem ähnlichen Verhältnis zu den Dienstbezügen während der aktiven Zeit, sondern diese befanden sich ihrerseits in beiden deutschen Staaten auch in einer ganz ähnlichen Relation zu den jeweiligen Durchschnittseinkommen.[73]

Faßt man diese Untersuchungen zusammen, zeigt sich, daß eine ungleiche Lage im wesentlichen in der allgemeinen rechtlichen, insbesondere verfassungsrechtlichen Bestimmung der Stellung des Beamten im allgemeinen, des Hochschullehrers im besonderen während seiner aktiven Zeit besteht (Art. 5 Abs. 3, 33 Abs. 4 und 5, 19 Abs. 4 GG) sowie in dem gesetzlichen bzw. einzelvertraglichen Ausschluß verrenteter oder rentennaher Hochschullehrer von der Beamten- bzw. Angestelltenversorgung, wohingegen in der konkreten Einzelausgestaltung in bezug auf »Alimentation«, Versorgung und Pflichten aus dem Hochschullehrerverhältnis weitgehende Übereinstimmung herrschte.

Die »wertende Gesamtbetrachtung« ergibt danach eine deutliche Präponderanz des konkret Vergleichbaren. Dies folgt schließlich auch daraus, daß die oben (4.) dargestellten rentenversicherungsrechtlich relevanten Unterschiede (Ausschluß der Hochschullehrer von der Beamten- sowie der Angestelltenversorgung) im Grunde nichts weiter als Komplementärregelungen zu denen sind, die die Integration dieser Gruppen in die RV ergeben - und gerade eben nur in diese - und, so betrachtet, eigentlich Teil der Rechtsfolgen sind, deren verfassungsrechtliche Beurteilung gerade zu diskutieren ist. Lediglich die begrenzte Leistungsfähigkeit des Normprogramms des Art. 3 Abs. 1 GG, aus dem sich bekanntlich im Allgemeinen ein

71 BVerfGE 54, S. 11 (31); 32, S. 80; 12, S. 294.

72 BT-Drs. 12/1826 v. 20.06.1991, S. 35. »Außerdem ist zu bedenken, daß höhere Altersversorgungen die verhältnismäßig niedrigen Verdienste ausgleichen sollten, die insbesondere die bestausgebildeten Akademiker während ihres Arbeitslebens in der früheren DDR erzielt hatten. Gerade diese Personengruppe war in erster Linie in Zusatzversorgungssystemen versichert.« Ruland, Stellungnahme zu Art. 3 RÜG-E (Anspruchs- und Anwartschaftsüberführungsgesetz - AAÜG) und zu Art 4 RÜG-E (Versorgungskürzungsgesetz), 03.06.1991, S. 16 (unveröffentlicht).

73 S. näher dazu Anhang I.

zwingender Handlungsauftrag an den Gesetzgeber (hier etwa: das BeamtVG entsprechend zu ändern) nicht ergibt, verhindert ihre Einbeziehung in die verfassungsrechtliche Prüfung. Dann aber kann diesen Aspekten jedenfalls »umgekehrt« auch nicht der Effekt beigemessen werden, Ungleichheiten zu konstituieren und auf diese Weise die Anwendung des Art. 3 Abs. 1 GG dann doch zu determinieren.
Nunmehr ist zu prüfen, ob diese Ungleichbehandlung von teils real, teils nur dem allgemeinen ideologisch-politischen Anspruch nach Ungleichem, im übrigen aber Vergleichbarem, ja, *wesentlich* Gleichem ihre verfassungsrechtliche Rechtfertigung aus Art. 3 Abs. 1 GG beziehen kann:

II. Legitimes Differenzierungsziel?

1. Zum Differenzierungsziel des AAÜG

Die Begründung zum Gesetzentwurf der Bundesregierung[74] ergibt, daß der Gesetzgeber mit der Überführung der Ansprüche und Anwartschaften aus Zusatz- und Sonderversorgungssystemen in die Rentenversicherung den Vorgaben des Einigungsvertrages folgen wollte. Er machte dabei allerdings zwei Modifikationen: In Bezug auf den Zahlbetragsbesitzschutz und die Beitragsbezogenheit bei den Zusatz- und Sonderversorgungssystemen.
Da der Gesetzgeber mit Ausnahme dieser beiden Abweichungen den Einigungsvertrag erfüllen wollte, sich also auf ihn bezog, ist zunächst zu fragen, worin diese Vorgaben bestanden, und diese sind alsdann an Art. 3 Abs. 1 GG zu messen.

2. Vorgaben des Einigungsvertrages in bezug auf Anwartschaften und Ansprüche aus Zusatzversorgungssytemen

Nach Anlage II, Kap. VIII, Sachgebiet H, Abschnitt III; 9. b) 1. EV sollen Ansprüche und Anwartschaften

- nach Art und Umfang den allgemeinen Regeln der Sozialversicherung

74 BR-Drs. 197/91 vom 11.04.1991, S. 113.

der ehemaligen DDR (hier geht es also nicht um den Vergleich Ost-West, sondern Ost-Ost) angepaßt werden.[75]

- Dabei darf eine Besserstellung gegenüber *vergleichbaren* Ansprüchen und Anwartschaften aus anderen öffentlichen Versorgungssystemen nicht erfolgen. Eine Schlechterstellung ist dagegen nach dem Wortlaut nicht ausgeschlossen. Überdies fragt sich, welches diese »anderen öffentlichen Versorgungssysteme« sind. Da diejenigen im Beitrittsgebiet geschlossen und aufgelöst sind, können nur solche damit gemeint sein, die noch existieren; da es sich weiter um andere Versorgungssysteme handelt, kann damit nicht die gesetzliche Rentenversicherung gemeint sein; da es schließlich um *öffentliche* Versorgungssysteme geht, kommen dafür folglich vor allem die Beamtenversorgung sowie die VBL in Betracht. Außerhalb der Betrachtung verbleiben demzufolge private Versorgungssysteme (betriebliche Altersversorgung; Lebensversicherungen).
- Eine weitere Vorgabe des EV ist die des Art. 30 Abs.5 : Mit der Angleichung der Löhne und Gehälter der ehemaligen DDR an das Niveau der alten Bundesländer soll auch eine Angleichung der Renten verwirklicht werden. Hier wird nun eine längerfristige Zielstellung in bezug auf die Angleichung, also im Ost-West-Vergleich normiert, anders als in der oben referierten Aussage,[76] die sich auf den Ost-Ost-Vergleich bezog. Andererseits setzt diese Regelung nicht Rente und Versorgung in Beziehung zueinander, sondern meint allein Renten in ihrer Relation zu Löhnen und Gehältern. Art. 30 Abs. 5 EV ist also gegenständlich beschränkt auf die Angleichung der Rentenniveaus als abhängige Variable der Angleichung der Löhne und Gehälter.

Die herangezogenen Passagen des EV sind also im Zusammenhang so zu verstehen:

- *Kurzfristig* ist bei der Anpassung der Versorgung an die Rente, also im Ost-Ost-Verhältnis eine Besserstellung (offenbar des Gesamtzahlbetrages) mit Blick auf einen Ost-West-Vergleich unzulässig;

75 Zur Terminologie: Mit dem Begriff »Angleichung« meinen die im Zuge der deutschen Einigung erlassenen rentenversicherungsrechtlichen Normierungen die Angleichung an das Niveau der alten Bundesländer, vgl.z.B. Art. 20 Abs. 1 Staatsvertrag, 30 Abs. 5 EV; vgl. auch den Titel des RAnglG der DDR vom 28.06.1990: »Gesetz zur Angleichung der Bestandsrenten an das Nettorentenniveau der Bundesrepublik Deutschland und zu weiteren rentenrechtlichen Regelungen«; mit dem Begriff der Anpassung ist demgegenüber wohl einerseits »Anpassung« innerhalb der ehemaligen DDR (vgl. dazu z.B. Art. 20 Abs. 4 Staatsvertrag oder auch §§ 19,24 Abs. 5 RAnglG), andererseits schlicht die Rentenerhöhung (vgl. z.B. §§ 2 1. RAV, 4 2. RAV usw.) gemeint.

76 Vgl. soeben S. 86 u.f.

- *längerfristig* wird das Ziel verfolgt, im Zuge der Angleichung der Löhne und Gehälter auch die Renten anzugleichen, also im Verhältnis Ost-West.

Der Einigungsvertrag enthält also zwei explizite Gleichbehandlungsaussagen in bezug auf Art. 3 Abs. 1 GG:

- Das Verbot der Ungleichbehandlung zugunsten der Inhaber von Ansprüchen und Anwartschaften aus Zusatzversorgungssystemen im Verhältnis zu vergleichbaren öffentlichen Versorgungssystemen im Westen bei der Anpassung »Ost - Ost« und
- das Gebot der Gleichbehandlung der Renten aus der gesetzlichen Rentenversicherung bei der mittelfristigen Rentenangleichung »Ost - West«.

Dies wiederum erlaubt u.a. folgende Schlußfolgerungen:

- Der Einigungsvertrag selbst enthält für die nunmehr durch das RÜG und hier insbesondere durch dessen Art. 3 (AAÜG) bewirkte Anpassung den Hinweis auf die Vergleichbarkeit von Ansprüchen und Anwartschaften aus Zusatzversorgungssystemen mit denen anderer öffentlicher Versorgungssysteme (West) und damit auch der Systeme selbst. D.h. er bewirkt oder bekräftigt, daß etwa die Beamtenversorgung mit den entsprechenden einzelnen Zusatzversorgungssystemen der ehemaligen DDR vergleichbar ist, und zwar für die Zwecke des Anpassungsprozesses, der auch vorliegend betrachtet wird.
  Jüngst gibt es übrigens eine weitere Bestätigung für diese grundsätzliche Vergleichbarkeit: § 2 Nr. 5 Satz 2 BeamtVÜV stellt den Renten i.S. des § 55 Abs. 1 BeamtVG Leistungen aufgrund der Zugehörigkeit zu Zusatz- und Sonderversorgungssystemen gleich. Damit wird aber zugleich vom Gesetzgeber das normiert bzw. bekräftigt, was oben[77] ausführlich begründet worden ist, nämlich daß es sich im Verhältnis von Hochschullehrern (Ost) zu ihren »Pendants« im Westen in bezug auf ihre versorgungsrechtliche Stellung um wesentlich Gleiches handelt.
- Mit der »Angleichung« der Löhne und Gehälter ist ihre Höhe gemeint. Dann kann dies auch keine andere Bedeutung in bezug auf die Renten haben. Das bedeutet u.a.: Obwohl Rentenkonten, Beitragsbemessung, das Problem der Eigenleistung usw. in der DDR strukturell anders ausgestaltet waren bzw. selbst dann, wenn sie es waren, soll ungeachtet dessen in der »neuen« Bundesrepublik Deutschland nach Durchlaufen des Angleichungsprozesses überall grundsätzlich eine Rente in derselben Höhe gezahlt werden.

77 S. 83 ff.

Diese Ziele will der EV mit gewissen Modifikationen realisieren. Der Gesetzgeber verwirklicht sie im RÜG und im AAÜG. Es ist nicht ersichtlich, daß daran für sich betrachtet etwas nicht legitim sein könnte.

III. Zur Verhältnismäßigkeit des Differenzierungskriteriums

1. Geeignetheit und Erforderlichkeit

Das Differenzierungskriterium ist in §§ 3 f. AAÜG i.V.m. Anlage 1, Ziffern 1.,4., 5. und 8. AAÜG sowie § 307b SGB VI niedergelegt. Da es das verfassungsrechtlich nicht zu beanstandende Differenzierungsziel (die Integration in die gesetzliche Rentenversicherung) konsequent realisiert, ist es geeignet. Da die Mitglieder der Zusatzversorgungssysteme der Intelligenz nicht etwa auf das Durchschnittsverdienst beschränkt, sondern auf die Beitragsbemessungsgrenze verwiesen werden, kommt für die Rentenberechnung ein milderes Mittel nicht in Betracht. Das Problem ist, wie sogleich zu erörtern sein wird, keines im Verhältnis von Ziel und Mittel, es liegt vielmehr außerhalb dieser Relation, es ist kein systeminternes, sondern ein systemexternes.

2. Zur Angemessenheit der Differenzierung

Hier werden die Relationen, »das rechte Maß« des Differenzierungskriteriums zum Differenzierungsziel, damit auch der Aspekt der Durchbrechung eines vom Gesetzgeber gewählten Ordnungsprinzips geprüft, darüber hinaus die Folgewirkungen für das gesamte soziale System.[78]

a) Durchbrechung eines vom Gesetzgeber gewählten Ordnungsprinzips?

aa) Es fragt sich zunächst, welches Ordnungssystem der Gesetzgeber gewählt hat, denn um die Systembestimmung durch den Gesetzgeber kann es in diesem Kontext allein gehen. Ein locus comunis der Systemtheorie (eine Anleihe bei der Theorie für den Zweck dieser Analyse liegt nahe, ist jeden-

78 Binne, a.a.O., S. 502; vgl. auch oben S. 65.

falls unschädlich) ist bekanntlich die Abhängigkeit der Systembestimmung von der Zwecksetzung des Systemherrn. Das ist hier der Gesetzgeber. Er verfolgt mit dem RÜG die »Herstellung der Rechtseinheit in der gesetzlichen Rentenversicherung« - so schon der Titel des Gesetzes.

bb) Diese Einheit in der gesetzlichen Rentenversicherung stellt er her, auch für die Hochschullehrer, die als Angehörige der Zusatzversorgungssysteme der Intelligenz stets über der Beitragsbemessungsgrenze verdient haben. Sieht man im RÜG und AAÜG zugleich auch die Definition des Ordnungs- bzw. Regelungssystems, ist dieses konsequent realisiert, nicht durchbrochen. Das Problem liegt nicht in einem system*internen* Bruch, es ist ein a priori system*externes,* dem RÜG vorgelagertes, welches nunmehr zu erörtern ist. Denn auch wenn ein Ordnungsprinzip vom Gesetzgeber nicht durchbrochen, sondern im Gegenteil realisiert wird, kann die Regelung aus anderen Gründen unangemessen sein:

b) Unangemessenheit im übrigen?

Faßt man die systemexternen Effekte des RÜG in bezug auf die Hochschullehrer (Ost) als pars pro toto für die Angehörigen aller Zusatzversorgungssysteme der Intelligenz erneut zusammen, bedeutet dies:
- Anders als bei jüngeren Hochschullehrern (Ost) kommt bei schon verrenteten und bei ruhestandsnahen weder die Beamten- noch die Angestelltenversorgung in Betracht.
- Aufgrund der vorgegebenen Beschränkung auf die Integration in die gesetzliche Rentenversicherung steht am Ende des Angleichungsprozesses ein ganz ungleicher Umfang der verfügbaren Zahlbeträge eines rentennahen oder ehemaligen Hochschullehrers (Ost) im Vergleich zu einem beamteten, aber auch zu einem nicht beamteten Hochschullehrer (West), die maximal bei der Hälfte der Bezüge des »westlichen« Kollegen liegen dürften.
- Das Resultat ist ein ganz anderes als die Angleichung der Renten im übrigen. Diese werden nach Ablauf des Angleichungsprozesses in der Tat im wesentlichen gleich hoch sein. Nach Abschluß des Angleichungsprozesses erreicht der Personenkreis der Hochschullehrer in toto, als Gruppe, nicht ca. 70 % des fiktiv hochgerechneten Arbeitsentgelts, sondern, da seine Verdienste stets oberhalb der Beitragsbemessungsgrenze lagen, wesentlich weniger.
- Auch in Anbetracht von grundgesetzlich verfaßten qualitativen Unterschieden der dienst-, hochschul- und versorgungsrechtlichen Lage der

Hochschullehrer (West) im Vergleich zu ihren Kollegen in der ehemaligen DDR im allgemeinen überwiegt aufgrund der hohen Übereinstimmung in den konkreten Regelungen die Vergleichbarkeit.

Damit mag insgesamt gesehen der Lohnersatzfunktion der Renten genügt sein, zumal auch in den alten Bundesländern zahlreiche Arbeitnehmer ständig Verdienste oberhalb der Beitragsbemessungsgrenze bezogen und beziehen. Die Lebensstandardsicherungsfunktion der Rente wird in Bezug auf die ehemaligen bzw. rentennahen Hochschullehrer des Beitrittsgebiets jedoch dauerhaft nicht realisiert.[79]

Die Regelung erscheint daher für den betrachteten Personenkreis als unangemessen hart.

Es soll gleichwohl geprüft werden, ob auf der Basis der Rechtsprechung des BVerfG zur verfassungsrechtlichen Zulässigkeit von Pauschalierungen und Typisierungen - solche enthält die hier diskutierte Regelung - die Bestimmungen »gerettet« werden können:

c) Verfassungsrechtlich zulässige Pauschalierungen und Typisierungen?

aa) Betroffenheit eines kleinen Personenkreises

Zur Ermittlung der Größe des betroffenen Personenkreises müssen anders als für den Zweck der bisherigen Darstellung, die sich exemplarisch auf die Hochschullehrer beschränken konnte, alle Mitglieder der Zusatzversorgungssysteme der Intelligenz betrachtet werden.

Es ergibt sich für Januar 1991 eine Zahl von 35.002 Personen.[80]

Am 1.1.1991 bezogen im Beitrittsgebiet 1.633.359 Personen Pflichtrente und FZR.[81] Und aus der freiwilligen Zusatzrentenversicherung (FZR) bezogen nach dem Rentenanpassungsbericht der Bundesregierung insgesamt 782.168 Personen Altersrenten.[82]

79 Zur Lebensstandardsicherung der Rentenversicherung vgl. z.B. Bundesminister für Arbeit und Sozialordnung (Hg.), Übersicht über die soziale Sicherheit, Stand: Januar 1990, Kap. 5/2; vgl. auch Bäcker u.a., a.a.O., S. 250 ff.; Ruland, Sozialrechtshandbuch, 1988, Kap. 16, RN 16-19 m.w.N., vgl. auch Anhänge I und II zu diesem Gutachten.

80 Vgl. Anlage 7: Tabelle 5 zu diesem Gutachten: Technische, wissenschaftliche, künstlerische, medizinische Intelligenz sowie AdW.

81 VDR, Statistik Rentenbestand am 1.1.1991, 1991, Tabelle 5.1R (S. 274), ohne Sozialzuschlag; zum 30.6./ 1.7.1990 finden sich im Rentenanpassungsbericht der Bundesregierung davon etwas abweichende Zahlen, die offenbar auf der Einbeziehung des Sozialzuschlages beruhen: Danach handelt es sich um 2.153.224 Personen; BT-Drs. 11/8504, v. 28.11.1990, Übersicht E 1.

82 BT-Drs., ebd.

Setzt man diese Zahlen in Relation zueinander, wird evident, daß der Kreis der Betroffenen verhältnismäßig klein ist.

bb) Übermäßige Härte

Die Regelung stellt aber für diesen verhältnismäßig kleinen Personenkreis eine übermäßige Härte dar:
Nach Abschluß des Angleichungsprozesses werden Hochschullehrer eine Rente beziehen, die in derselben oder in einer ähnlichen Relation zur durchschnittlichen Hochschullehrerversorgung (West) stehen, wie sie z.Zt. bei der höchstmöglichen Rente aus der gesetzlichen Rentenversicherung (West) besteht, nämlich zwischen 40 % und 50 %. Ähnliches gilt für die übrigen früheren Mitglieder der Zusatzversorgungssysteme der Intelligenz im Allgemeinen. Alternativen, um ein besseres, adäquateres Versorgungsniveau zu erreichen, insbesondere der Abschluß einer privaten Lebensversicherung, sind praktisch nicht möglich.
Damit liegt eine Härte für diesen kleinen Personenkreis vor, die »überproportional« ist, die insbesondere die große Mehrheit der Bevölkerung der ehemaligen DDR nicht trifft, auch wenn diese ebenfalls nur über unzureichende Möglichkeiten verfügt, das Mindestsicherungsniveau der gesetzlichen Rentenversicherung »aufzubessern«. Überdies trifft diese Härte nur die bereits in Rente befindlichen Mitglieder der Zusatzversorgungssysteme der Intelligenz sowie die rentennahen Jahrgänge, und zwar abrupt - im Gegensatz zu Jüngeren, die die Versorgungsanwartschaften noch erlangen werden, aktuell jedoch nicht darauf angewiesen sind.

cc) Vergleich mit den Resultaten der Rechtsprechung des BVerfG

Vergleicht man dieses Resultat des Angleichungsprozesses mit den »Härten und Ungerechtigkeiten«, die in Bezug auf Typisierungen das BVerfG bisher beschäftigt haben, fällt hinsichtlich ihrer Resultate auf:

(1) Bei der Halbierung der Ausbildungs-Anwartschaftszeiten war das Resultat der Gesamtbetrachtung eine durchschnittliche Rentenkürzung zwischen 3 % und 8 %.[83]

(2) Das 21. Rentenanpassungsgesetz verlängerte den Anpassungszeitraum um ein halbes Jahr und paßte die Rente nur in begrenztem Umfang an.

83 BVerfGE 58, S. 81 (121 ff.).

Dies führte zu einer Rente, die um 6,44 % niedriger war als wenn Zeitpunkt und Modalitäten der Rentenanpassung nicht geändert worden wären.[84]

(3) Das Krankenversicherungs-Kostendämpfungsgesetz mit den neuen Regelungen zur Halbbelegung überbürdete den Rentnern die Beteiligung in Höhe von 2 % ihrer Rente an den von den Rentenversicherungsträgern an die Krankenkassen zu zahlenden Beiträge.[85]

(4) Schon aber die Regelung des § 183 Abs. 6 RVO, wonach der Anspruch auf Krankengeld auch in dem Umfang ruht, in dem das Krankengeld höher ist als das Verletztengeld aus der gesetzlichen Unfallversicherung oder das Übergangsgeld aus der gesetzlichen Rentenversicherung, war eine »überproportionale« Typisierung.[86]

(5) Und schließlich hat das BVerfG § 32 Abs. 7 Satz 2 AVG insoweit an Art. 3 Abs. 1 scheitern lassen, als Pflichtbeiträge, die während einer anzurechnenden Ausfallzeit entrichtet sind, auch dann unberücksichtigt bleiben, wenn ihre Anrechnung zu einer höheren Rente geführt hätte. Das Gericht hat auch hier angenommen, daß die Benachteiligung intensiv sei, soweit es sich um einen monatlichen Rentenverlust von mehr als DM 140,- handelte.[87]

(6) Gemessen an den Resultaten dieser Rechtsprechung liegt hier eine überproportionale Härte vor. Diese bewirkt zunächst, daß die Regelungen des SGB VI sowie des AAÜG von Art. 3 Abs. 1 GG »abweichen« (vgl. Art. 143 GG), jedenfalls hinsichtlich des hervorgehobenen Kreises der Mitglieder der Zusatzversorgungssysteme der Intelligenz.

d) Verfassungsrechtliche Konsequenzen

Die verfassungsrechtlich gebotene Folgerung daraus ist nicht etwa, daß verrentete oder rentennahe Jahrgänge von Angehörigen der Zusatzversorgungssysteme der Intelligenz zwingend in die Beamtenversorgung oder in die VBL zu integrieren wären.

84 BVerfGE 64, S. 87 (102).
85 BVerfGE 69, S. 272.
86 BVerfGE 79, S. 87 (100 f.).
87 BVerfGE 63, S. 119 (130 f.).

Eine »Abweichung« von Art. 3 Abs. 1 GG läßt sich in diesem Kontext dagegen dadurch feststellen, daß der Gesetzgeber eine Personengruppe, die üblicherweise wesentlich besser versorgt wird und deren dienst- und versorgungsrechtliche Stellung von der der vergleichbaren Gruppe (West) hinsichtlich der vergleichsrelevanten Aspekte nicht oder nur geringfügig abweicht, ohne ergänzende oder alternative Möglichkeiten in die gesetzliche Rentenversicherung integriert und damit zugleich die Lebensstandardsicherungsfunktion der Altersvorsorge verfehlt.
Ganz ohne ergänzende Sicherungen durfte der Gesetzgeber des RÜG den betrachteten Personenkreis der Hochschullehrer (Ost) im Besonderen wie die Mitglieder der Zusatzversorgungssysteme der Intelligenz allgemein nicht lassen. Jedenfalls muß am Ende des Angleichungsprozesses ein wie auch immer rechtlich zu bewirkendes Zahlbetragsniveau stehen, das demjenigen der verrenteten oder im Ruhestand befindlichen Vergleichsgruppen (West) nicht völlig inadäquat ist und nicht nur etwa die Hälfte dieses Niveaus ausmacht.

e) Angleichungsresultat und -prozeß

Da das Resultat des Angleichungsprozesses sich aus diesem selbst ergibt und er in seinen Strukturen, wenn auch nicht in den Zeitpunkten und Prozentsätzen der konkreten Schritte der Rentenangleichung durch das Gesetz vorgezeichnet ist, ist die Abweichung nicht erst zu dem Zeitpunkt anzunehmen, zu dem die Rentenangleichung tatsächlich vollzogen ist, sondern bereits jetzt.
Damit wird nicht die Rentenanpassung oder -angleichung als solche der Grundrechtskontrolle unterworfen,[88] auch wird dem Gesetzgeber nichts oktroyiert.[89]

f) Abweichung i.S. des Art. 143 Abs. 1 GG

Im Sinne von Art. 143 Abs. 1 GG n.F. steht folglich eine »Abweichung« vom Grundgesetz fest. Ob und inwieweit sie zulässig ist, wird unten erörtert.[90]

88 BVerfGE 64, S. 87.
89 Vgl. dazu oben S. 65 f.
90 Vgl. S. 112 f.

g) Legitimierung der Ungleichbehandlung der Hochschullehrer (Ost) gegenüber den Hochschullehrern (West) wegen »Systemträgerschaft«?

Es steht zu erwarten, daß auch berufs- oder allgemeinpolitische Erwägungen zur Begründung der Ungleichbehandlung insbesondere von Hochschullehrern (Ost) (aber auch bei anderen Gruppen, die den Zusatzversorgungssystemen der Intelligenz angehörten) angestellt werden, etwa dergestalt, es habe sich um eine parteilich-parteiische Wissenschaft, um bloße Ideologieproduktion, Rechtfertigungs- und Verklärungswissenschaft zugunsten des »Regimes« gehandelt - was vom Sozialversicherungsrecht nicht nachträglich honoriert werden dürfe. Die 1. und 2. Lesung zum RÜG sind voll von derartigen, mehr oder minder offen, mehr oder minder drastisch geäußerten Unterstellungen. So mag auch die Berufung auf Art. 5 Abs. 3 GG (Wissenschaftsfreiheit) oder auf Art. 33 GG hier und da nicht nur »reinem« verfassungsrechtlichem Interesse entsprungen sein, sondern auch politisch instrumentalisiert werden.
Derartige Überlegungen haben ihren Platz in der Diskussion ethischer Fragen oder in der politischen Rhetorik. Rechtlich relevant werden könnten sie unter Umständen im Strafrecht und im Arbeitsrecht. Indes ist nicht bekannt, daß das Rentenversicherungsrecht bisher Quantität oder Güte der Arbeit, die ein Rentner zu seiner »aktiven« Zeit geleistet hat, oder gar Aspekte seiner Persönlichkeit oder politischen Haltung zu Anspruchsvoraussetzungen des Rentenanspruchs erhoben hat. Daß dies bisher nicht geschehen ist, besagt aber noch nicht, daß es nicht geschehen darf.

aa) Das RÜG hat jedenfalls derartigen Bestrebungen nur in sehr engen Grenzen Raum gegeben:
Der Gesetzentwurf der Bundesregierung zum RÜG hatte noch individuelle Ausschlußtatbestände von der Überführung der Ansprüche und Anwartschaften aus Zusatzversorgungssystemen vorgesehen (§§ 4 Abs. 4, 15 AAÜGE sowie § 2 des Entwurfs zum Versorgungskürzungsgesetz).[91] Im Verlaufe des Gesetzgebungsprozesses wurden diese Regelungen jedoch weitgehend abgeschwächt, aus dem Versorgungskürzungsgesetz wurde ein Versorgungsruhensgesetz, eine »lex Honecker«, denn Voraussetzung für das Ruhen des Versorgungsanspruchs ist nach RÜG Art. 4 § 1 Abs. 1 nunmehr unter anderem, daß sich der Berechtigte einem Strafverfahren durch Aufenthalt im Ausland entzieht. Fallengelassen wurde das ursprünglich vorge-

91 BR-Drs. 197/91, S. 77 ff.

sehene Kriterium des »persönlichen schuldhaften Verhaltens« des Berechtigten sowie der Auswirkungen des Verstoßes oder Mißbrauchs.
Dies ging nicht zuletzt auf mehrere Sachverständigenanhörungungen des zuständigen Ausschusses für Arbeit und Sozialordnung zurück, in deren Verlauf sich die Sachverständigen einhellig gegen derartige Regelungen aussprachen.[92] Die Stellungnahmen waren an Schärfe kaum zu überbieten. So sprach etwa Isensee von »Spruchkammern neuer Art in sozialversicherungsrechtlichem Gewande«.[93] Seine Schlußfolgerung:

> »Wenn sich (. . .) keine sinnvolle allgemeine Norm finden läßt, aufgrund deren eine rechtsstaatlich wasserdichte Einzelfallprüfung durchgeführt werden könnte, dann kann die Antwort nur lauten: Dann muß die ganze Bestimmung wegfallen. Wenn man etwas nicht angemessen gesetzlich definieren kann, dann kann man es auch nicht exekutieren; das ist der Sinn des Rechtsstaates. Dann bleibt es eben bei den jetzigen Anwartschaften, wie sie nun einmal bestehen. Der Rechtsstaat geht daran jedenfalls nicht unter.«[94]
> Die Ausführungen von Isensee stehen als Beispiel für den einhelligen, vielstimmigen Tenor der Sachverständigen.

Das RÜG hat die in diesem Abschnitt angedeutete Problematik positiv in Art. 4, dem Versorgungs-Ruhensgesetz, geregelt, wie bereits erwähnt. Dieses Gesetz findet jedoch für die vorliegend zu betrachtenden Konstellationen der Überführung von Leistungen aus Zusatzversorgungssystemen der Intelligenz nur unter seinen präzise bestimmten Voraussetzungen Anwendung, nicht darüber hinaus, ist also irrelevant, und in Bezug auf das AAÜG könnte allenfalls § 6 Anlaß für Erwägungen der obigen Art bieten. Auch diese Bestimmung ist indes für die Zusatzversorgungssysteme der Intelligenz nicht einschlägig. Wenn aber schon positiv-rechtliche Normen im RÜG bereitgestellt sind, um »Staatsnähe« und »Systemträgerschaft« rentenversicherungsrechtlich zu sanktionieren, verbietet sich bereits aus allgemeinen methodischen Überlegungen ein Rekurs auf »übergesetzliche« Erwägungen. Derartige Ausnahmebestimmungen sind nach allgemein anerkannten methodischen Prinzipien erweiternder Auslegung im Allgemeinen und auch hier nicht fähig.[95]

92 Vgl. insbesondere Deutscher Bundestag, Ausschuß für Arbeit und Sozialordnung, Stenographisches Protokoll Nr. 17 vom 05.06.1991.
93 Bundestagsausschuß, a.a.O., S. 17/31.
94 Ebd. S. 17/77.
95 Zu einem früher bereits gescheiterten Versuch der Verhängung rentenversicherungsrechtlicher Sanktionen durch die »lex Tiedge« vgl. insbesondere Hase, DRV 1988, S. 436.

bb) Bleibt die Frage, ob in Ermangelung positiver Normen des einfachen Rechts die Verfassung selbst die Einschränkung oder gar Liquidierung von Rentenpositionen gebietet bzw., käme es zu einer Gesetzesnovellierung, nicht verbieten würde. Hätte die DDR ihren »ideologischen Stützen« eine Zusatzversorgung ausschließlich als eine Art »Ideologie-Prämie« für Systemtreue, nicht dagegen für wissenschaftliche Arbeit versprochen, ließe sich die Auffassung hören, dies solle oder dürfe durch die Segnungen des Rentenversicherungsrechts und des GG nicht nachträglich honoriert werden. Notwendige, wenn auch womöglich noch nicht hinreichende Bedingung für die Verfassungsmäßigkeit eines solchen Regelwerks wäre aber neben der Tatbestandsbestimmtheit die Bereitstellung bestimmter, rechtsstaatlicher Verfahren, um zuverlässig feststellen zu können, wann ein solcher Tatbestand erfüllt wäre. Dies hätte Individualisierung statt der für das Rentenversicherungsrecht üblichen, weil idR notwendigen Typisierung zur Voraussetzung. In einem solchen Verfahren müßte dann konkret, substantiiert, beweisbar und dem Gegenbeweis offenstehend in jedem Einzelfall vorgetragen werden können, daß nicht Wissenschaft, sondern ausschließlich Herrschaftssicherung betrieben worden ist. Damit aber wäre man auf direktem Wege erneut bei den »Spruchkammern neuer Art in sozialversicherungsrechtlichem Gewande«.[96] Verfahren rechtsstaatlichen Typs sind jedenfalls bisher nicht bekannt.

cc) Schließlich kann beobachtet werden, daß die oben skizzierten, metaverfassungsrechtlichen und auch den Grundstrukturen des Rentenversicherungsrechts fremden Überlegungen stets blaß, allgemein und damit spekulativ geblieben sind, mögen sie auch einem »oberflächlich - modischen Zeitgeist« entsprechen. Im Einzelfall sind sie zumeist nicht nur in bezug auf Natur-, sondern auch Sozial- bzw. »Gesellschaftswissenschaftler« sachlich falsch.
Schließlich verlangen sie objektiv Unmögliches:
Wissenschaftlern gleich welcher Fachrichtung wird vorgehalten, zu Zeiten der Existenz der DDR nicht bereits auf der Grundlage der Herrschaft der Prinzipien des GG (zum Beispiel Wissenschaftsfreiheit, hergebrachte Grundsätze des Berufsbeamtentums, freiheitliche demokratische Grundordnung u.s.w.) ihre Forschungs- bzw. Lehrtätigkeit betrieben zu haben. Insoweit gilt: Nemo ultra posse obligatur.

96 Vgl. Isensee, a.a.O., S. 17/31.

h) Legitimierung der Ungleichbehandlung wegen Erhöhung des Lebensstandards oder wegen virtueller Gefährdung der Rentenpositionen in der DDR?

Die Ungleichbehandlung ließe sich schließlich durch teils reale, teils hypothetische Erwägungen ökonomischer und sozialer Art rechfertigen:

- Die früheren Mitglieder der Zusatzversorgungssysteme der Intelligenz hätten auch angesichts ihrer vergleichsweise bescheidenen Renten aufgrund der Wirtschafts- und Währungsunion im Vergleich zur früheren Kaufkraft ihrer Bezüge eine bedeutende Steigerung ihres Lebensstandards erfahren.[97] Überdies sei schon zu Zeiten der DDR absehbar gewesen, daß die Positionen durch den wirtschaftlichen Niedergang gefährdet gewesen seien.[98]
- Auch seien die Rentner und Anwartschaftsberechtigten in den Genuß der individuellen Freiheiten der Gesellschaftsordnung der Bundesrepublik Deutschland und des GG gekommen (Reisefreiheit; Freiheit von den Erscheinungen des täglichen Mangels wie Warenknappheit, mangelnder Produktqualität, Fehlen von Waren des höheren Bedarfs; Warteschlangen usw.). Diese Freiheit habe ihren Preis, der liege eben in einer letztlich vergleichsweise unbefriedigenden Rentenhöhe.[99]
- Die Herkunft aus einer gänzlich anderen Rechts- und Gesellschaftsordnung mit ihrer ungleich geringeren Leistungsfähigkeit führe dazu, daß dies sich in die neue Ordnung hinein fortpflanze.[100]
- Die Wissenschaftler hätten dem Staat der DDR die Treue gehalten - dies könne auch bei materiellen Leistungen aus der Sozialversicherung nicht unberücksichtigt bleiben.[101]

aa) Die zuletzt genannte Begründung ist identisch mit der soeben diskutierten und abgelehnten. Die Legitimation kraft Herkunft des Anspruchsinhabers aus einer anderen, weniger leistungsfähigen Rechts- und Gesellschaftsordnung läuft darauf hinaus, Art. 3 Abs. 1 GG im Ost-West-Verhältnis nicht konsequent anzuwenden.[102] Es würden sich damit alle, auch dauerhaft bleibenden Ungleichbehandlungen rechtfertigen lassen. Positivrecht-

97 Vgl. dazu sogleich sub cc) (1).

98 BVerfGE 84, S. 133 (153 f.); entsprechend BVerfG vom 10.3.1992 - 1 BvR 454/1991 u.a. (AdW), C. III 1. c) ee) der Gründe (U.A. S. 52); vgl. dazu unten sub cc) (2).

99 Vgl. dazu unten sub bb).

100 Vgl. dazu unten sub aa).

101 Vgl. dazu unten sub aa).

102 Daß dies nicht die Position des BVerfG ist, wurde oben referiert, vgl. S. 61.

liche Übergangsnormen wie Art. 135 a, 143 GG regulieren indes - teilweise mit befristeter Geltungsdauer - diese Disparitäten. Daneben ist für allgemeine, permanente Ungleichbehandlungen verfassungsrechtlich kein Raum.
Zwar trifft zu, daß das Postulat der Herstellung und Erhaltung einheitlicher Lebensverhältnisse (Art. 76 Abs. 2 Nr. 3, 106 Abs. 3 Satz 4, Nr. 2, auch 20 Abs. 1 (Bundesstaatsprinzip) GG)[103] keine Gleichmacherei beinhaltet. Der Grundsatz enthält indes auch keine sektorale Teilausnahme von Grundrechts-Verbürgungen - zumindestens bei rentenversicherungsrechtlichen Positionen nicht. Schließlich ist auch in den alten Bundesländern der rentenversicherungsrechtliche Schutz, das rentenversicherungsrechtliche Leistungsniveau in strukturschwachen Regionen kurzfristig wie dauerhaft nicht geringer als in »strukturstarken«.

bb) Das »Erkaufen« hinzugewonnener individueller Freiheiten durch eine geringere Rentenhöhe produziert den Effekt, daß - mangels materieller Voraussetzungen - just diese kostbaren Freiheiten nicht oder nicht hinreichend genossen werden können und damit fehlschlagen - ein kontraproduktives Resultat.

cc) (1) Andernorts[104] wird ausführlich dargestellt werden - und ist hier zu ergänzen:

- Durch die Währungsunion ist zunächst allgemein die reale Kaufkraft bedeutend gestiegen, danach allerdings drastisch gesunken. Jedenfalls im zweiten Halbjahr 1991 war sie offenbar immer noch höher als vor der Währungsunion.[105]
- Dies beruht indes auf der Betrachtung von Vier-Personen-Haushalten mit Erwerbstätigkeit. Bei dieser ist ein erheblicher Rückgang zu verzeichnen: Standen 1989 im Durchschnitt 1,96 Arbeitseinkommen zur Verfügung, 1990 noch 1,93, so im ersten Halbjahr 1991 nur noch 1,78.[106] Die Einkommen aus Erwerbstätigkeit sind bekanntlich durch bedeutsame tarifvertragliche Anpassungsleistungen gravierend erhöht

103 Vgl. dazu ausführlich Hohmann, DÖV 1991, S. 191; vgl. auch Menz sowie Vitzthum VBlBW 1991, S. 401 und 404.
104 Vgl. dazu Anhänge I und II; siehe auch S. 163 ff.
105 Vgl. die Angaben im Ifo-Schnelldienst 3/92, S. 4:
Das Realeinkommen 1989 = 100 genommen stieg im ersten Halbjahr 1990 auf 116,7 in Mark der DDR, im ersten Halbjahr 1991 (in DM) auf 118 und sank im zweiten Halbjahr 1991 auf 108,9.
106 Ifo-Schnelldienst, a.a.O., S. 3.

worden, indes durch Arbeitslosigkeit und Kurzarbeit insgesamt gesunken. Mit dem zu erwartenden Anwachsen der Arbeitslosigkeit ist ein weiterer drastischer Verlust der realen Kaufkraft wahrscheinlich.

- Für einen Zwei-Personen-Rentnerhaushalt dagegen, der Einkommen aus Zusatzversorgungssystemen der Intelligenz bezieht, haben derartige Erhöhungen der Zahlbeträge seit 1990 bekanntlich nicht mehr stattgefunden, die Einkommen stagnieren seitdem, zumindestens bei Beziehern mittlerer und höherer Leistungen; und Bezieher von Leistungen über 2.010,- DM sind seit dem 1.8.1991 auf diesen Betrag verwiesen.[107]
- Dabei muß überdies bedacht werden, daß die gleiche Lebenshaltung wie zuvor in einem Rentnerhaushalt eine Summe verlangen würde, die 145 % der früheren Summe in Mark der DDR ausmachen würde.[108]

Für Rentnerhaushalte kann also keine Rede von der Erhöhung des Lebensstandards sein, vielmehr ist das Gegenteil der Fall. Hinzukommen statistisch kaum kalkulierbare Faktoren wie die verbreitete Gefährdung bisher fraglos innegehabter vermögenswerter Positionen (vor allem Grundstücks- und Hauseigentum).

(2) Es bleibt für eine denkbare Legitimierung der Ungleichbehandlungen aus ökonomischer und sozialer Sicht daher die entsprechene Heranziehung von Überlegungen des BVerfG aus dem Warteschleifen- und dem AdW-Urteil. Indes beziehen sich diese stets nur auf die Notwendigkeit, einen aufgeblähten, personell überbesetzten Staats- und Wissenschafts- »Apparat« durchgreifend zu reduzieren. Ob auch Rentenpositionen schon in der DDR virtuell gefährdet waren, ist nicht dargetan. Schließlich waren die Rentenpositionen für die »Intelligenz« auch ein Mittel, »Kader«, die abzuwandern drohten, im Lande zu halten, waren überdies eine Kompensation für Gehaltsverzicht in Zeiten des Erwerbslebens.[109] Sie zu kürzen wäre danach erheblich schwieriger und damit auch weniger wahrscheinlich gewesen als Personal im Staatsapparat abzubauen.
Die Hypothese, in einem zusammenbrechenden ökonomischen und sozialen System sei keine Position mehr sicher, von Bestand, erscheint kaum noch als sinnvoller Ansatz für verfassungsrechtliche Überlegungen. Nicht nur, daß sie die Bahnen der konkret-historischen Betrachtungsweise des BVerfG, welches die sich zwischen 1989 und dem Beitritt konkret abzeichnenden Tendenzen skizziert, weit hinter sich läßt. Sie verliert sich gänzlich

107 Vgl. dazu im einzelnen und ausführlich S. 45 ff.
108 Vgl. Anhang II, Tabelle 8.
109 Vgl. dazu S. 85.

im Bereich der Spekulation. Denn seit Ende 1989 ging es zunächst in der politischen Diskussion nur um die Alternative zwischen dem Beitritt nach Art. 23 GG oder einer vorübergehenden Konföderation auf dem verfassungsrechtlichen Weg über Art. 146 GG.
Derartigen Spekulationen Raum zu geben, würde ein weiteres Mal auf eine generelle Exemtion vom Grundrechtsschutz hinauslaufen - was schon mit verfassungsrechtlichem Übergangsrecht nicht in Einklang zu bringen ist.
Auch diese Kategorie von ökonomischen und sozialen, hypothetischen wie realen Annahmen vermag damit zur Rechtfertigung der Ungleichbehandlungen nichts beizutragen.

IV. Zusammenfassung zum Zweiten Teil, A. und B.: Art. 3 Abs. 1 GG

Die Prüfung des Art. 3 Abs. 1 GG legt die Rechtsprechung des BVerfG zugrunde, bezieht sich dabei auf die bereichsspezifische Ausprägung des allgemeinen Gleichheitssatzes im Sozialversicherungsrecht, indem beim Vergleich von Personengruppen eine »verdichtete Gleichheitsprüfung« stattfindet.
Die Erwägungen im Zweiten Teil gelten für alle Mitglieder von Zusatzversorgungssystemen der Intelligenz, gleichgültig, ob sie vor dem 1.8.1991 Zahlbeträge über 2010,- DM bezogen ooder nicht. Sie sind auch relevant für rentennahe Anwartschaftsberechtigte.
Als Vergleichspaare werden beispielhaft Hochschullehrer (Ost) und Hochschullehrer (West) gebildet. Hochschullehrer (Ost) machen nur einen Teil der Mitglieder der Zusatzversorgungssysteme der Intelligenz (AAÜG, Anlage 1, 1., 4., 5., 8. und 11.) aus und waren vor allem konzentriert in denen nach Anlage 1, 4. und 5. Der Vergleich wird für die übrigen Angehörigen der Zusatzversorgungssysteme der Intelligenz (z.B. Ärzte und Apotheker im staatlichen Gesundheitswesen, Wissenschaftler in Forschungseinrichtungen usw.) ganz ähnliche Resultate erbringen.
Die Ungleichbehandlung liegt darin, daß die Hochschullehrer (Ost) in die gesetzliche Rentenversicherung und bloß in diese integriert werden; indes haben in der DDR alle Hochschullehrer stets oberhalb der (umgerechneten) Beitragsbemessungsgrenze verdient. Hochschullehrer (West) unterliegen als Beamte der Beamtenversorgung, als Angestellte der Rentenversicherung und idR der VBL. Die höchste aus der gesetzlichen RV erzielbare Rente liegt bei ca. 45 % der Zahlbeträge an Hochschullehrer (West). Ein

Hochschullehrer (Ost) wird auch nach Abschluß der Angleichung und Anpassung nur zwischen ca. 40 und 50 % des Zahlbetrages des Hochschullehrers (West) beziehen, anders als in Bereichen außerhalb der Zusatzversorgungssysteme der Intelligenz, in denen die Angleichung tatsächlich stattfindet.

Zwischen den Vergleichspaaren bestehen zunächst relevante Unterschiede, die sich u.a. aus Art. 33 Abs. 2 - 5, 5 Abs. 3 GG ergeben. Im Ruhestand befindliche oder rentennahe Hochschullehrer (Ost) können übrigens anders als jüngere Hochschullehrer (Ost) nicht mehr der Beamtenversorgung unterfallen und unterfallen auch nicht der VBL.

Andererseits bestehen auffällige Parallelregelungen in bezug auf die dienstrechtlichen Pflichten, die Vergütung, insbesondere aber die Versorgung zwischen Hochschullehrern (Ost) und (West). Unter dem für den verfassungsrechtlichen Kontext relevanten Aspekt der Versorgung überwiegt bei gebotener Gesamtbetrachtung die Vergleichbarkeit.

Das Differenzierungsziel des Gesetzgebers, den Vorgaben des EV mit Modifikationen zu folgen, ist legitim. Das Differenzierungskriterium ist indes unangemessen hart und kraß. Es läßt, was die Härte des Eingriffs angeht, überdies alles das bei Weitem hinter sich, was das BVerfG bisher zu prüfen hatte und was die verfassungsgerichtliche Prüfung z.T. nicht bestanden hat. Es läßt sich auch nicht als verfassungsrechtlich zulässige Pauschalierung oder Typisierung rechtfertigen.

Da das Resultat der Angleichung durch das RÜG bereits jetzt eindeutig determiniert ist, besteht schon jetzt eine Abweichung von Art. 3 Abs. 1 GG. Die Ungleichbehandlung kann weder aus sonstigen berufs- oder allgemeinpolitischen Erwägungen noch aus ökonomischen oder sozialen Gründen (Erhöhung des Lebensstandards durch die Währungsunion, virtuelle Gefährdung von Rentenpositionen in der DDR u. dgl.) gerechtfertigt werden.

C. Der allgemeine Gleichheitssatz im Verhältnis von Hochschullehrern zu anderen Beschäftigten rentennaher Jahrgänge oder Rentnern im Beitrittsgebiet, die nicht Mitglieder eines Zusatzversorgungssystems sind

Nach dem unter A. und B. angestellten Vergleich der Hochschullehrer (Ost) mit denen im Westen (als pars pro toto sämtlicher Angehöriger der ehemaligen Zusatzversorgungssysteme der Intelligenz) geht es nun um die Korrelation Ost-Ost. Auch hier sollen aus der Gesamtheit der Mitglieder

der Zusatzversorgungssysteme der Intelligenz (AAÜG, Anlage 1, 1., 4., 5., 8. und 11.) vorwiegend die Hochschullehrer (Professoren, Dozenten) betrachtet werden.[110]
In der nunmehr zu untersuchenden Relation bestehen mindestens folgende Gleichbehandlungen bzw. Ungleichbehandlungen (zu diesen sogleich II.):

I. Gleichbehandlung hinsichtlich der Einkommensbezogenheit

1. Gleichbehandlung in bezug auf die Überführung in die gesetzliche Rentenversicherung

Hochschullehrer (Ost) werden ebenso wie Rentner und rentennahe Jahrgänge im Beitrittsgebiet im übrigen in die gesetzliche Rentenversicherung überführt und damit deren Regelungen, hier: ihrer Einkommensbezogenheit subsumiert.
Zwischen beiden Gruppen von Rentnern bzw. Beschäftigten liegen jedoch wesentliche und rentenversicherungsrechtlich kennzeichnende Unterschiede vor:

a) Hochschullehrer (Ost)

Hochschullehrer, die bisher Mitglieder in den Zusatzversorgungssystemen der Intelligenz waren, haben mit ihren Verdiensten alle und stets über der Beitragsbemessungsgrenze gelegen, die sich aus Anlage 3 des AAÜG ergibt, welche, multipliziert mit den Umrechnungsfaktoren der Anlage 10 zu § 256 a SGB VI, die in jedem Kalenderjahr zu berücksichtigende Beitragsbemessungsgrenze (West) ist. So betrug die Beitragsbemessungsgrenze (Ost) seit 1.7.1990 DM 2.700,- DM pro Monat.[111] Das Endgehalt von Dozenten betrug demgegenüber schon 1988 2.950,- Mark.[112]

110 Vgl. auch oben S. 66 ff.
111 Vgl. z.B. Ruland, DRV 1991, S. 520.
112 Vgl. Anhang I.

b) *Andere Beschäftigte*

Die Rentner bzw. Beschäftigten in den rentennahen Jahrgängen im Beitrittsgebiet im übrigen haben dagegen keine Verdienste bezogen, die, was die gesamte betrachtete Gruppe angeht, stets und grundsätzlich oberhalb der Beitragsbemessungsgrenze lagen.
Nach Durchlaufen des Prozesses der Rentenangleichung verfügen Rentner (Ost) im Großen und Ganzen über eine gleich hohe Rente wie die vergleichbaren Rentner (West). Ehemalige Hochschullehrer werden dagegen, wie bereits dargestellt, zwar eine gleich hohe Rente wie Rentner beziehen, die ständig Verdienste oberhalb der nunmehr eingeführten Beitragsbemessungsgrenze bezogen haben, im Vergleich zu Hochschullehrern (West) werden sie aber wesentlich niedrigere Zahlbeträge erhalten.[113]

2. *Sachgerechtigkeit des Gleichbehandlungskriteriums*

Kriterium der Nichtdifferenzierung ist die Anknüpfung an das Durchschnittseinkommen sowohl in § 307 b Abs. 5 S. 5, Ziff. 1 als auch in § 307 a Abs. 2 S. 1, Ziff. 1 a SGB VI. Da an das Einkommen angeknüpft wird, kann dieses innerhalb wie außerhalb von Zusatzversorgungssystemen im System der Rentenversicherung schlechterdings nur bis zur Beitragsbemessungsgrenze berücksichtigt werden.[114]
Dies Gleichbehandlungskriterium ist jedenfalls sachgerecht.

II. *Ungleichbehandlung hinsichtlich der Beitragsbezogenheit*

Laut Begründung zum Entwurf des AAÜG sind Beiträge als Kriterium für die Berechnung der Leistungen (aus Zusatz- und Sonderversorgungssystemen für sich genommen) ungeeignet.[115]
Dies schließt indes ihre Eignung als Anknüpfungspunkt für die Prüfung des Art. 3 Abs. 1 GG im Verhältnis von Ansprüchen bzw. Anwartschaften aus Zusatz- oder auch Sonderversorgungssystemen zu solchen außerhalb derselben nicht aus.

113 Vgl. dazu ausführlich oben S. 68 ff.
114 Vgl. § 6 Abs. 1 AAÜG mit Anlage 3 sowie § 256 a i.V.m. §§ 157, 228 a Abs. 1, Ziff. 2. SGB VI.
115 BR-Drs. 197/91, S. 113.

1. Ungleichbehandlung in Bezug auf die Errechnung der SGB VI-Rente

a) Vergleich § 307 b mit § 307a SGB VI

Der Unterschied zwischen § 307 a und § 307 b SGB VI liegt, grob vereinfacht, vor allem darin, daß bei Rentenansprüchen außerhalb von Zusatzversorgungssystemen die FZR bis zur Höhe der tatsächlich gezahlten Beiträge berücksichtigt wird (§ 307 a Abs. 2, Ziff. 1. b)), während im Falle des § 307 b für Zusatzversorgungssysteme Beiträge zur FZR fingiert werden (§ 307 b Abs. 5 S. 5, Ziff. 1. mit Anlage 17). Dabei sind, wie bereits ausführlich dargestellt,[116] auch von zahlreichen Mitgliedern der Zusatzversorgungssysteme der Intelligenz Beiträge zur FZR, teils bis 1200 M, teils bis zum vollen Einkommen geleistet worden. Insoweit werden also reale in fiktive Beiträge verwandelt.

Die Fiktion, in Zahlen ausgedrückt, besagt etwa für das Jahr 1989 für Einkommen über 596,- M einen Faktor von 1,3156, welcher den höchsten Wert in dieser Tabelle überhaupt repräsentiert. Gleichgültig, ob ein Beschäftigter 1989 597,- M oder 3.500,- M verdiente - ihm wird nur ein solcher Anhebungsfaktor zugemessen.

Die Ungleichbehandlung liegt also darin, daß fiktive bzw. als fiktive deklarierte Beiträge zur FZR bei Zusatzversorgungssystemen für die Errechnung der SGB-VI-Rente wesentlich niedriger angesetzt werden als tatsächlich zur FZR geleistete Beiträge außerhalb solche Systeme.

Auch wenn repräsentative Vergleichsberechnungen zwischen § 307 a und § 307 b SGB VI derzeit noch fehlen und der Vergleich nur aufgrund eigener Berechnungen angestellt werden konnte,[117] liegt es nahe, daß jedenfalls bei höheren Beitragsleistungen zur FZR für 1992 und 1993 eine höhere SGB VI-Rente bei § 307 a zugrundezulegen ist als im Falle des § 307 b SGB VI (994,- DM gem. § 307 b Abs. 5 gegenüber 1.557,- DM nach § 307 a Abs. 8 - ohne Berücksichtigung von Auffüllbeträgen nach §§ 315 a, 307 a SGB VI).[118] Die allgemeine Tendenz besteht darin, daß die SGB-VI-Renten, die zum 1.1.1992 festgesetzt worden sind, für die Angehörigen der Zusatzversorgungssysteme der Intelligenz auf zwischen 1000,- und 1200,- DM nivelliert sind.

116 Vgl. oben, S. 24, 28, 31 f. sowie unten S. 140 ff.
117 Vgl. näher Anlage 9 zu diesem Gutachten.
118 Vgl. Anlage 9, Tab. 2 zu diesem Gutachten.

b) Konsequenzen

Diese Ungleichbehandlung zieht eine Reihe von weiteren nach sich bzw. steht mit diesen im Kontext, die der Vollständigkeit halber darzustellen sind:

aa) Eine Ungleichbehandlung besteht in Bezug auf die seit 1.8.1991 wirksame Zahlbetragsbegrenzung des § 10 AAÜG, so etwa auf DM 2.010,- pro Monat in einem der Zusatzversorgungssysteme der Intelligenz (§ 10 Abs. 1 AAÜG)im Vergleich zu Personengruppen, die entsprechende Verdienste aufzuweisen hatten, jedoch keinem Zusatzversorgungssystem angehörten - ein Fall, der zwar sehr selten vorkam, aber nicht ausgeschlossen ist.

bb) Evidenter und praxisrelevanter ist die Ungleichbehandlung für die Rentner, deren Verdienste gemäß § 6 Abs. 2 AAÜG höchstens bis zum jeweiligen Durchschnittsverdienst (vgl. AAÜG, Anlage 5) zugrundezulegen sind.

cc) Die Ungleichbehandlung wird auch auf die Fälle der durch das AAÜG angeordneten gesetzlichen »Zwangs-Nachversicherung« aus persönlichen (§ 2 Abs. 3 AAÜG) oder aus sachlichen Gründen (§ 5 Abs. 2 AAÜG; vgl. auch § 10 Abs. 3 AAÜG) erstreckt.[119]
Wer also nur zu begrenzten Zeiten seines Berufslebens einem Zusatzversorgungssystem angehörte oder wer in einem Beruf arbeitete, der erst wesentlich später in den Kreis der Zusatzversorgungssysteme aufgenommen worden ist,[120] für den gilt:
- Die SGB VI-Rente wird zur Gänze nach § 307 b errechnet, nicht nach § 307 a SGB VI, damit bei höherem Verdienst niedriger ausfallen;
- es wird ein abschmelzender, kein statischer Besitzstand gewährt (§§ 307 b Abs. 3, 315 a SGB VI);
- bei Verdiensten an oder oberhalb der Beitragsbemessungsgrenze wird in den Fällen des § 2 Abs. 2 oder § 5 Abs. 3 AAÜG die Ungleichbehandlung bei der Reduzierung auf das Durchschnittsentgelt dann besonders evident, wenn das Zusatzversorgungssystem relativ spät eingeführt wor-

119 Zur Darstellung dieser »Nachversicherung« vgl. oben Erster Teil, S. 48 f.
120 Dies gilt z.T. für ärztliche Berufe, v.a. aber für »Medienschaffende« und Künstler: vgl. AAÜG, Anlage 1, 6. sowie 13. bis 16., dagegen nicht für die Zusatzversorgungssysteme der Intelligenz, a.a.O., 1.,4., 5., 8. und 11.

den ist, wie in den Fällen der Anlage 1, 19. bis 22. AAÜG und/oder wenn der Betreffende überwiegend rentenrechtlich relevante Zeiten außerhalb von Zusatzversorgungssystemen, jedoch auch einige innerhalb eines solchen aufzuweisen hat.

2. *Ungleichbehandlung in Bezug auf den Besitzstand (§ 307 b Abs. 3 S. 2 im Verhältnis zu § 315a SBG VI)*

Hochschullehrer aus den Zusatzversorgungssystemen der Intelligenz wie alle anderen Mitglieder von Zusatzversorgungssystemen auch verfügen gem. § 307 b Abs. 3 SGB VI über einen »abschmelzenden« Besitzstand aus der überführten Leistung einschließlich einer Rente aus der Sozialpflichtversicherung.
Rentner, deren Bestandsrenten sich nicht nach § 307 b SGB VI richten, die also nicht dem AAÜG unterliegen (vgl. § 307 b Abs. 1 SGB VI), sondern deren persönliche Entgeltpunkte nach § 307 a SGB VI ermittelt werden, beziehen dagegen einen (in der Summe gleichbleibenden) Auffüllbetrag nach § 315 a SGB VI, also eine Differenz zwischen der bisher zustehenden Rente einschließlich FZR und der nach Anwendung des § 307 a neu ermittelten Rente. Dieser Auffüllbetrag wird erst vom 1.1.1996 an bei jeder Rentenanpassung vermindert.[121]

3. *Sachgerechtigkeit und Vertretbarkeit des Differenzierungskriteriums*

a) *Allgemeines*

Es fragt sich nunmehr, ob neben dem zweifellos sachgerechten und vertretbaren *Gleichbehandlungs*kriterium der Anknüpfung an die *Einkommen* und den daraus resultierenden Konsequenzen der Relevanz der Beitragsbemessungsgrenze (s. dazu oben I.) auch das *Differenzierungs*kriterium, welches in unterschiedlicher Weise an *Beiträge* anknüpft, vertretbar und sachgerecht ist.
Zunächst ist erneut festzuhalten, daß auch in Zusatzversorgungssystemen Beiträge geleistet worden sind, so etwa in den Zusatzversorgungssystemen der Intelligenz vor allem von den Beziehern niedrigerer Versorgungen (deren Bezüge auf 60 % und 800 M beschränkt waren), sei es in dem System

121 Vgl. auch oben Erster Teil, S. 54; 56.

selbst, sei es vermittelt über eigene Beiträge des Beschäftigten zur FZR. Im übrigen wurden Beiträge allerdings nicht vom einzelnen Beschäftigten, sondern vom Betrieb, der Dienststelle oder im Wege der Verrechnung zwischen dem Staatshaushalt und der Sozialversicherung geleistet.[122]
Damit steht aber die Sachgerechtigkeit der, wie dargelegt, sehr erheblichen Ungleichbehandlung bereits in Zweifel. Allerdings sind hierbei die vom RÜG gewährten Besitzschutzregelungen als abschmelzender Besitzschutz nach § 307 b Abs. 3 SGB VI zu berücksichtigen. Auch darf nicht vergessen werden, daß diese Regelungen zunächst nur für das Stadium der pauschalen Umwertung zur SGB-VI-Rente, also für 1992 und 1993, relevant sind (§§ 307 a Abs. 8 Satz 3-5, 307 b Abs. 6 Satz 3 SGB VI). Immerhin entscheidet jedoch die Berechnungsformel nach § 307 a bzw. § 307 b SGB VI auch darüber, wie schnell die dynamische Rente den Besitzschutzbetrag erreicht und übersteigt. Überdies fällt die pauschale Umwertung wesentlich geringer aus als eine - hypothetische - individuelle Neuberechnung schon zum 1.1.1992.
Die verfassungsrechtliche Wertung steht allerdings unter dem Vorbehalt repräsentativer Vergleichsberechnungen unter sonst gleichen Annahmen zwischen der Ermittlung von Entgeltpunkten nach § 307 a einerseits, § 307 b SGB VI andererseits. Sollten sich dabei die Berechnungen aus den Tabellen in Anlage 9 dieser Arbeit als im wesentlichen richtig erweisen, ist nicht nachvollziehbar, worin die Sachgerechtigkeit des Differenzierungskriteriums liegen könnte. Auch darf bei einer Bewertung nicht außer acht gelassen werden, welche Folgeregelungen das AAÜG in den §§ 2 Abs. 3, 5 Abs. 2 und vor allem in § 10 Abs. 3 enthält.[123]

b) Insbesondere: Zur Angemessenheit

aa) Die dreifache Benachteiligung der Hochschullehrer der ehemaligen DDR

Gegenstand der Erörterung unter I. war die Nichtdifferenzierung nach dem Einkommen. Damit abstrahiert das RÜG von der Tatsache, daß große Teile der »Intelligenz« der DDR, damit auch die ehemaligen bzw. rentennahen Hochschullehrer der neuen Bundesländer zum Teil Einkommensverzicht geübt haben bzw. üben mußten mit der Aussicht auf eine gute ›Pension‹. Das an sich sachgerechte Ziel der Berücksichtigung von Einkommen als

122 Vgl. dazu ausführlich Erster Teil, S. 24, 28, 31 f. sowie Dritter Teil, S. 138 ff.
123 Vgl. dazu oben S. 48 f.

Grundlage der Umwertung bzw. der Ermittlung persönlicher Entgeltpunkte ist dergestalt geeignet, frühere Lohn- und Sozialpolitik der DDR mit ihren Verzerrungen zu perpetuieren. Weiter fällt ins Gewicht, daß diese Gruppe aufgrund ihrer herausragenden Position und ihres dementsprechenden Verdienstes stets oder fast stets über der nunmehr nachträglich definierten Beitragsbemessungsgrenze lag, jedoch nähern sich die Nichtmitglieder von Zusatzversorgungssystemen der Intelligenz einem Rentenniveau wie es die Beschäftigten in den Altländern haben, schneller an als die Mitglieder dieser Systeme. Damit liegt in der undifferenzierten bzw. nichtdifferenzierenden Einkommensbezogenheit des RÜG schon eine doppelte Benachteiligung der Hochschullehrer.
Diese wird noch einmal verstärkt durch die differenzierte Berücksichtigung der Beitragsbezogenheit im Verhältnis der Hochschullehrer zu Nichtmitgliedern von Zusatzversorgungssystemen bei der FZR. Damit entsteht das Paradoxon, daß in der konkreten Durchführung der im allgemeinen höchst sachgerechten Grundprinzipien der Rentenversicherung, der Einkommens- und der Beitragsbezogenheit, eine dreifache Benachteiligung der Hochschullehrer der ehemaligen DDR beschlossen liegt - und damit ein nicht sachgerechtes Resultat erzielt wird. Dieses erscheint besonders kraß in Anbetracht der nicht besonders ausgeprägten beitragsrechtlichen Unterschiede zwischen diesen beiden Typen von Versicherungs- bzw. Versorgungssystemen, zumal, etwa im Bereich von § 28 FZR-VO, enge rechtliche Beziehungen zwischen den beiden Systemen bestanden und eigene Beiträge zur FZR auch von Mitgliedern von Zusatzversorgungssystemen real und nicht bloß fiktiv geleistet wurden, was § 307 b SGB VI allerdings unberücksichtigt läßt.

bb) Verfassungsrechtliche Rechtfertigung der Benachteiligung der verrenteten und rentennahen Hochschullehrer der ehemaligen DDR?

Nachdem unter I. die nichtdifferenzierende Einkommensbezogenheit und in diesem Abschnitt die differenzierende Beitragsbezogenheit jeweils für sich erörtert worden sind, erscheint es jetzt sinnvoll, nach der verfassungsrechtlichen Rechtfertigung der benachteiligenden Wirkungen der nichtdifferenzierenden und der differenzierenden Regelungen insgesamt zu fragen:

(1) Eine Rechtfertigung könnte sich aus dem Charakter dieser Bestimmungen als Übergangsregelung ergeben. Dies ist jedoch nicht der verfassungsrechtliche Ansatzpunkt der Prüfung, vielmehr wird vorwiegend das

Ende des Angleichungsprozesses, ein Zustand jenseits des Übergangs also, betrachtet, welches just die schon wiederholt beschriebenen Resultate zeitigt.[124]

(2) Die verfassungsrechtliche Rechtfertigung könnte sich weiter aus den Grundsätzen des BVerfG zur Typisierung ergeben. Angesichts der Vielfalt der Zusatzversorgungssysteme ist eine solche zwangsläufig, und es ist ohne Zweifel gerechtfertigt, diverse Besonderheiten der Zusatzversorgungssysteme der ehemaligen DDR zu vernachlässigen. Anders könnte das Ziel der Integration in die gesetzliche Rentenversicherung schwerlich erreicht werden.
Was das Verhältnis von Mitgliedern der Zusatzversorgungssysteme zu Nichtmitgliedern hinsichtlich der Beitragsbezogenheit angeht, wird indes nicht typisiert, sondern gerade im Gegenteil differenziert, spezifiziert, wie ausführlich erörtert. Dann sind jedoch auch die Rechtsprechungsgrundsätze des BVerfG zur Typisierung nicht einschlägig.

(3) Bei der Abwägung in Bezug auf die Angemessenheit der Regelung fällt andererseits der gewährte Besitzstand ins Gewicht. Auch hier ist indes zu beachten, daß nicht so sehr der Verlauf des Angleichungsprozesses der verfassungsrechtlichen Prüfung unterliegt, als vor allem sein Resultat (nach »Aufzehren« der Besitzstände also), welches ›gleichmacherische‹, richtiger: in mehrfacher Hinsicht benachteiligende Wirkungen zeitigt, um deren Angemessenheit es gerade geht.

(4) Die verfassungsrechtliche Rechtfertigung könnte sich daraus ergeben, daß es sich bei der Rentenüberleitung um komplexe Sachverhalte handelt, so daß dem Gesetzgeber zunächst eine angemessene Zeit zur Sammlung von Erfahrungen eingeräumt werden muß und er sich im Anfangsstadium mit gröberen Typisierungen und Generalisierungen begnügen dürfte.[125]
Indes ist das empirische Material zur gesetzlichen Rentenversicherung der DDR im allgemeinen, zu den Ausgestaltungen der Zusatzversorgungssysteme im besonderen spätestens seit Beginn des Jahres 1991 bekannt und lag dem Gesetzgeber vor. Desweiteren beansprucht er gar nicht eine angemessene Zeit zur Sammlung von Erfahrungen, vielmehr hat er das gesamte Gebiet sogleich und abschließend geregelt.

124 Vgl. insbesondere auch oben B., S. 68 ff.; vgl. auch S. 92.
125 BVerfGE 75, S. 108 (162); 70, S. 1 (34); 71, S. 364 (393).

Mit dem RÜG will der Gesetzgeber also keine weiteren Erfahrungen sammeln. Folglich kommt dieser Aspekt für eine verfassungsrechtliche Rechtfertigung nicht in Betracht.

(5) Abschließend ist zu prüfen, ob sich eine verfassungsrechtliche Rechtfertigung der an sich harten, ›gleichmacherischen‹, genauer: mehrfach benachteiligenden Regelung aus haushaltsmäßigen, finanziellen Aspekten herleiten läßt. Der Rechtsprechung des BVerfG sind hierzu die folgenden Konturen zu entnehmen:
Auch wenn ein Eingriff für sich keine erheblichen Einsparungen bringt, bleibt er verfassungsrechtlich unbeanstandet. Nur dann, wenn sich der Schluß aufdrängt, daß ein gesetzlicher Eingriff, weil er unwesentlich ist, nicht das Ziel haben kann, der Verbesserung der Finanzstruktur zu dienen, behält sich das Gericht Beanstandungen vor.[126]
Relevant ist auch, daß die Maßnahme auf einer eingehenden und fundierten Analyse beruht, die jedenfalls als vertretbar erscheint.[127]
Andererseits bedarf es freilich selbst dieser Analyse durch den Gesetzgeber nicht, denn die Frage, welche genauen Vorstellungen er in Bezug auf den Spareffekt einer bestimmten Regelung, hier: von § 37 c AVG, hatte, war in dem konkreten Fall nicht zu beantworten. Es lasse sich aber schließen, daß der Spareffekt der Regelung, der immerhin 40.000 Versicherungsfälle erfaßt hat, nicht nur marginal gewesen sein könne.[128]
Es sei nun erörtert, stets auf der Grundlage der Ansätze des BVerfG, ob die zuletzt skizzierten Rechtsprechungsgrundsätze überhaupt relevant sein können. Dazu bedarf es einer Diskussion von finanziellen Implikationen des RÜG:
Die folgenden finanziellen Aspekte sind im hier untersuchten Kontext bekannt: Die Rentenausgaben im Beitrittsgebiet betrugen im Juli 1991 2,5 Mrd. DM. Die Aufwendungen für Zusatzversorgungen, einschließlich der Rente aus der FZR in Höhe der Altersversorgung der Intelligenz, beliefen sich noch für das ganze Jahr 1991 auf rund 0,7 Mrd. DM, d.h. 60 Mio DM pro Monat. Die Begrenzung der Gesamtleistung aus Pflichtrente und Zusatzversorgung auf DM 1.500,- pro Monat hätte Ersparnisse von monatlich 4 Mio DM erwarten lassen. Durch die Begrenzung des Zahlbetrages auf DM 2.010,- pro Monat sollen Ersparnisse von 1-2 Mio DM pro Monat ent-

126 BVerfGE 58, S. 81 (118); 72, S. 9 (23); 76, S. 220; vgl. auch Katzenstein, SGb 1988, S. 185.
127 BVerfGE 50, S. 333 f.
128 BVerfGE 70, S. 101 (112).

stehen. Diese Spareffekte in Höhe von, angenommen, 4 Mio DM pro Monat machen nicht einmal 2 Promille der monatlichen Gesamtausgaben für Renten im Beitrittsgebiet im Juli 1991 aus. So gesehen handelt es sich dabei um keine ›erheblichen‹ Einsparungen, vielmehr um solche, die im Sinne der oben zitierten Rechtsprechung des BVerfG nur ›marginal‹ sein können.
Auch hier kann freilich alles weitere dahingestellt bleiben, denn Ziel des Gesetzgebers, welches er mit dem RÜG im allgemeinen, den dort getroffenen Regelungen in Bezug auf die Zusatzversorgungssysteme im besonderen verfolgt hat, war nicht zu sparen, sondern in die gesetzliche Rentenversicherung zu integrieren. Wurde kein Sparziel verfolgt, kommt es auch auf etwaige marginale Spareffekte zur Beurteilung der verfassungsrechtlichen Rechtfertigung nicht an.

III. Ergebnis

Im Vergleich der verrenteten oder rentennahen Hochschullehrer der ehemaligen DDR zu Nichtmitgliedern von Zusatzversorgungsssystemen aus den neuen Ländern liegt in der Nichtdifferenzierung bezüglich des Einkommens in Verbindung mit der Differenzierung hinsichtlich der Beitragsbezogenheit eine Abweichung von Art. 3 Abs. 1 GG.

D. Zulässigkeit der Abweichungen von Art. 3 Abs. 1 GG gemäß Art. 143 Abs. 1 und 2 GG?

Nachdem Regelungen des SGB VI sowie des AAÜG in zweifacher Hinsicht von Art. 3 Abs. 1 GG abweichen, fragt sich, ob die Abweichungen nach Maßgabe von Art. 143 Abs. 1 und 2 GG nF zulässig sind.
Gem. Art. 143 Abs. 1 GG ist die Abweichung von Grundrechten längstens bis zum 31.12.1992 zulässig, und zwar unter den dort näher normierten Voraussetzungen.[129]

129 Zur Diskussion von Problemen des neu gefaßten Art. 143 GG vgl. zuletzt Merten, Grundfragen des Einigungsvertrages unter Berücksichtigung beamtenrechtlicher Probleme, Beiträge zum Beamtenrecht, Band 1, 1991, S. 76 ff.; vgl. auch von Mangoldt/

Es fragt sich indes, ob es einer derartigen Prüfung überhaupt bedarf. Denn, wie erwähnt, darf von Art. 3 Abs. 1 GG längstens bis zum 31.12.1992 abgewichen werden. Die vorhergehenden Abschnitte haben das RÜG und AAÜG jedoch weder unter dem Aspekt von Alt- noch von Übergangsregelungen betrachtet, sondern gerade unter dem einer endgültigen Regelung und sich fast stets auf den Zustand nach Ende des Angleichungsprozesses bezogen, welcher keinesfalls zum 31.12.1992 abgeschlossen sein wird. Die Zwischenzeit bis zur vollendeten Rentenangleichung ist oben[130] nur unter dem Gesichtspunkt mit einbezogen worden, daß sie bereits jetzt durch RÜG und AAÜG rechtlich eindeutig determiniert ist.
Indes kann in Anbetracht praktischer Verfahrensaspekte in Bezug auf die Geltendmachung der Verfassungswidrigkeit (z.B. der Terminierungspraxis des BVerfG) sowie der begrenzten Leistungsfähigkeit des Art. 3 Abs. 1 GG, aus dessen Verletzung im Allgemeinen weder ein alternativloser Auftrag an den Gesetzgeber zur Neuregelung und schon gar nicht diese selbst folgt, der mit anderen Worten gewöhnlich also das Ingangsetzen und Durchlaufen eines neuen Gesetzgebungsprozesses unter Beachtung einer Entscheidung des BVerfG erfordert, was ebenfalls Zeit kostet - man denke nur an die Neuregelung der Kündigungsfristen für Arbeiter und Angestellte -, darauf verzichtet werden, den Zustand bis zum 31.12.1992 der detaillierten Prüfung des Art. 143 Abs. 1 GG zu unterwerfen.

E. Zusammenfassung zum Zweiten Teil, C. und D.

Als Vergleichspaare werden auch hier als pars pro toto (i.e. alle Zusatzversorgungssysteme der Intelligenz) die Hochschullehrer (Ost) mit sonstigen Beschäftigten (Ost), die nicht Mitglied eines Zusatzversorgungssystems sind, gebildet. Beide Personengruppen werden mit Überführung in die Rentenversicherung deren Regeln, insbesondere auch in bezug auf die Beitragsbemessungsgrenze unterworfen. Hochschullehrer (Ost) haben jedoch als Gruppe stets und alle Verdienste oberhalb dieser Grenze bezogen, sonstige

Klein/von Campenhausen, Das Bonner Grundgesetz, Band 14, 3. Aufl., 1991. Auch das BVerfG hat sich bereits wiederholt zu Art. 143 nF GG geäußert, so in seinem Urteil zur ›Warteschleife‹ BVerfGE 84, S. 133 (156) sowie zu den Enteignungen zwischen 1945 und 1949, BVerfGE 84, S. 90; Pieroth, VVDStRL 51 (1992), S. 92 (93 f.).

130 Vgl. z.B. S. 72, 94.

Beschäftigte in vielen Einzelfällen auch, letztere indes nicht stets als gesamte Gruppe. Die Effekte der Gleichbehandlung sind jedoch unterschiedlich: Für »normale« Beschäftigte steht am Ende des Prozesses tatsächlich die Angleichung an die Mindestsicherung, die die Rentenversicherung vergleichbaren Arbeitnehmern (West) gewährleistet. Hochschullehrer (Ost) werden dagegen weder an die Versorgung beamteter noch an die angestellter Hochschullehrer angeglichen, sondern erreichen allenfalls 50 % davon.
Daneben sind im Verhältnis von Hochschullehrern (Ost) zu Beschäftigten (Ost) außerhalb von Zusatzversorgungssystemen mehrere Ungleichbehandlungen durch das RÜG festzustellen: Die nichtdifferenzierende Einkommensbezogenheit benachteiligt die Hochschullehrer in mehrfacher Hinsicht. Verstärkt wird dies durch die differenzierende Beitragsbezogenheit der Regelungen des RÜG; überdies haben Mitglieder von Zusatzversorgungssystemen z.T. Beiträge entrichtet, in denen der Intelligenz teilweise vermittelt über Beiträge zur FZR. Schließlich führt die neuberechnete SGB-VI-Rente für Hochschullehrer zu einer monatlichen Rente (und damit zu einer Grundlage für die Dynamisierung), die auf 1000,- bis 1200,- DM nivelliert ist und damit z.T. erheblich unter der SGB-VI-Rente für Nichtmitglieder von Zusatzversorgungssystemen liegen dürfte.
Eine verfassungsrechtliche Rechtfertigung der durch Ungleich- wie Gleichbehandlung bewirkten erheblichen Benachteiligung der Hochschullehrer gelingt nicht:
Weder ist eine Übergangsregelung intendiert noch wollte der Gesetzgeber Erfahrungen sammeln, zumal ihm das gesamte empirische Material zu Gebote stand; auch verfolgt er keine haushaltsmäßigen, finanziellen Ziele. Damit ist auch hier die Art. 3 Abs. 1 GG immanente Verhältnismäßigkeit verletzt.
Die Abweichung von Art. 3 Abs. 1 GG könnte allenfalls bis zum 31.12.1992 zulässig sein. Ob sie davor unzulässig ist, kann offen bleiben.

Dritter Teil:
Art. 14 GG

A. Prüfungsgegenstände

Um nicht in eine uferlose Diskussion von denkbaren ›Eigentumstiteln‹ im Sinne des Art. 14 Abs. 1 GG zu geraten, sollen für den Personenkreis der Hochschullehrer der ehemaligen DDR, auf die sich auch die Erwägungen zu Art. 3 Abs. 1 GG als konkretes Beispiel im wesentlichen bezogen haben,[1] vorab die ausgewählten Prüfungsgegenstände diskutiert und präzisiert werden. Dies erscheint auch deshalb erforderlich, weil das RÜG differenzierte Bestimmungen für Nichtmitglieder von Zusatz- und Sonderversorgungssystemen einerseits, Mitglieder dieser Systeme andererseits und schließlich noch Differenzierungen innerhalb des Kreises der Mitglieder ein und desselben Zusatzversorgungssystems vornimmt.
Außerhalb der Betrachtung bleiben a priori die Probleme von Sonderversorgungssystemen (AAÜG, Anlage 2). Aus dem Kreis der Zusatzversorgungssysteme der Intelligenz werden beispielhaft die in Anlage 1, 4. und 5. aufgeführten betrachtet, denen Hochschullehrer ganz überwiegend angehörten.[2]
Wie im Zweiten Teil steht die exemplarische Diskussion der Eigentumspositionen von Hochschullehrern für alle Angehörigen der früheren Zusatzversorgungssysteme der Intelligenz (AAÜG, Anlage 1, 1., 4., 5., 8., 11.).

I. Die vorläufige Begrenzung von Zahlbeträgen gem. §§ 10, 4 Abs. 4 AAÜG

1. Die Zahlbetragsbegrenzung nach § 10 Abs. 1 und 3, § 4 Abs. 4 S. 1 AAÜG

Da die in dieser Bestimmung ebenfalls normierten Sonderversorgungssysteme nicht diskutiert, und aus dem Bereich der Zusatzversorgungen dieje-

1 Vgl. oben S. 66 f.; 103 f.
2 Vgl. Anlage 8 zu diesem Gutachten.

nigen der Intelligenz betrachtet werden, soll sich die Fragestellung auch auf diese Systeme beschränken. Dabei geht es nur um die fortgezahlten Versicherungsrenten, die mit Wirkung ab 01.08.1991 vorläufig auf den erwähnten Betrag von DM 2.010,- begrenzt werden (§ 10 Abs. 1 und 3) sowie um Anwartschaften, die nach § 4 Abs. 4 AAÜG entsprechend behandelt werden.

2. Die Fiktion der Zugehörigkeit zu einem Zusatzversorgungssystem gem. § 10 Abs. 3 AAÜG

Die vorläufige Begrenzung von Zahlbeträgen wird auch wirksam in den Fällen, in denen Rentenzeiten teils innerhalb eines Zusatzversorgungssystems, teils außerhalb desselben zurückgelegt worden sind.[3]
Wer also einem Zusatzversorgungssystem nur zeitweise angehörte, für denjenigen bzw. diejenige fingiert § 10 Abs. 3 die Zugehörigkeit über die gesamte Zeitdauer und begrenzt auch für diesen Personenkreis die Zahlbeträge gem. § 10 Abs. 1.

II. Zu niedrige Umwertung der Ansprüche aus Zusatzversorgungssystemen gem. § 307b SGB VI?

Wie bereits dargestellt[4] wird der - wenn auch gem. § 10 AAÜG vorläufig begrenzte - Besitzschutz nach § 4 Abs. 3 Satz 1 AAÜG zwar gewährt, die Umwertung nach § 307 b SBG VI i.V.m. Anlage 17 setzt mit den sog. ›Anhebungsfaktoren‹ jedoch sehr niedrig an. Die Folge ist u.U. ein langes Verbleiben auf einem vergleichsweise geringen Niveau des Besitzschutzes.[5]

3 Vgl. dazu oben S. 48 f.
4 Vgl. S. 54 f. und Anlage 9 dieses Gutachtens.
5 Vgl. insbes. Müller, DAngVers 1991, S. 451 (456 ff). Die Umwertung nach § 307b SBG VI betrifft, was eindeutig ist, zunächst alle Zusatzversorgungssysteme und ist auch unabhängig von der vorläufigen Zahlbetragsbegrenzung nach § 10 AAÜG.

1. Zur Präzisierung des Prüfungsgegenstandes

Zunächst ist der Prüfungsgegenstand zu präzisieren: Ginge es vorliegend nicht um eine rentenversicherungsrechtliche Position als »feste Größe«, vielmehr um eine unterlassene oder unzureichende Rentendynamisierung, wäre zu berücksichtigen, daß das BVerG deren Eigentumsqualität bisher offen gelassen hat. Nicht zuletzt deshalb hat das Gericht die Frage offengelassen, weil erwünscht sei, die wissenschaftliche Diskussion der schwierigen Problematik weiter zu führen.[6]

Zuletzt hat wohl Stober die bekannten Argumente zusammengefaßt und ihnen neue hinzugefügt:[7] Die Rentenanpassung bedürfe eines Gesetzes, der einzelne Versicherte habe auf dessen Erlaß indes keinen Anspruch, folglich keine privatnützige bzw. überhaupt keine Rechtsstellung. Auch materiellrechtlich bedürfe die Rentendynamisierung eines Gesetzes. Wolle man von diesem Erfordernis absehen, wären Sozialrechte gegenüber gleichwertigen privatrechtlichen Sicherungsformen und überdies das teilhaberechtliche Eigentum im Verhältnis zu abwehrrechtlich begründetem Eigentum stärker geschützt.

Diese Argumente vermögen nicht zu überzeugen:

- Privatrechtliche Eigentumspositionen werden bekanntlich durch privatrechtlichen Vertrag (Tarifvertrag; Betriebsvereinbarung; Einzelvertrag, etwa als Arbeitsvertrag, als Lebensversicherungsvertrag usw.), sozialversicherungsrechtliche Positionen dagegen durch Gesetz begründet. Bei ersteren stellen sich Grundrechtsprobleme im allgemeinen nur vermittelt, über Drittwirkung, im übrigen sind beide Positionen im Verhältnis zueinander aliud; auch ihre einfach-rechtliche Ausgestaltung bis hin zu Rechtswegaspekten ist qualitativ unterschiedlich ausgestaltet. - Warum soll dann der Grundrechtsschutz zu nivellieren sein? Stober selbst führt aus: »Es (das Sozialversicherungssystem, d. Verf.) kann, was leider gelegentlich übersehen wird, nicht dieselbe Eigentumssicherheit wie eine private Vorsorge bieten.«[8]
- Kaum überzeugender ist die zweite Begründung:
  In abwehrrechtlich begründetes, schon existentes Eigentum wird durch Gesetz eingegriffen, die Position wird entwertet oder umgestaltet; teilhaberechtlich begründetes wird durch Gesetz erst geschaffen. Gleichwohl ist schon der Ausgangspunkt des Vergleichs der beiden unterschiedli-

6 BVerGE 64, S. 87 (98).
7 Stober, SGb 1989, S. 53 (61).
8 Stober, a.a.O., S.59.

chen Positionen dubios: Wer sollte ein Interesse, geschweige denn einen Rechtsanspruch auf Erlaß eines eigentumbeschränkenden oder -entziehenden Gesetzes geltend machen oder auch nur haben, es sei denn die Allgemeinheit?

2. *Die Anhebungsfaktoren nach § 307 b SGB VI i.V.m. Anlage 17 RÜG als Teil einer rentenversicherungsrechtlichen Position*

a) *Allgemeines*

Die Streitfrage, ob die Rentendynamisierung Eigentum im Sinne des Art. 14 GG ist oder nicht, muß freilich in casu nicht abschließend geklärt werden, denn § 307 b SGB VI i.V.m. den Anhebungsfaktoren seiner Anlage 17 ist erlassen, Leistungen oder Eingriffe, je nach Betrachtungsweise, sind gewährt bzw. ergangen, die positivrechtliche Grundlage der Dynamisierung ist gelegt. Zu erinnern ist in diesem Kontext an Prinzipien der Rechtsprechung des BVerfG, wonach sich Inhalt und Reichweite des Schutzes des Art. 14 GG aus dessen Abs. 1 Satz 2 ergeben,[9] damit Sache des Gesetzgebers sind. Dieser muß handeln, andernfalls sind Inhalt und Reichweite nicht bestimmbar, weil nicht bestimmt. Vorliegend indes hat der Gesetzgeber gerade nicht ». . . von vornherein darauf verzichtet, die Modalitäten der Anpassung für die Zukunft festzulegen« und nicht ». . . lediglich bestimmt, daß bei Veränderungen der allgemeinen Bemessungsgrundlage die Bestandsrenten anzupassen« seien.[10] Vielmehr hat er in § 307 b SGB VI mit Anlage 17 zwar nicht die allgemeine Bemessungsgrundlage, wohl aber etwas Ähnliches bestimmt, nämlich die Grundlage für die Dynamisierung der Sozialversicherungsrenten bzw. Anwartschaften. Die Dynamisierung selbst bleibt dabei ganz außerhalb der verfassungsrechtlichen Prüfung.
Damit ist aber die Problematik der Anhebungsfaktoren auch dann, wenn man annimmt, die Rentendynamisierung falle nicht in der Schutzbereich des Art. 14 GG, eigentumsrechtlichen Erörterungen gegenüber prinzipiell offen.

9 BVerGE 53, S. 257 (292); 64, S. 87 (98).
10 BVerfGE 64, S. 87 (98).

b) Besonderes

Es darf dabei indes nicht verkannt werden, daß es vorliegend einerseits nicht um die Kürzung von Leistungen, die Verminderung des Umfangs von Ansprüchen und Anwartschaften oder deren Umgestaltung geht,[11] andererseits aber auch nicht um ihre Neuschaffung ab ovo,[12] sondern darum, durch eine andersartige Rechts- und Gesellschaftsordnung präformierte und so vom GG vorgefundene Rentenpositionen erstmals um- und neu zu definieren und der Rechtsordnung der Bundesrepublik Deutschland zu subsumieren. Dann können im allgemeinen drei »Aggregatzustände« rentenversicherungsrechtlicher Positionen unterschieden werden:

- bereits bestehende, die umgestaltet, entzogen, vermindert werden;
- neugeschaffene bzw. erst noch neu zu schaffende (bei letzteren würde es sich um bloße Erwartungen handeln);
- von einer anderen Rechtsordnung vorgefundene, transformierte.

Um die zuletzt genannte Gruppe von Positionen geht es im RÜG und namentlich im AAÜG. Positionen dieser Gruppe sind, soweit sie nicht durch das Gesetz transformiert worden sind, bloße Erwartung[13] geblieben; werden sie transformiert, sind sie spätestens dann Rechtsposition, i.e. auf der Rechtsordnung der Bundesrepublik Deutschland beruhende Position geworden, folglich auch am GG zu messen.[14] Die Rechtsprechung des BVerfG bezieht sich bislang, soweit ersichtlich, nur auf die erstgenannte Gruppe von Positionen. Es liegt nahe, daß der dem Gesetzgeber bei Art. 14 GG zukommende, ohnehin weite Gestaltungsspielraum bei dieser Gruppe von Rentenpositionen wesentlich enger ist als in bezug auf die zweite Gruppe, und daß er bei der dritten Gruppe weiter ist als bei der ersten, wohl aber enger als bei der zweiten. Diese These scheint so evident zu sein, daß sie kaum näherer Begründung bedarf.

Im Lichte dieser Differenzierungen sind nun die materiellen Aspekte zu würdigen, die das BVerfG, ergänzt und modifiziert durch die Literatur zur Konkretisierung der beiden Pole der Eigentumsgewährleistung sozialversicherungsrechtlicher Positionen: des personalen Bezugs hier (i.e. der Siche-

11 BVerfGE 53, S. 257 (293).

12 Wäre es an dem, käme einer auf Art. 14 GG gestützten Rüge, die aus dem »Nichts« geschaffene Leistung sei zu gering bemessen worden, vermutlich keine besondere Erfolgsaussicht zu.

13 BVerfGE 72, S. 141 (153).

14 Ist die Rentenposition der DDR-Rechtsordnung nicht in diejenige der BRD transformiert worden, könnte man darüber streiten, ob sie kraft Verfassungsrechts der BRD hätte transformiert werden müssen.

rung der persönlichen Freiheit des einzelnen), des Sozialbezugs und der sozialen Funktion dort formuliert hat: Der personale Bezug wird durch spätere Nutzung und durch eigene Leistung erzeugt.[15] Der Sozialbezug ergibt sich aus der Solidargemeinschaft, dem Generationenvertrag und der Finanzierung der Sozialversicherung durch staatliche Zuschüsse. Volkseinkommen und Altersstruktur einer Gesellschaft sind Determinanten sozialversicherungsrechtlicher Positionen,[16] auf gesamtwirtschaftliche Belange ist Rücksicht zu nehmen, folglich ist mit einer Minderung des Rentenniveaus und mit Aussetzung der Dynamisierung stets zu rechnen.[17]
Damit ergibt sich insgesamt: Die Bestimmung der Anhebungsfaktoren gem. § 307 b SGB VI i.V.m. Anlage 17 RÜG fällt in den Schutzbereich des Art. 14 GG, ohne daß entscheiden werden muß, ob die Rentendynamisierung im allgemeinen ebenfalls an diesem Grundrecht zu messen ist. Überdies ist der Sozialbezug und damit die Befugnis des Gesetzgebers zur Ausgestaltung des Grundrechts weiter als bei sonstigen, nach der Rechtsordnung der Bundesrepublik Deutschland bereits seit längerem zustehenden rentenversicherungsrechtlichen Positionen.

III. Reduzierung auf das Durchschnittsentgelt nach § 6 AAÜG als Eigentumseingriff?

Konsequenz aus § 6 AAÜG ist, daß auch nach Durchlaufen der Rentendynamik nur eine Rente nach Durchschnittseinkommen erreicht wird, nicht aber eine solche an der Beitragsbemessungsgrenze. Im Zusammenhang damit steht die Fiktion des § 2 Abs. 3 AAÜG, die eine gleichsam ›zwangsweise‹ Inkorporierung in ein Zusatzversorgungssystem bewirkt, obwohl, etwa gem. § 28 FZR-VO, ein Anspruch aus der FZR bestand. Eine ähnliche Fiktion normiert § 5 Abs. 2 AAÜG.
Indessen betreffen §§ 6 i.V.m. 2 Abs. 3, 5 Abs. 2 AAÜG nicht die hier allein interessierenden Zusatzversorgungssysteme. § 6 AAÜG wird daher nicht diskutiert.

15 BVerfG 53, S. 257 (291).
16 Stober, a.a.O., S. 61.
17 Ebd.

IV. Das Arbeitsentgelt als Ansatzpunkt der Umwertung in die gesetzliche Rentenversicherung

Sozial- und Lohnpolitik der früheren DDR benachteiligte bestimmte Gruppen von ›Werktätigen‹, wie allgemein bekannt. Dies traf insbesondere auch Angehörige der ›Intelligenz‹. Daran ändert nichts, daß, wie andernorts dargestellt,[18] die Verdienstrelationen ebenso wie die der Ruhestandsbezüge zwischen Industriearbeitern und insbesondere Hochschullehrern im Osten wie im Westen fast identisch waren. Denn das RÜG bewirkt, daß die Hochschullehrer-Rente (Ost) nunmehr gerade aus diesen Verdienst- und Versorgungsrelationen herausfallen, sehr viel niedriger sein wird.
Die sozialpolitisch problematische, weil eine problematische Sozialpolitik der DDR fortschleppende, ja, perpetuierende Anknüpfung an das Arbeitsentgelt soll indes sub specie Art. 14 Abs. 1 GG auch nicht diskutiert werden, denn Hochschullehrer in der DDR haben dieses tatsächlich bezogen, nicht mehr. Da die gesetzliche Neuregelung daran anknüpft, kann insoweit nichts entzogen oder geschmälert werden. Nur dann wäre aber eine Verletzung des Art. 14 GG zu erwägen. Überdies hatte der Gesetzgeber, das Ziel der Integration in die Rentenversicherung verfolgend, sich an deren Lohn- und Beitragsbezogenheit zu orientieren. Meinte er schon, von letzterer absehen zu müssen, blieb zur Realisierung des gesetzgeberischen Ziels nur noch die erstere. Alles andere ist bei Art. 3 Abs. 1 GG zu erörtern und dort erörtert.
Als Prüfungsgegenstände verbleiben also zum einen die vorläufige Anspruchs- und Anwartschaftsbegrenzung gem. §§ 10, 4 Abs. 4 AAÜG; damit ist dieser Teil nur relevant für Personen, die davon am 1.8.1991 betroffen worden sind - anders als der Zweite Teil dieser Arbeit, der sich auf alle Mitglieder der Zusatzversorgungssysteme der Intelligenz bezog. Die Ausführungen gelten entsprechend für die auf 60, 40 und 30 % von 2010,- DM abgestaffelten zweiten Leistungen nach § 10 Abs. 1, Ziff. 2. bis 4. i.V.m. Abs. 3 AAÜG.
Zum anderen ist eine womöglich zu niedrig ausgefallene Umwertung der Ansprüche aus Zusatzversorgungssystemen nach § 307 b Abs. 5 SGB VI i.V.m. RÜG, Anlage 17, den sog. Anhebungsfaktoren, zu diskutieren. Dieser Prüfungsgegenstand betrifft wiederum alle Angehörigen ehemaliger Zusatzversorgungssysteme, gleich, ob ihr Zahlbetrag am 1.8.1991 über oder

18 Vgl. Anhang I.

unter 2010,- DM lag. Er bezieht sich auf die seit 1.1.1992 zustehende SGB-VI-Rente.

B. Art. 14 GG als Prüfungsmaßstab

I. Art. 135 a Abs. 2 GG

1. Fragestellung

Art. 14 GG könnte als Prüfungsmaßstab nach näherer Maßgabe des Art. 135 a Abs. 2 GG ausscheiden.[19] Dabei macht es nur einen graduellen Unterschied, ob man annimmt, daß Art. 14 GG durch Art. 134, 135 a GG a priori von seinem Schutzbereich her ausscheidet oder lediglich in seinem Anwendungsbereich eingeschränkt wird.[20]

Regelt Art. 134 GG das rechtliche Schicksal des Reichsvermögens, stellt Art. 135 a GG klar, was auf der Basis der Rechtsprechung des BVerfG[21] sich bereits aus Art. 134 GG ergab, daß nämlich diese Bestimmung auch die Passiva des Reiches umfaßt.[22] Art. 135 a GG ist also Legalinterpretation zu Art. 134 Abs. 4 GG, wie der Wortlaut unmißverständlich bestimmt, stellt insoweit eine Konkretisierung der Gesetzgebungszuständigkeit des Bundes in Bezug auf das Reichsvermögen dar.

Nach dem neu geschaffenen Art. 135 a Abs. 2 GG gilt das, was Art. 135 a Abs. 1 n.F. GG in Bezug auf das Verhältnis zwischen Reichsvermögen und Bundesvermögen normiert, entsprechend für das Verhältnis des Bundesvermögens zum Vermögen der DDR.

Diesen rechtstechnisch etwas kompliziert gestalteten Zusammenhang bringt die Denkschrift zu Art. 4, Ziff. 4. Einigungsvertrag bündig und kurz auf die Formel, daß es darum gehe,

> ›. . . dem gesamtdeutschen Gesetzgeber unabhängig von Art. 14 des Grundgesetzes bei der Regelung dieser Fragen (nämlich der Verbindlichkeiten, die die DDR in den Gesamtstaat einbringt, d. Verf.) Gestaltungsspielraum zu geben.‹[23]

19 BVerfGE 29, S. 413, (425 f.), 41, S. 126 (152 f.).
20 Das letztere nehmen offenbar an: Maunz/Dürig/Herzog/Scholz, Grundgesetz. Kommentar, Bd. IV, Art. 135 a, RN 6 f.
21 BVerfGE 15, S. 126.
22 Seifert/Hömig, Grundgesetz, 3. Aufl. 1988, Art. 134, RN 1.
23 Denkschrift zu Art. 4 EV, B., zu Nummer 4.

Es fragt sich also, ob der Bundesgesetzgeber in dem Bereich der Rentenüberleitung im Allgemeinen, bezüglich der Zusatzversorgungssysteme im Besonderen von der ihm nach Art. 135 a Abs. 2 i.V.m. Abs. 1, 134 Abs. 4 GG eingeräumten Befugnis dergestalt Gebrauch gemacht hat, daß sich eine Prüfung des Art. 14 GG, mit welcher rechtsdogmatischen Konstruktion auch immer, erübrigt.
Ergänzend und zunächst ist zu diskutieren, ob sich aus Art. 134, 135 a GG verfassungsrechtliche Anforderungen an ein solches Bundesgesetz ableiten lassen. Da Art. 135 a GG die Bedeutung einer Legalinterpretation für Art. 134 GG hat,[24] ergeben sich folglich auch aus einer Interpretation des Art. 135 a GG Schlußfolgerungen für Art. 134 GG und damit auch Anforderungen an das in Abs. 4 genannte Gesetz, zu dessen Erlaß der Bundesgesetzgeber ermächtigt worden ist. Verbindlichkeiten im Sinne des Art. 135 a GG, die nicht oder nicht in voller Höhe zu erfüllen sind, müssen danach *durch* die Gesetzgebung des Bundes *bestimmt* werden. Daraus ergibt sich, daß übergegangenes Passivvermögen dann von der Erfüllung ausgenommen werden soll, wenn dies durch das Gesetz selbst explizit oder in anderer Weise eindeutig vorgesehen ist. Dieser Anforderung hat, soweit ersichtlich, die bisherige Gesetzgebung auch Rechnung getragen, so etwa im Allgemeinen Kriegsfolgengesetz (AKG) vom 05.11.1957, das u.a. das Erlöschen von Ansprüchen gegen das Deutsche Reich einschließlich seiner Sondervermögen aussprach, soweit in dem Gesetz nichts anderes bestimmt war (§ 1 Abs. 1 AKG).
Schon aus dem recht kategorischen Wortlaut des Art. 135 a Abs. 1 GG folgt also, daß im Gesetz selbst die Nichterfüllung übergegangener Verbindlichkeiten statuiert werden, sich zumindest eindeutig aus ihm ergeben muß.
Überdies gibt die Denkschrift zu Art. 135 a Abs. 2 GG eine ›authentische Interpretation‹ der Reichweite, der Teleologie der Ermächtigung. Neben dem bereits erwähnten Gestaltungsspielraum des Gesetzgebers unabhängig von Art. 14 GG hat die Bestimmung folgenden Sinn:

- Sie kann relevant werden für Verbindlichkeiten, die zum Zeitpunkt des Abschlusses des Einigungsvertrages nicht bekannt waren;
- ›Vor allem aber wird diese Vorschrift für die Regelung der Entschädigungsmodalitäten von Bedeutung sein, die der gesamtdeutsche Gesetzgeber im Zusammenhang mit denjenigen gesetzlichen Regelungen zu treffen haben wird, die zur Umsetzung der Gemeinsamen Erklärung der beiden deutschen Regierungen vom 15.06.1990 zur Regelung offener Vermögensfragen noch notwendig sind.‹

24 BVerfGE 15, S.126 (144); 29, S. 413 (427).

2. Anwendung auf die Regelung rentenversicherungsrechtlicher Probleme, insbesondere hinsichtlich der Zusatzversorgungssysteme

a) Bestimmungen im Einigungsvertrag

aa) Zunächst sei das Schicksal des Vermögens der Sozialversicherung der DDR kurz angesprochen. Anhaltspunkte dafür, daß der EV nur das Aktivvermögen reguliert, sind nicht ersichtlich. Erst wenn feststeht, ob das Vermögen übergegangen ist, kann diskutiert werden, ob Verpflichtungen daraus zu erfüllen sind oder nicht. Gem. EV, Anlage I, Kap. VIII, Sachgebiet F. Abschnitt II, 1. § 3 geht das Vermögen des Trägers der Sozialversicherung auf die Sozialversicherungsträger über, deren Zuständigkeit für das in Art. 3 des Vertrages genannte Gebiet besteht. Nach dessen Absatz 2 sind die Träger der Sozialversicherung hinsichtlich des Vermögens überdies Rechtsnachfolger der entsprechenden am 08.05.1945 dort zuständig gewesenen Sozialversicherungsträger.
Die Erläuterung bestimmt hierzu, daß nicht die Überleitungsanstalt, sondern die zuständigen Träger der Sozialversicherung Rechtsnachfolger in das Vermögen des Trägers der Sozialversicherung sind.[25] Ergänzt wird dies in Bezug auf die Zusatz- und Sonderversorgungssysteme durch eine Regelung hinsichtlich der funktionellen Zuständigkeit:

> ›Verantwortlich sind die jeweiligen Funktionsnachfolger gem. Art. 13 des Vertrages (Funktionsnachfolge)‹; (EV, Anlage II, Kap. VIII, Sachgebiet H, Abschn. III, 9. c).).

Für die Art und Weise der Überleitung des Rentenvermögens der DDR erscheint es irrelevant, ob man dies als eine doppelte Übertragung nach Maßgabe von Art. 134 Abs. 1 GG auf den Bund und von diesem gem. Art. 134 Abs. 2 GG auf die Sozialversicherungsträger konstruiert oder nicht, denn Anlage I, Kap. VIII, Sachgebiet F, Abschnitt II, 1., § 3 EV enthält insoweit eine eindeutige Regelung.
Da die Zusatzversorgungssysteme, jedenfalls die der Intelligenz nach Maßgabe von AAÜG, Anlage 1, 1., 4. und 5. in der Trägerschaft der staatlichen Versicherung der DDR lagen, ist damit auch insoweit das Vermögen der DDR auf die Sozialversicherungsträger übergegangen.

25 Vgl. auch Michaelis/Reimann, DAngVers 1990, S. 417, (419); zum konkreten Ablauf und den praktischen Schritten vgl. insbesondere Ruland, DRV 1991, S. 518.

bb) Es fragt sich nun, ob im Einigungsvertrag als Bundesgesetz explizit oder ansonsten eindeutig im Sinne von Art. 135 a i.V.m. 134 Abs. 4 GG bestimmt worden ist, daß die übergegangenen Verbindlichkeiten als Teil des übergegangenen Vermögens nicht oder nicht in voller Höhe zu erfüllen sind.
Anlage II Kap. VIII Sachgebiet H Abschnitt III, 9.a) - e) des Einigungsvertrages bewirkten die Überführung der Ansprüche und Anwartschaften aus Zusatzversorgungssystemen in die gesetzliche Rentenversicherung noch nicht selbst, enthalten lediglich die Verpflichtung, dies zu tun. Dafür macht der Einigungsvertrag dem Gesetzgeber Vorgaben, die indes erheblichen Spielraum lassen. Deutlich wird dies in Formulierungen wie etwa ». . . unter Berücksichtigung der jeweiligen Beitragszahlungen aus . . .«; auch bleibt dem Gesetzgeber überlassen zu definieren, was in concreto überhöhte oder ungerechtfertigte Leistungen sind.
Das Einigungsvertragsgesetz selbst bestimmt danach jedenfalls noch nicht, daß Verbindlichkeiten nicht oder nicht voll zu erfüllen sind. Im Gegenteil: In Bezug auf mindestens zwei Regelungskomplexe normiert der Einigungsvertrag unmißverständlich und kategorisch, daß frühere Ansprüche und Anwartschaften zu erfüllen sind, nämlich indem im Kontext der Überleitung in die gesetzliche Rentenversicherung der Zahlbetrag nicht unterschritten, die Anwartschaft für rentennahe Jahrgänge nicht gekürzt werden darf.
Bezüglich der Gegenstände , die im späteren RÜG durch die §§ 10, 4 Abs. 4 AAÜG geregelt werden, enthält der Einigungsvertrag also gerade keine Regelung, Verbindlichkeiten nicht oder nicht voll zu erfüllen, sondern explizit und unmißverständlich das Gegenteil.
Demzufolge hat der Einigungsvertrag von der Ermächtigung der Art. 135 a Abs. 2, 134 Abs. 4 GG jedenfalls hinsichtlich der vorliegend näher zu untersuchenden Zahlbetrags- und Anwartschaftsbegrenzung keinen Gebrauch gemacht und folglich auch Art. 14 GG als Prüfungsmaßstab weder verdrängt noch modifiziert.

b) Regelungen des RÜG als Gebrauchmachen von Art. 135 a Abs. 2, 134 Abs. 4 GG?

Fraglich ist jedoch, ob sich dies aus dem RÜG, hier §§ 10, 4 Abs. 4 AAÜG bzw. ähnlichen Regelungen des Gesetzes ergibt.
Zunächst könnten aus der Tatsache, daß das RÜG erst einige Zeit nach Inkraftsetzen des GG im Beitrittsgebiet erlassen worden ist, Bedenken nicht hergeleitet werden. In der Entscheidung zu den Enteignungen zwischen

1945 und 1949 vom 23.04.1991 hat das BVerfG zu Recht die Auffassung vertreten, es sei von Verfassungs wegen nicht geboten gewesen, die vorbehaltene Ausgleichsregelung bereits unmittelbar mit dem Beitritt der DDR zu treffen.[26]
Überdies könnte ein solches Vorgehen gerade der Teleologie des Art. 135 a Abs. 2 GG entsprechen, wie sie von der Denkschrift authentisch interpretiert wird. Art. 135 a Abs. 2 GG kann danach nämlich wie dargestellt auch relevant sein für Verbindlichkeiten, die - aus welchen Gründen auch immer - zum Zeitpunkt des Abschlusses des Einigungsvertrages nicht bekannt waren. Es ließe sich vortragen, daß die Strukturen von Zusatzversorgungssystemen zur Zeit der Vereinbarung des Einigungsvertrages noch nicht bekannt waren und erst »eine in der Zwischenzeit durchgeführte Bestandsaufnahme der Zusatz- und Sonderversorgungssysteme«[27] Aufschluß über diese Strukturen ergeben habe, was alsdann den Gesetzgeber des RÜG zu den Regelungen gem. §§ 10, 4 Abs. 4 AAÜG veranlaßte, - womit er zugleich von der ihm durch Art. 135 a Abs. 2 GG i.V.m. 134 Abs. 4 GG eingeräumten Regelungsbefugnis Gebrauch gemacht habe. Folglich entfalle Art. 14 GG als Prüfungsmaßstab.
Das RÜG würde eine solche Begründung indes nicht tragen. Die vorläufige Zahlbetragsbegrenzung sowie die ihr entsprechende Begrenzung von Anwartschaften sind »im Vorgriff auf die Ergebnisse, die sich aus der Überführung der individuell erworbenen Ansprüche und Anwartschaften ergeben«, geschehen.[28]
Zweck der Regelungen ist also nicht, Verbindlichkeiten in der DDR oder ihrer Rechtsträger nur teilweise zu erfüllen, sondern die Rentenüberleitung zu bewirken und dabei schon im Vorgriff bestimmte Modifikationen vorzunehmen. §§ 10, 4 Abs. 4 AAÜG sind also keine Regelungen zu »unbekannten Verbindlichkeiten« i.S. der Denkschrift zu Art. 3, Ziff. 4. (Art. 135 a Abs. 2 GG) Einigungsvertrag.
Auch im RÜG hat mithin der Gesetzgeber von der ihm eingeräumten Ermächtigung des Art. 135 a Abs. 2 GG keinen Gebrauch gemacht, folglich wird Art. 14 GG auch dadurch nicht verdrängt.

26 BVerfGE 84, S. 90 (129 f.).
27 BR-Drs. 197/91 vom 11.04.1991, S. 113; vgl. auch Anlagen 3 - 8 zu diesem Gutachen.
28 BR-Drs. ebd. r. Sp. u. f.

II. Entfallen des Art. 14 GG aufgrund entsprechender Anwendung der Grundsätze zur Regulierung der Kriegsfolgen- und Reparationsschäden?

1. Konturen in der Rechtsprechung des BVerfG

»Gesetzliche Regelungen zur Bewältigung der außergewöhnlichen Probleme, die ihren Ursprung in historischen Vorgängen aus der Zeit vor der Entstehung der Bundesrepublik haben, können nicht an Art. 14 GG gemessen werden. Das Grundgesetz hat den Ausgleich der wirtschaftlichen und politischen Lasten, die aus dem Krieg und dem Zusammenbruch des Deutschen Reiches herrühren, weitgehend der eigenverantwortlichen Gestaltung des Gesetzgebers überlassen.«[29]
Diese Prinzipien könnten für die vorliegende Konstellation entsprechend gelten. Dies liegt auch deshalb nicht fern, weil das BVerfG sie Art. 134 Abs. 4, 135 a GG entnommen hat.[30]
Die Analogie würde sich aus dem neugeschaffenen Art. 135 a Abs. 2 GG rechtfertigen lassen, der gerade auf Art. 135 a Abs. 1, 134 Abs. 4 GG Bezug nimmt. Die Grundsätze würden dann nicht für den Ausgleich der wirtschaftlichen und politischen Kosten, die aus dem Krieg und dem Zusammenbruch des Deutschen Reiches herrühren, gelten, sondern sich aus der »desolaten wirtschaftlichen Lage in den neuen Bundesländern, deren Bereinigung schon nach dem derzeit absehbaren Stand Zuschüsse in Höhe eines dreistelligen Milliardenbetrages erfordert«, begründen.[31]
Soweit ersichtlich, hat das BVerfG bislang zu dieser Fragestellung noch keine Stellung bezogen, vielmehr im Kontext der eben zitierten Stelle lediglich ausgeführt: »Die für den Ausgleich von Kriegsfolgeschäden entwickelten Grundsätze gelten insoweit entsprechend.«[32]
Das Gericht bezieht die Grundsätze ersichtlich nur auf die Frage (»insoweit«), ob eine volle Entschädigung für die Enteignungen zwischen 1945 und 1949 geboten ist, nimmt aber zu der Frage, ob Art. 14 GG als Prüfungsmaßstab a priori ausscheidet, keine Stellung.
Überdies spricht das Urteil des BVerfG vom 24.4.1991 (»Warteschleife«)[33] eher gegen die Analogie. Im Verfahren waren auch die Grundsätze dieser Rechtsprechung diskutiert worden. Das BVerfG indes hält in der Entschei-

29 BVerfGE 41, S. 126, Leitsatz 1.
30 BVerfGE, a.a.O., S. 150; 15, S. 126 (140 ff).
31 BVerfGE 84, S. 90 (130 f.).
32 BVerfG, ebd.
33 BVerfGE 84, S. 133.

dung nicht einmal die Erwähnung dieser Aspekte für erforderlich. Gleichwohl seien sie kurz angesprochen:

2. Stellungnahme

a) »Übergesetzliche Freistellung« von Art. 14 GG?

Ohne Zweifel haben die Rentenüberleitung allgemein, §§ 10, 4 Abs. 4 AAÜG im besonderen, ihren »Ursprung« in der Existenz der DDR vor dem Beitritt. Da aber letztlich alles, was die neuen Länder betrifft, seinen Ursprung in der ehemaligen DDR hat, würde Art. 14 GG als Prüfungsmaßstab stets ausscheiden. Damit würde eine Art »übergesetzlicher« Freistellungsanspruch von diesem so wichtigen Grundrecht geschaffen. Dies würde jedoch gerade den positiv-rechtlichen Normen der Art. 143 Abs. 1 und Abs. 2 GG sowie der Ermächtigungsgrundlage des Art. 135 a Abs. 2 GG, von der, wie erörtert, bisher insoweit kein Gebrauch gemacht worden ist, widersprechen. Es würde also Grundgesetzbestimmungen ignorieren, die für derartige Konstellationen reserviert sind. Anders gesagt bedarf es im Unterschied zur Kriegsfolgen- und Reparationsschädenproblematik eines solchen »übergesetzlichen Freistellungsanspruches« nicht, denn im Kontext der deutschen Einigung ist gerade Art. 143 GG erlassen worden, der bekanntlich zur Regulierung der Kriegs- und Kriegsfolgeschäden nicht bereitstand.

b) Entsprechende Anwendung der Rechtsprinzipien der Kriegsfolgen und Reparationsschäden?

Eine entsprechende Anwendung der Rechtsprinzipien zur Regulierung der Kriegs-, Kriegsfolgen- und Reparationsschäden auf die Problematik der Rentenüberleitung scheitert überdies an der gänzlich unterschiedlichen Zielrichtung der Problemkomplexe. Zwar ist der eine wie der andere »zukunftsgerichtet«,[34] indes ist Rentenüberleitung etwas anderes als »staatlicher Wiederaufbau«. Dessen Programm besteht darin,

- das Gesamtvolumen aller Schäden, auch der immateriellen, zu berücksichtigen;
- sich den neuen Aufgaben zu stellen, die sich aus dem Wiederaufbau in den neuen Ländern ergeben;

34 BVerfGE 41, S. 126 (151).

- bei der Einschätzung der wirtschaftlichen und finanziellen Lage des Staates und der Gewichtung der einzelnen Staatsaufgaben kommt ihm dabei ein besonders weiter Beurteilungsspielraum zu.[35]

Die Zielrichtungen der Rentenüberleitung sind ausweislich der Gesetzesbegründung qualitativ andersartige, mit den eben genannten Zielen inkompatible: Es geht darum, die Vorgaben des Einigungsvertrages zu erfüllen, ein an einheitlichen ordnungspolitischen und sozialpolitischen Grundentscheidungen orientiertes Rentenversicherungsrecht zu erreichen, die Renteniveaus unter Vermeidung von Brüchen allmählich einander anzupassen und im Vorgriff darauf laufende Leistungen abzuschmelzen.[36]

c) Gegen die Bundesrepublik neu begründete Ansprüche

Letztlich mag diese Diskussion auf sich beruhen, denn im Sinne der Rechtsprechung des BVerfG handelt es sich vorliegend um Ansprüche, die unter einer fremden Rechtsordnung entstanden und als solche in den Geltungsbereich des GG »verbracht« worden sind, und zwar mit dem Beitritt der DDR zum GG. Darüberhinaus sind sie vom Gesetzgeber gegen die Bundesrepublik Deutschland bekräftigt, jedenfalls aber erneut begründet worden.[37]

Der Einigungsvertrag hat Besitzschutzansprüche sowie den Schutz der Anwartschaften für rentennahe Jahrgänge konstituiert, die 1. und die 2. Rentenanpassungsverordnung haben dies ein weiteres Mal bestätigt.

Damit scheidet auch bei Berücksichtigung der Prinzipien zur Regulierung von Kriegsfolgen und Reparationsschäden für den Problemkomplex der Rentenüberleitung Art. 14 GG als Prüfungsmaßstab nicht aus.

III. Entfallen des Art. 14 GG als Prüfungsmaßstab aufgrund sozialversicherungsrechtlicher Ausprägungen des Grundrechts?

1. Resultate der Rechtsprechung des BVerfG

In mindestens drei Entscheidungen aus dem Bereich des Sozialversicherungsrechts hat sich das BVerfG in Anknüpfung an seine Rechtsprechung

35 BVerfGE 84, S. 90 (130 f.).
36 Gesetzentwurf der Bundesregierung vom 11.04.1991, BR-Drs. 197/91, S. 108 ff.
37 BVerfGE 41, S. 126 (150 f.).

zur Regulierung von Reparationsschäden[38] zu Art. 14 GG als Prüfungsmaßstab geäußert:
In einer Entscheidung zu § 22 Abs. 1 S.1 FRG, wonach Männern und Frauen ungleiche durchschnittliche Brutto-Jahresarbeitsverdienste zugewiesen wurden;[39] in einer Entscheidung zur Frage, ob es verfassungsgemäß war, Renten an Deutsche im Oder-Neiße-Gebiet nicht auszuzahlen;[40] schließlich in einem Beschluß, der die Frage betraf, ob es verfassungsrechtlich geboten war, eine festgestellte, aber ruhende Hinterbliebenenrente an eine in der DDR lebende Witwe ihres in der Bundesrepublik Deutschland verstorbenen Ehemannes auszuzahlen.[41]

2. *Stellungnahme*

Zusätzlich zu den hier ebenfalls einschlägigen, bereits oben unter II. angestellten Überlegungen gilt in diesem Kontext insbesondere:

a) Die Entscheidung im 43. Band ist schon deshalb nicht auf die hier zu betrachtenden Konstellationen übertragbar, weil das FRG an die in der BRD von Vergleichspersonen bezogenen Entgelte anknüpfte,[42] was §§ 10, 4 Abs. 4 AAÜG gerade nicht tun.

b) Das Urteil, das die Frage betraf, ob es geboten war, Renten an Deutsche im Oder-Neiße-Gebiet auszuzahlen,[43] steht im Kontext der Sanierung der Rentenfinanzen, erstreckt sich überdies auf nicht in der Bundesrepublik Deutschland lebende Bevölkerungsteile. Beide Aspekte, die für die Entscheidung bedeutsam waren, sind vorliegend nicht einschlägig.

c) Es bleibt die Entscheidung in Bezug auf das Ruhen von Witwenrenten für in der DDR lebende Berechtigte. Maßgebend für das Gericht war hier, daß der Anspruch von Anfang als ruhender ausgestaltet war. Überdies wird hier der Grundsatz nur noch als abstraktes Prinzip statuiert, nicht im konkreten Kontext der Entscheidung aus der Sache selbst entwickelt.[44]

38 BVerfGE 41, S. 126.
39 BVerfGE 43, S. 213.
40 BVerfGE 53, S. 164.
41 BVerfGE 71, S. 66.
42 BVerfGE 43, S. 213 (230).
43 BVerfGE 53, S. 164.
44 BVerfGE 71, S. 66 (80).

Demgegenüber ist jedoch für die Beitrittsproblematik im besonderen ein weiteres Mal auf die positiv-rechtliche Norm des Art. 143 Abs. 1 und Abs. 2 GG zu verweisen sowie schließlich darauf, daß Einigungsvertrag sowie 1. und 2. RAV die Ansprüche gegen die Bundesrepublik Deutschland konfirmiert bzw. konstituiert haben.

IV. Eigentumsschutz erst seit dem 3.10.1990?

1. Problemstellung

Ist damit geklärt, daß Art. 14 GG Prüfungsmaßstab ist, fragt sich weiter, ob die verfassungsrechtlich geschützten Eigentumstitel seit dem 3.10.1990, dem Tag des Inkrafttretens des Grundrechts, bestehen oder ob auch vorkonstitutionelle, nach Maßgabe der Rechtsordnung der DDR zustehende Eigentumstitel bei der Bestimmung des Schutzumfangs des Art. 14 GG zu berücksichtigen sind.

Bei der Definition von Inhalt und Schranken von Eigentum im allgemeinen, sozialversicherungsrechtlichen Positionen im besonderen mag nämlich auch ins Gewicht fallen, ob sie erst seit kurzem bestehen oder ob es sich um »altehrwürdige Positionen« handelt, ob also von ihrer unter Umständen schon jahrzehntelangen Existenz auszugehen ist oder nicht. Damit aber fragt sich, ob der Beurteilungszeitpunkt für Art. 14 GG der des Inkraftsetzens der Rechts- und Eigentumsordnung der Bundesrepublik Deutschland, also der 3.10.1990 ist oder ein unter Umständen davor liegender, nämlich der, zu dem der »Titel« zu den Konditionen der Rechts- und Eigentumsordnung der DDR begründet worden ist, mit anderen Worten, ob er in die Rechtsordnung der Bundesrepublik »hineinwirken« kann.[45] Spezieller fragt sich bei der Diskussion des Vertrauensschutzes, dessen Funktion durch Art. 14 GG wahrgenommen wird und dort eine eigene verfassungsrechtliche Ausgestaltung erfahren hat,[46] ob es einen auch »vorkonstitutionellen Vertrauensschutz« geben kann.[47]

45 BVerfGE 2, S. 237 (246).
46 Vgl. näher S. 133, 135, 152 ff., 157 ff.
47 Diese Frage wird im vorliegenden Abschnitt wegen des unlösbaren Zusammenhangs zu sonstigen Aspekten der Eigentumsgewährleistung mitdiskutiert.

2. *Lösungserwägungen*

a) Allgemeines

aa) Der verfassungsrechtliche Grundsatz

»Das Grundgesetz wirkt (...) nicht zurück. Es gibt also kein von den Grundrechten des Grundgesetzes geschütztes Verhalten und grundsätzlich auch keinen verfassungsrechtlichen Vertrauenstatbestand vor dem 23.5.1949 bzw. für die frühere DDR vor dem 03.10.1990.«[48]

Das BVerfG hat diesen Gundsatz im Verlaufe seiner Rechtsprechung wiederholt postuliert:

- Gegenüber einer »vorkonstitutionell« vollzogenen Grundstücksbelastung können sich Grundstückseigentümer nicht auf Art. 14 GG berufen.[49]
- Staatliche Hoheitsakte, die vor Inkrafttreten des Grundgesetzes endgültig wirksam geworden sind, können nicht rückwirkend daran gemessen werden. Bei Neuerlaß von Gesetzen nach Inkrafttreten des GG gilt seine Eigentumsgewährleistung, auch wenn diese an zurückliegende Verhältnisse anknüpft.[50]
- Auch die rechtliche Beurteilung eines statusbegründenden Vorgangs wie der Eheschließung wird durch die spätere Änderung der Rechtslage nicht berührt.[51]
- Verfahren aus vorkonstitutioneller Zeit sind nicht an Art. 101 GG zu messen.[52]
- Enteignungen in der SBZ zwischen 1945 und 1949 können schon deshalb nicht am GG gemessen werden, weil es zum Zeitpunkt dieser Maßnahmen noch gar nicht in Kraft war.[52a]

Diese Aussagen sind apodiktische, werden nicht begründet, wohl deswegen nicht, weil das Gericht sie für selbstverständlich hielt.

bb) Ausnahmen

Ausnahmen ergäben sich aus verfassungsrechtlichen Übergangsvorschriften, aber auch nach »normalem« Verfassungsrecht, das auch Rechtsfolgen

48 Pieroth, Der Rechtstaat und die Aufarbeitung der vorrechtsstaatlichen Vergangenheit, VVDStRL 51 (1992), S. 92 (101).
49 BVerfGE 2, S. 237 (246).
50 BVerfGE 17, S. 38 (50 f.).
51 BVerfGE 29, S. 166 (175 f.).
52 BVerfGE 29, S. 413 (437).
52a BVerfGE 84, S. 90 (123).

an frühere Rechtslagen knüpfen könne. So gebiete die Schutzpflicht des Staates die Anerkennung der in der DDR geschlossenen Ehen. Die »Umwertung« könne ausnahmsweise verfassungsrechtlich nicht verboten, sondern sogar verfassungsrechtlich geboten sein: Das BVerfG hat aus dem Sozialstaatsprinzip eine grundsätzliche Pflicht zum Lastenausgleich und zur Wiedergutmachung abgeleitet.[53]
Allerdings erübrigen sich verfassungsrechtliche Erwägungen, wenn schon das einfache positive Recht das Problem regelt. Dann bliebe nur noch zu fragen, ob dessen »Umwertungs«- bzw. Rückwirkungsge- oder -verbote verfassungswidrig sind.

cc) Insbesondere: Der Vertrauensschutz

Speziell beim verfassungsrechtlich verbürgten Vertrauensschutz stellt sich die Frage, ob, da das Prinzip mit Art. 14 GG erst am 3.10.1990 in Kraft getreten ist,[54] damit auch schon feststeht, daß das Vertrauen, das durch dieses Prinzip verfassungsrechtlich geschützt wird, frühestens mit diesem Datum zu »laufen« beginnen konnte oder ob der Tatbestand, an den alsdann die Rechtsfolgen des Verfassungsschutzes geknüpft sind, auch als vorkonstitutioneller denkbar ist. Dabei ist womöglich zu berücksichtigen, daß das Vertrauen der DDR-Bürger in die Institutionen der DDR, nicht in die der Bundesrepublik gewachsen ist. Daraus würde folgen, daß es ein verfassungsrechtliches Vertrauensschutzprinzip für DDR-Sachverhalte nicht gibt, es sei denn, es wäre durch verfassungsrechtliches Übergangsrecht oder einfachgesetzlich normiert.

b) Die einfachgesetzliche Lösung

aa) Bürgerlich-rechtliches Eigentum

In bezug auf Eigentum im Sinne von § 903 BGB bestimmt Art. 233 § 2 EGBGB: »Auf das am Tag des Wirksamwerdens des bei Beitritt bestehen-

53 Pieroth, a.a.O., S. 102. Weiter geht Roggemann, JZ 1990, S. 363 (372 f.): »Bundesgesetzgeber oder Bundesregierung, die durch übereilte Rechtssetzungsmaßnahmen bei Aufhebung oder Erstreckung der Geltungskraft von Rechtsnormen im Zuge der Rechtsangleichung die Position von DDR-Bürgern vermeidbar verschlechtern, würden gegen den verfassungsrechtlichen Grundsatz des Vertrauensschutzes verstoßen.«

54 Nicht berücksichtigt wird hier das Verfassungsgrundsätzegesetz der Volkskammer vom 17.06.1990, GBl. I, S. 299, das in Art. 1 bestimmte, die DDR sei ein freiheitlicher, demokratischer, föderativer, sozialer und ökologisch orientierter Rechtsstaat. Entgegenstehende Vorschriften galten seitdem nicht mehr.

den Eigentums an Sachen finden von dieser Zeit an die Vorschriften des Bürgerlichen Gesetzbuches Anwendung, soweit nicht in den nachstehenden Vorschriften etwas anderes bestimmt ist.«[55] Der EV geht also von bestehendem, nicht erst durch ihn neukonstituiertem Eigentum aus, unterwirft es lediglich einer neuen Rechtsordnung, nämlich dem BGB. »Alle im Recht der DDR anerkannten Eigentumsarten (sozialistisches Eigentum, persönliches Eigentum) lassen sich, da sie auch dem Ziel der umfassenden Zuordnung der betreffenden Sache bzw. Sachgesamtheit zu der betreffenden Person dienen, (...) dem Begriff des Eigentums im Sinne des § 903 BGB subsumieren.«[56]

bb) Sozialversicherungsrechtliche Positionen

Speziell hinsichtlich subjektiv öffentlicher Rechte, hier in bezug auf Rentenansprüche und -anwartschaften, die nicht zum Eigentum im Sinne des § 903 BGB zählen,[57] ist die Lage nicht so eindeutig:
Zunächst ist, wie dargestellt,[58] das Vermögen der Sozialversicherungsträger auf den nunmehr zuständigen Träger der Sozialversicherung und auf die Bundesrepublik Deutschland übergegangen. Da im allgemeinen nichts dafür spricht, daß dieser Vermögensübergang sich auf das Aktivvermögen beschränkte, ist auch das Passivvermögen übergegangen. Zu diesem zählten auch die in der Sozialversicherung der DDR bestehenden Rentenpositionen und -anwartschaften.
Damit geht das Vermögen aber in allen seinen vermögenswerten Aspekten, und zwar einschließlich der Zeitdauer, für die es in der DDR zustand, über, es ist folglich nicht untergegangen, mußte damit auch mit dem 3.10.1990 nicht erst neu begründet werden. EV und GG haben dies Vermögen damit so vorgefunden, wie es sich in »vorkonstitutioneller« Zeit herausgebildet hat.
Nach dem EV (Anlage II Kap. VIII Sachgebiet H Abschnitt III, 9.) waren überdies die übergegangenen Ansprüche erst zum 31.12.1991 in die Ren-

55 Vgl. auch MK - Säcker, Einigungsvertrag, Anlage I, RN 245 ff.
56 MK - Säcker, a.a.O., RN 247. Die Subsumtion wird allerdings nicht durchgeführt, sondern nur »versichert«. Und man könnte sehr wohl fragen, ob der Eigentumsbegriff des BGB auch auf ehemaliges Volkseigentum zutrifft. Die Problematik liegt eben gerade darin, daß Eigentum als rechtliche Kategorie eine - gerade auf spezifische Weise rechtlich verfaßte - Herrschafts- und Nutzungsbefugnis vermittelt. Mit Wegfall der rechtlichen Verfassung müßte dann, strenggenommen, auch Eigentum entfallen sein und durch eine an ihre Stelle tretende andersartige rechtliche Verfassung erst neu konstituiert werden.
57 MK - Säcker, § 903 BGB, RN 1.
58 Vgl. oben S. 124.

tenversicherung zu überführen, galten also für die Zeit zwischen dem Beitritt und der Überführung fort. Bis dahin waren nach dem EV die leistungsrechtlichen Regelungen der DDR weiterhin anzuwenden. Auch dies ist ein deutlicher Hinweis auf die Kontinuität der Rentenpositionen, nicht auf ihre Diskontinuität, auf den Eigentumsbruch.
Die Anpassung sollte laut EV unter Berücksichtigung der jeweiligen Beitragszahlungen erfolgen, was ein weiteres Indiz für Kontinuität, für Fortwirken alter Rechtslagen in die Ordnung des GG hinein ist. Schließlich ergibt sich auch aus der Wortwahl des EV ein deutlicher Hinweis auf Kontinuität, nicht auf Diskontinuität: Die häufige Verwendung des Begriffs der »Überführung« ist das Gegenteil von »Abbruch und Neubegründung«.
Dann folgt aber schon aus dem Wortlaut und der Teleologie des EV, daß jedenfalls bis zum Erlaß des RÜG eine »verfassungsrechtliche Umwertung«[59] nicht stattgefunden hat. Damit ist aber von den Spezifka der alten Rechtspositionen, einschließlich ihrer Anciennitäten auszugehen.
In der Zeit bis zum 31.12.1991 sind überdies unter der Rechtsordnung des GG durch EV sowie 1. und 2. RAV Besitz- und Vertrauensschutzpositionen hinzugekommen. Damit verzahnen sich Prinzipien der alten mit denen der neuen Rechtsordnung zeitlich und sachlich eng miteinander, bilden insgesamt ein Kontinuum unter Einschluß vorkonstitutioneller Lagen.

cc) Insbesondere: Der Vertrauensschutz

Die Erläuterung zum EV führt in Kapitel VII, vor Art. 30 EV aus:

> »Wo möglich und notwendig werden durch Übergangsregelungen abrupte Änderungen bei Leistungen und Strukturen vermieden, wo vertretbar, wird Vertrauensschutz in erworbene Ansprüche gewährleistet.«

Damit wird aber das vorkonstitutionelle Vertrauen in die Rechtsordnung der Bundesrepublik Deutschland hinein »mitgenommen« - nach Maßgabe konkreter einzelner »Gewährleistungen«, so wird man diese Passage des EV zu verstehen haben.
Solche konkreten Vertrauensschutzregelungen finden sich im EV in Bezug auf Zusatzversorgungssysteme an verschiedenen Stellen.[60] Auch diese sind also »mitgenommen«, transformiert worden.
Damit ergibt aber insgesamt schon die Betrachtung des einfachen Rechts,

59 Der Begriff wird mit Pieroth, a.a.O., S. 99 ff. verwendet.
60 Siehe dazu ausführlich und im einzelnen S. 37 ff.; darauf wird verwiesen.

daß der Beurteilungszeitraum für die Prüfung des Inhalt und der Schranken sozialversicherungsrechtlicher Positionen nach Art. 14 GG nicht erst mit dem 3.10.1990, sondern mit der vorkonstitutionellen Begründung der Position nach Maßgabe der Rechtsordnung der DDR beginnt. Übrigens basiert darauf auch das RÜG selbst, so etwa mit seiner Anlage 12 zu § 307 a Abs. 2, ebenso wie das AAÜG mit seinen Anlagen 3 - 6.
Dieses Vertrauen mag in anderen Regelungen des RÜG und des AAÜG frustriert worden sein. Ob und inwieweit dies verfassungsrechtlich zulässig war, wird an anderer Stelle erörtert. Die verfassungsrechtliche Abwägung wird freilich durch die Frage beeinflußt werden, die hier allein zu diskutieren war, nämlich seit welchem Zeitpunkt die Rentenposition den rechtlichen und verfassungsrechtlichen Schutz der Rechts- und Verfassungsordnung der Bundesrepublik Deutschland verdient.

V. Ergebnis

Weder Art. 135 a Abs. 2 i.V.m. 134 Abs. 4 GG noch Rechtsprinzipien in Zusammenhang mit der Regulierung der Kriegs-, Kriegsfolgen- und Reparationsschäden noch schließlich spezifische rentenversicherungsrechtliche Rechtsprinzipien stehen der Anwendung des Art. 14 GG als Prüfungsmaßstab entgegen. Der Prüfungsgegenstand unterliegt verfassungsrechtlicher Prüfung für die gesamte Zeitdauer, für die die Rentenposition zusteht, also unter Einschluß der Zeiten, die in der DDR zurückgelegt worden sind.

C. Die Prüfung des Art. 14 GG

I. Rentenansprüche und -anwartschaften als Eigentum im Sinne des Art. 14 GG im Lichte der Rechtsprechung des BVerfG

Damit Rentenansprüche und -anwartschaften dem Eigentumsschutz des Art. 14 GG unterliegen, müssen nach der Rechtsprechung des BVerfG nachstehende Kriterien erfüllt sein:

- privatnützige Zuordnung;
- die Ansprüche und Anwartschaften müssen der Existenzsicherung zu dienen bestimmt sein;
- es muß eine nicht unerhebliche Eigenleistung erbracht worden sein.[61]

Der Eigentumsschutz beruht darauf, daß die Rechtsposition durch die persönliche Arbeitsleistung des Versicherten, die vor allem in der einkommensbezogenen Eigenleistung ihren Ausdruck findet, mitbestimmt wird.[62]

Eigentumsschutz genießen nur Rechtspositionen, die bereits zustehen, nicht Chancen oder Verdienstmöglichkeiten.[63]

In Bezug auf sozialversicherungsrechtliche Positionen erschließen sich der Inhalt und die Reichweite des Eigentumsgrundrechts erst aus einer Zusammenschau von Art. 14 Abs. 1 Satz 1 mit Satz 2 GG. Das Bundesverfassungsgericht geht von einer Art ›Stufentheorie‹ aus.[64] Diese bezieht sich vor allem auf die ›Eigenleistung‹: Je höher der Anteil eigener Leistung ist, desto stärker ist der verfassungsrechtliche personale Bezug.[65]

Ob dem Anspruch bzw. der Anwartschaft eine Eigenleistung zugrunde liegt, ist daher nicht so sehr für die Frage relevant, ob es sich überhaupt um Eigentum im Sinne des Art. 14 Abs. 1 Satz 1 GG handelt, sondern vor allem dafür, inwieweit dieses nach Art. 14 Abs. 1 Satz 2 GG der Inhalts- und Schrankenbestimmung unterliegt.

Da hinsichtlich der Prüfungsgegenstände sowohl die privatnützige Zuordnung als auch die existentielle Bedeutung evident sind, ist vor allem zu erörtern, ob bzw. inwieweit den Ansprüchen und Anwartschaften auch die geforderte Eigenleistung zugrundeliegt.

Im folgenden sollen die Konturen nachgezeichnet werden, die die Rechtsprechung des BVerfG vor allem dazu erkennen läßt. Kritische Stimmen, an denen es durchaus nicht fehlt,[66] sollen nicht diskutiert oder gar zugrunde gelegt werden.

61 BVerfGE 53, S. 257 (291 f.); 58, S. 81 (112); 69, S. 272 (300 ff.); 76, S. 220 (235 ff.).
62 BVerfGE 69, S. 272 (301); 53, S. 257 (291 f.).
63 BVerfGE 68, S. 193 (222 f.).
64 Stober, SGb 1989, S. 53 (59 mwN).
65 BVerfGE 53, S. 257 (292); 58, S. 81 (112); 69, S. 272 (301); 76 , S. 220 (237).
66 ›Fehlen einer hinreichenden dogmatischen Grundlegung‹ (Katzenstein, SGb 1988, S. 177 (186)); ›nichtssagende Floskeln‹ (Stober, a.a.O., S. 59); ›Danaergeschenk‹ (Leisner, Festschrift für Obermayer, 1986, S. 64, 68); ›von einer effizienten Eigentumsgarantie kann kaum die Rede sein‹ (Bley, Sozialrecht, 6. Aufl. 1988, S. 33) usw.

II. *Insbesondere: zur Eigenleistung*

1. *Inhalt und Reichweite des Begriffs*

Leistungen müssen nicht unbedingt in Äquivalenz zum individuell geleisteten Beitrag stehen, ausreichend ist eine sog. ›Globaläquivalenz‹.[67]
Überdies ist die gesetzliche Rentenversicherung, anders als das Privatversicherungsrecht, geprägt durch soziale Gesichtspunkte, so daß es ›zahlreiche Mischtatbestände gibt, bei denen auch staatliche Gewährleistungen eine Rolle spielen‹.[68]
So hat das BVerfG eine Eigenleistung auch dann angenommen, wenn die Rentenposition überwiegend auf staatlicher Gewährung beruht.[69]
Die Entscheidung bejaht eine Eigenleistung auch für nachstehende Konstellation: Die Krankenversicherung der Rentner war bzw. ist selbst beitragsfrei; die Beiträge werden an die gesetzliche Rentenversicherung abgeführt, die ihrerseits die Krankenversicherung der Rentner finanziert. Aus der Argumentation des BVerfG ist zu schlußfolgern, daß auch indirekte Beitragsleistungen an andere Versicherungssysteme eine Eigenleistung und damit einen ›Eigentumstitel‹ gegenüber solchen Systemen begründen können, für die selbst Beiträge nicht entrichtet worden sind.
Daß Arbeitslosen-, Unterhalts- und Übergangsgeld oft weniger durch eigene und vom Arbeitgeber geleistete Beiträge, als durch die solidarisch von allen Versicherten getragenen Gesamtbeiträge aufgebracht wird, schließt die Eigenleistung nicht aus, sondern begründet vielmehr die bereits erwähnte Globaläquivalenz. Erneut wird in diesem Kontext der flexible, ja fließende Umfang des verfassungsrechtlichen Schutzes sozialrechtlicher Positionen betont, wenn ausgeführt wird, je höher der Anteil eigener Leistung sei, desto stärker trete der verfassungsrechtlich wesentliche personale Bezug hervor.[70]
Auch der Arbeitgeberanteil zum Sozialversicherungsbeitrag ist unstreitig Eigenleistung, ist Lohnbestandteil.[71]

67 BVerfGE 76, S. 220 (236).
68 Vgl. Stober, a.a.O., S. 55.
69 BVerfGE 69, S. 272 (300 f.).
70 BVerfGE 76, S. 220 (236 f.)
71 BVerfGE 69, S. 272 (302); vgl. auch Sieveking, Die Erstattung von Rentenversicherungsbeiträgen an Ausländer - Ein Beitrag zum Eigentumsschutz sozialer Rechtspositionen, 1988, S. 69-77; vgl. hinsichtlich der vom Arbeitgeber zur VBL aufgebrachten Beiträge auch BVerfGE 54, S. 11 (33).

Nach ständiger Rechtsprechung übernimmt Art. 33 Abs. 5 GG für das Beamtenverhältnis dieselbe Funktion, die ansonsten Art. 14 Abs. 1 GG zukommt. Und es ergeben sich auch die identischen Regelungen in Bezug auf Inhalt und Schranken. Art. 33 Abs. 5 GG reicht nicht weiter als 14 Abs. 1 GG.[72]

Die ›Beiträge‹ der Beamten für ihre Altersversorgung sind fiktive Beiträge, d.h. solche, die der Dienstherr durch eine geringere Bemessung der Bezüge von vornherein einbehält.[73]

Vom BVerfG offen gelassen oder noch nicht entschieden sind etwa folgende Problemkomplexe:

- Die eigentumsrechtliche Qualität von Kriegsopferversorgungsrenten. Sie ist vom BSG bejaht worden;[74]
- offen und strittig sind die Eigentumsqualität in Bezug auf Kindererziehungszeiten sowie Kindergeld;[75]
- die Eigentumsqualität von Geschiedenen-, Witwenrenten, Hinterbliebenenrenten im allgemeinen hat das BVerfG offen gelassen, jedoch betont, es handele sich dabei um Leistungen des sozialen Ausgleichs ohne eigene Beitragsleistung des Rentenempfängers.[76]

2. *Anwendung der Grundsätze des BVerfG zur Eigenleistung auf das Rentenversicherungssystem der DDR*

a) *Beitragsbezogenheit ab 01.07.1990*

Gem. § 22 Abs. 2 RAnglG waren Beitragszahlungen zu Zusatzversorgungssystemen ab 01.07.1990 einzustellen. In Bezug auf die Beitragszahlung zur Sozialversicherung galt § 40 SVG.

Nach § 24 Abs. 1 Ziff. 2 RAnglG wurde für Beitragszahlungen zur FZR oder zu zusätzlichen Versorgungssystemen bis zum 30.06.1990 eine Zusatzrente nach den Bestimmungen der FZR - VO festgesetzt. Für ›obligatorische Rechtsansprüche‹ auf zusätzliche Versorgung wurden nach derselben Bestimmung eigene Beiträge entsprechend dem Einkommen für die Zeit ab frühestens dem 01.03.1971 fingiert.

72 BVerfGE 53, S. 257 (307); zuletzt wohl 80, S. 297 (308).
73 BVerfGE 54, S. 11 (31).
74 BSG SGb 1987, S. 76; Stober, a.a.O., S. 55 f.
75 Vgl. dazu Stober, a.a.O., S. 56.
76 BVerfGE 72, S. 141 (152 f.); 76, S. 256 (301); vgl. dazu auch Stober, a.a.O., S. 57.

b) Beitragsrechtliche Aspekte von Zusatzversorgungssystemen der DDR

Diese Fiktion hatte durchaus eine reale, freilich differenziert zu betrachtende Grundlage:

aa) Nicht nur in Sonder-, sondern auch in einigen Zusatzversorgungssystemen, wie insbesondere denen des Staatsapparates, waren von den Beschäftigten eigene Beiträge zu entrichten.

bb) Wie bereits ausführlich dargestellt, wurde etwa die zusätzliche Altersversorgung der technischen Intelligenz dadurch finanziert, daß die erforderlichen Beiträge von den Betrieben, bei denen das Anstellungsverhältnis des Versorgungsberechtigten bestand, aufgebracht wurden, also aus ›Arbeitgeber‹-Beiträgen. Und im Bereich der zusätzlichen Altersversorgung der wissenschaftlichen, künstlerischen, pädagogischen und medizinischen Intelligenz verhielt es sich so, daß die staatliche Versicherung der DDR die monatlichen Rentenleistungen jeweils für ein Kalenderjahr vorzufinanzieren und zum Schluß des jeweiligen Jahres gegenüber dem Ministerium der Finanzen abzurechnen hatte. Der Staatshaushalt erstattete alsdann die von der Versicherung verauslagten finanziellen Mittel. Da die Arbeitgeber der Angehörigen dieser Teile der Intelligenz der DDR haushaltsfinanzierte Einrichtungen waren, waren die aufgewandten Finanzmittel ebenfalls Beiträge der öffentlichen bzw. staatlichen Arbeitgeber.

cc) Zahlreiche Mitglieder von Zusatzversorgungssystemen der Intelligenz, wenn auch nicht alle, insbesondere nur ein Teil der Professoren, zahlten überdies Beiträge in die FZR, und zwar entweder bis 1200 M oder bis zum tatsächlichen Verdienst. Die FZR war nicht nur eine zusätzliche Renten-, sondern eine zusätzliche Sozialversicherung, die u.a. auch Krankengeldleistungen erbrachte. Gehörten Werktätige der FZR an, erhielten sie ab der siebenten Woche der Arbeitsunfähigkeit Krankengeld (§ 26 der Verordnung zur Sozialpflichtversicherung der Arbeiter und Angestellten - SVO vom 17.11.1977).[77]

dd) Pflichtversicherung und FZR waren mit Zusatzversorgungssystemen auf mehrfache Weise verknüpft:

77 GBl. I, S. 373. Vgl. auch Püschel, Sozialversicherung der Arbeiter und Angestellten, Schriftenreihe zum Arbeitsgesetzbuch der DDR, Heft 13, 1989, S. 42 ff.

- ›Schließlich waren Teile der Zusatzversorgungssysteme mit der FZR der Sozialversicherung in der Weise verbunden, daß die Versorgungsberechtigten ermäßigte Beiträge zur FZR zahlten, Leistungen jedoch nach den (günstigeren) Regelungen der Versorgungsordnung erhielten, die wiederum aus Mitteln der FZR, also der Sozialversicherung, zu finanzieren waren.‹[78]
- ›Die Verpflichtung zur Beitragszahlung in der FZR war nicht darauf angelegt, dort zusätzliche Rentenanwartschaften (zusätzlich zur Sozialpflichtversicherungsrente) zu begründen. Vielmehr bestand das Ziel vorrangig darin, die Finanzierung der Zusatzversorgungen über die FZR und damit die Sozialversicherung abzuwickeln.‹[79]

Indem also dergestalt Beitragsleistungen zur Sozialversicherung und hier insbesondere zur FZR erbracht wurden, wurden gleichzeitig die Zusatzversorgungssysteme eben über die Sozialversicherung finanziert und abgewickelt.

ee) (1) Rekapituliert man die oben[80] referierte Entscheidung des BVerfG zur Krankenversicherung der Rentner, liegt die Parallele nahe: Auch in jener Konstellation wurden Beiträge zur KVdR nicht gezahlt, sondern vielmehr nur zur gesetzlichen Pflichtversicherung, die ihrerseits die KVdR finanzierte. In jenem Fall hat das BVerfG eine Eigenleistung als gegeben angenommen. Angesichts der engen Verzahnungen zwischen den Beitragsleistungen der in der FZR Versicherten an diese und der darüber bewirkten Finanzierung und Abwicklung der Zusatzversorgungssysteme liegt es nahe, zu demselben Ergebnis auch hier zu gelangen.

(2) Eine weitere Parallele aus der Rechtsprechung des BVerfG[81] ergibt sich, berücksichtigt man die von dem Gericht angenommenen Eigenleistungen etwa bei den Arbeitgeberbeiträgen zur Sozialversicherung, dem Arbeitslosen- oder dem Übergangsgeld. Ganz ähnlich wie bei diesen Systemen sind auch in den Zusatzversorgungen der Intelligenz selbst stets Beiträge erbracht worden, nur jeweils allein vom Arbeitgeber.

(3) Auch die Rechtsprechung zur Beamtenversorgung legt in Bezug auf die hier betrachteten Zusatzversorgungssysteme Parallelen nahe:[82]

78 Michaelis/Reimann, DAngVers 1990, S. 293 (299).
79 Reimann, DAngVers 1991, S. 281 (282).
80 Vgl. oben S. 138.
81 Vgl. oben S. 138.
82 Vgl. dazu oben S. 139.

In beiden Fällen wird, bei der Beamtenversorgung lediglich nach einer anderen Bestimmung des Grundgesetzes, die Beitragsbezogenheit anzunehmen sein: Die vom BVerfG gewählte Begründung, es handele sich in der Beamtenversorgung um fiktive Beiträge, und zwar solche, die der Dienstherr durch eine geringere Bemessung der Bezüge von vorneherein einbehalte,[83] trifft auch für die Hochschullehrerversorgung (West), soweit es sich um Beamte handelt, in vollem Umfang zu. Es ist dargestellt worden, daß auch bezüglich der Hochschullehrer der DDR dieselbe Regelungslogik galt.[84]

ff) Als Zwischenergebnis bleibt festzuhalten, daß bei einer Projizierung von Resultaten der Rechtsprechung des BVerfG einschließlich der ihr zugrundeliegenden Kontexte auf die Zusatzversorgungssysteme der Intelligenz in der ehemaligen DDR alles dafür spricht, das Kriterium der ›nicht unerheblichen Eigenleistung‹ auch vorliegend als erfüllt anzusehen.
Daß der staatliche Zuschuß zur Rentenversicherung der DDR ingesamt etwa 50 % ausmachte,[85] daß die Rechtsposition also überwiegend auf staatlicher Gewährung beruhte, ist nach der Rechtsprechung des BVerfG, wie dargestellt, ebenfalls unschädlich.
Damit bleibt zu prüfen, an welcher Stelle der gleitenden Skala zwischen personalem Bezug einerseits, sozialem Bezug andererseits die rentenversicherungsrechtliche Position aus den früheren Zusatzversorgungssystemen zu bestimmen ist.

III. Zur konkreten Reichweite der Eigentumsgarantie (Art. 14 Abs. 1 Satz 2 GG)

1. Zur ›Prüfungslogik‹ auf der Basis der Rechtsprechung des BVerfG

Bei der Prüfung der ›konkreten Reichweite‹ des Eigentumsschutzes, die sich aus der Inhalts- und Schrankenbestimmung des Grundrechts ergibt, ist der Rechtsprechung des BVerfG die folgende Prüfungslogik zu entnehmen:[86]

83 Vgl. dazu oben S. 139.
84 Vgl. oben S. 85.
85 Vgl. oben S. 21 sowie Anlagen 1 und 2 zu diesem Gutachten.
86 BVerfGE 76, S. 220 (238 ff.).

Eingriffe in eigentumsrechtlich geschützte Positionen sind nur zulässig, wenn sie durch Gründe des öffentlichen Interesses unter Berücksichtigung des Grundsatzes der Verhältnismäßigkeit gerechtfertigt sind. Das Gericht prüft dabei zunächst das Ziel der Regelung. Es erörtert unter diesem Aspekt vorwiegend die ›Funktions- und Leistungsfähigkeit‹ der Sozialversicherung. Diese gilt es zu erhalten, zu verbessern oder veränderten wirtschaftlichen Bedingungen anzupassen. Ein weiteres Ziel ist etwa die Änderung einer als ungerechtfertigt empfundenen Gesetzeslage.[87]
Unterschieden wird zwischen einem ›Totalentzug‹ einerseits, der Umgestaltung bzw. Modifikation von Ansprüchen oder Anwartschaften andererseits. Insbesondere letztere ist nach den Grundsätzen des Art. 14 Abs. 1 Satz 2 GG zu beurteilen.[88]
Bei grundsätzlichen Umgestaltungen von Rentenpositionen fällt hinsichtlich der Verhältnismäßigkeit der Regelung ins Gewicht, daß der Gesetzgeber Alternativen zur Verfügung stellt, die es erlauben, die Position grosso modo aufrecht zu erhalten.

2. Zulässige Inhalts- und Schrankenbestimmung in Bezug auf §§ 10, 4 Abs. 4 AAÜG?

a) Weite Gestaltungsfreiheit des Gesetzgebers

Zunächst ist von einer weiten Gestaltungsfreiheit des Gesetzgebers auszugehen.
Zum einen ist der personale Bezug der rentenversicherungsrechtlichen Position zwar gegeben, wie oben[89] dargestellt, jedoch steht die Position aufgrund ihrer oft doch nur vermittelten, indirekten Beitragsbezogenheit, die sie mit anderen sozialversicherungsrechtlichen Positionen teilt, in einem stärkeren Sozialbezug.
Überdies darf nicht übersehen werden, daß der Gesetzgeber, wenn sich eine Reform des geltenden Rechts als notwendig erweist, vor der Entscheidung stehen kann, bisher eingeräumte rechtliche Befugnisse zu beseitigen oder zu beschränken. Allerdings kann das Bedürfnis nach Rechtseinheit im Zuge einer Neuregelung nicht den ersatzlosen Entzug von Rechten rechtfertigen.[90]

87 BVerfGE 58, S. 81 (111).
88 BVerfGE 75, S. 79 (96 f.); vgl. auch Katzenstein, a.a.O., S. 186.
89 Vgl. S. 140 ff.
90 BVerfGE 78, S. 58 (75).

Vorliegend wird zwar das Recht aus dem Zusatzversorgungssystem entzogen, jedoch nicht ersatzlos. Dafür erhält der Renten- bzw. Anwartschaftsberechtigte eine rentenversicherungsrechtliche Position in der gesetzlichen Rentenversicherung. Überdies wird der Zahlbetragsbesitzschutz immerhin bei den in §§ 10, 4 Abs. 4 AAÜG normierten Grenzen festgeschrieben.

b) Inhalts- und Schrankenbestimmung im Interesse der Funktions- und Leistungsfähigkeit der Sozialversicherung?

Dieser Topos erscheint in zahlreichen Entscheidungen des BVerfG im Zusammenhang mit den diversen Reformbestrebungen in Bezug auf die Sozialversicherung, die regelmäßig mindestens in Detailaspekten vom BVerfG überprüft wurden. Dabei ging es stets darum, die finanzielle Leistungsfähigkeit durch Sparmaßnahmen zu erhalten bzw. zu erhöhen, was vom BVerfG alsdann unter die Inhalts- und Schrankenbestimmung des Art. 14 Abs. 1 Satz 2 GG subsumiert wurde.

aa) Aus der Rechtsprechung des BVerfG ergibt sich hierzu u.a.:
- Allenfalls wenn sich der Schluß aufdrängt, die Maßnahme sei nicht mit dem Ziel der Verbesserung der Finanzstruktur getroffen, weil der Spareffekt unwesentlich ist, könnte es an der Erforderlichkeit fehlen.[91]
- Sind die genauen Vorstellungen des Gesetzgebers nicht zu eruieren, läßt das Gericht sie passieren.[92]
- In Bezug auf die Einsparungseffekte handelt es sich um eine Prognose, der das BVerfG nicht entgegentreten kann.[93]

Was diese Prognose betrifft, kommt es auf den bei Erlaß des Gesetzes gegebenen Erkenntnisstand des Gesetzgebers an.

Nun geht es beim RÜG im allgemeinen, in Bezug auf die Zusatzversorgungssysteme im besonderen zunächst nicht um - zukunftsbezogene - Prognose, als vielmehr um vergangenheitsorientierte Analyse hinsichtlich der Grundstrukturen dieser früheren Systeme, um sie sachgerecht in die Rentenversicherung zu überführen.

Darüber hinaus führte die Bundesregierung in der zweiten Lesung des RÜG, also nicht nach Verabschiedung des Gesetzes, sondern davor, aus:

91 BVerfGE 76, S. 220 (241); Katzenstein, a.a.O., S. 185.
92 BVerfGE 58, S. 81 (118 f.); 70, S. 101 (112).
93 BVerfGE 50, S. 290 (332 f.); 76, S. 220 (240).

›Was das Geld angeht, so habe ich eine gute Nachricht: Es ist entgegen allen Unkenrufen so, daß die Rücklagen der Rentenversicherung steigen . . .‹[94]

Auch der Aspekt der Einsparungseffekte spielte, wie schon dargestellt, beim RÜG und insbesondere bei seinem Art. 3, dem AAÜG also, keine Rolle. Gleichwohl muß mit Katzenstein[95] resümiert werden, nur grundsätzliche Fragen seien der Entscheidung des BVerfG zugänglich.
Jedenfalls die vorläufige Zahlbetragskürzung ist unter gesamtwirtschaftlichen oder haushaltsmäßigen Aspekten keine solche ›grundsätzliche Frage‹: Wie andernorts dargelegt[96] belaufen sich die Aufwendungen für Zusatzversorgungen einschließlich der Fälle mit einer Rente aus der FZR in Höhe der Altersversorgung der Intelligenz 1991 auf rund 60 Mio. DM pro Monat. Durch eine Begrenzung der Gesamtleistung auf DM 1.500,- pro Monat waren Ersparnisse von monatlich 4 Mio DM, durch die Begrenzung auf DM 2.010,- solche zwischen 1 und 2 Mio DM monatlich zu erwarten. Demgegenüber beliefen sich die Rentenausgaben im Beitrittsgebiet im Juni 1991 auf 2,5 Milliarden DM. Daß das Individuum von einer solchen vorläufigen Zahlbetragsbegrenzung u.U. hart getroffen wird, ist für die Kategorie der ›Finanz- und Leistungsfähigkeit der Sozialversicherung‹ irrelevant, stellt jedenfalls insoweit keine ›grundsätzliche Frage‹ dar, die unter dem Aspekt der Geeignetheit und Erforderlichkeit diskussionsfähig wäre.

bb) Berücksichtigt man diese minimalen Spareffekte, ist generell zu erörtern, ob das Regelungsziel des Gesetzgebers überhaupt auf die Funktions- und Leistungsfähigkeit der Sozialversicherung im Sinne ihrer vorwiegend finanziellen Aspekte gerichtet war:
Die Begründung zum ursprünglichen Gesetzentwurf der Bundesregierung vom 11.04.1991 ist andernorts[97] dargestellt und gewürdigt worden. Sie soll erneut im Lichte der nunmehr anzustellenden Prüfung betrachtet werden:
Zum einen werde bei der Rentenberechnung unabhängig von der Beitragszahlung das jeweilige Einkommen zugrundegelegt, allerdings nur in begrenztem Umfang, um - nun erneut den Vorgaben des Einigungsvertrages folgend - überhöhte Anwartschaften abzubauen, und darüber hinaus wür-

94 So der Bundesminister für Arbeit und Sozialordnung, Blüm, laut Stenographischem Bericht der 35. Sitzung des Bundestages vom 21.06.1991, S. 2958.
95 A.a.O., S. 185.
96 Vgl. S. 111 f.
97 Vgl. z.B. S. 46, 104, 110 ff.

den durch die Regelung des § 10 AAÜG im Vorgriff auf die Ergebnisse, die sich aus der Überführung der individuell erworbenen Ansprüche und Anwartschaften ergeben würden, Zusatzversorgungssysteme mit Wirkung vom 01.08.1991 begrenzt.
Es zeigt sich also, daß es dem Gesetz nicht um Aspekte der Funktions- und Leistungsfähigkeit der Rentenversicherung als Bezugspunkt der Inhalts- und Schrankenbestimmung (Art. 14 Abs. 1 S.2 GG) geht, sondern um die - modifizierte - Erfüllung der Vorgaben des Einigungsvertrages und um eine Art von durch §§ 10, 4 Abs. 4 AAÜG vorweggenommener Teilüberführung der individuell erworbenen Ansprüche und Anwartschaften in die Rentenversicherung im Wege der Leistungseinschränkung.[98]
Diese Ziele des Gesetzes beziehen sich folglich nicht auf den verfassungsrechtlichen Topos der Funktions- und Leistungsfähigkeit der Rentenversicherung, dieser ist nicht tangiert.

c) Inhalts- und Schrankenbestimmung im Kontext der Änderung einer als ungerechtfertigt empfundenen Gesetzeslage?

aa) ›Anlaß‹ für die gesetzliche Regelung in §§ 10, 4 Abs. 4 AAÜG könnte ›nach der Begründung des Regierungsentwurfs‹[99] jedoch die Änderung einer als ungerechtfertigt empfundenen Gesetzeslage sein. Der Gesetzgeber könnte ›in Abwägung zwischen Leistungen an Versicherte und Belastungen der Solidargemeinschaft vor allem jene Positionen verkürzt haben, die Ausdruck besonderer Vergünstigungen sind.‹[100]
Es ist jedoch zweifelhaft, ob die beiden Entscheidungen vom Ansatz her für die vorliegende Konstellation einschlägig sind, wird doch der Topos von der ›Änderung einer als ungerechtfertigt empfundenen Gesetzeslage‹ in beiden Fällen nur deswegen verwendet, weil ebenfalls die Funktions- und Leistungsfähigkeit der Sozialversicherung auf dem Spiel stand, ein Aspekt, der, wie soeben dargelegt, im vorliegenden Kontext ersichtlich irrelevant ist.

98 BR-Drs. 197/91 vom 11.04.1991, S. 113.
99 Vgl. BVerfGE 76, S. 220 (239).
100 BVerfGE 58, S. 81 (111); das Bundesverfassungsgericht scheint immerhin die Überprüfung an der Realität zulassen zu wollen, ob solche ›besonderen Vergünstigungen‹ tatsächlich vorgelegen haben, wenn es, a.a.O., fortfährt: ›Ob allerdings die hier betroffenen Ausbildungs- Ausfallzeiten solche ‹besonderen Vergünstigungen‹ enthielten, die eine Einschränkung dieser vor anderen Positionen rechtfertigt, bedarf hier keiner Entscheidung.‹

bb) Man wird indes davon auszugehen haben, daß auf der Basis des Verständnisses des BVerfG auch die für sich verfolgte Änderung einer als ungerechtfertigt empfundenen Gesetzeslage ein Regelungsziel im öffentlichen Interesse konstituiert, folglich zulässige Inhalts- und Schrankenbestimmung gem. Art. 14 Abs. 1 Satz 2 GG sein kann.

(1) Die Ermittlung eines derartigen Regelungsziels fällt freilich angesichts der ebenso lakonisch kurzen wie dunklen Gesetzesbegründung, auf die bereits wiederholt rekurriert worden ist, die sich schließlich noch auf einen Entwurf bezieht, der erheblich geändert worden ist, schwer. Als ›völlig unvertretbar‹ bzw. ›nicht nur sozialpolitisch unvertretbar‹ bezeichnet die Gesetzesbegründung die Folge, die bei Beibehaltung der Besitzschutzregelung des Einigungsvertrages eintreten würde. Zu zahlen bzw. neu zu bewilligen wären danach nämlich Leistungen bis zum Mehrfachen der Höchstrente aus der Rentenversicherung vor allem auch bei Personen, die unter den politischen Rahmenbedingungen der ehemaligen DDR in hohe und höchste Positionen aufsteigen konnten und deren Versorgungsansprüche sich teilweise ausschließlich auf Ministerratsbeschlüsse - ohne Rechtsgrundlage in der jeweiligen Versorgungsordnung - stützen würden.[101]

(2) Es fragt sich also, ganz auf der Linie der Argumentation des BVerfG, ob tatsächlich ›besondere Vergünstigungen‹ vorlagen, so daß der Gesetzgeber die Gesetzeslage als ungerecht empfinden konnte.
Es gab Personen, die Zahlbeträge bis zum Mehrfachen der Höchstrente aus der Rentenversicherung bezogen, einige konnten in der DDR auch in hohe oder höchste Positionen aufsteigen, und schließlich gab es auch Versorgungsansprüche, die sich ausschließlich auf Ministerratsbeschlüsse stützten. Wie die ›in der Zwischenzeit durchgeführte Bestandsaufnahme der Zusatz- und Sonderversorgungssysteme‹[102] ergeben hat, waren aber nicht nur die Beträge wesentlich geringer als ursprünglich in der Öffentlichkeit angenommen, vielmehr handelte es sich vor allem um einen verschwindend geringen Personenkreis, der nicht höher als mit 20 anzusetzen sein dürfte.
Überdies wäre dann wohl, ganz der Gesetzesbegründung folgend, zu prüfen, um welche bzw. wieviele Personen es sich handelte, denen der Ministerrat ohne Rechtsgrundlage in der jeweiligen Versorgungsordnung eine hohe Versorgung gewährte.

101 BR-Drs 197/91 vom 11.04.1991, S. 113.
102 BR-Drs., ebd.; vgl. dazu auch die Anlagen 6 bis 8 dieses Gutachtens sowie oben S. 25.

Die in Anlage 8 dieses Gutachtens beigefügte »Bestandsaufnahme« des BMA[103] nennt unter der Rubrik »Rechtliche Grundlagen« einmal 20 Mitarbeiter der Akademie der Wissenschaften[104] und einmal 30 bzw. 50 medizinische Hochschulkader,[105] mithin 100 Fälle, in denen durch Ministerratsbeschluß ohne Rechtsgrundlage in der Versorgungsordnung die Begrenzung auf 800 M aufgehoben worden ist. Damit wäre die Änderung der als ungerecht empfundenen Rechtslage aber auch nur für diese »quantité négligeable« angezeigt, nicht indes für alle Empfänger von Zusatzversorgungen oberhalb von 2010,- DM.

d) Sozialbezug im Kontext der sozialversicherungsrechtlichen Position?

»Dem Gesetzgeber ist es jedenfalls verwehrt, in rentenrechtliche Positionen mit Regelungszielen einzugreifen, die weder zum Versicherungsverhältnis noch zur gesetzlichen Rentenversicherung insgesamt einen sachlichen Bezug haben und die sogar mit deren im Kern durch die Verknüpfung von Beitrag und Rente definierten Grundprinzipien inkompatibel sind. Bei Art. 14 GG geht es keineswegs um den allgemeinen Bezug des Bürgers zum Gemeinwesen, sondern um die spezifische Sozialbindung des Eigentums. Deshalb hat die Rechtsprechung des BVerfG zum Eigentumsschutz von Rentenansprüchen und Rentenanwartschaften auch nicht auf den Sozialbezug des Rentners oder des Versicherten abgestellt, sondern auf den sozialen Bezug und die soziale Funktion rentenversicherungsrechtlicher Positionen. An einem solchen Bezug fehlt es hier. Anknüpfungspunkt der pauschalen Kürzung ist offensichtlich allein der Sozialbezug des Berechtigten bzw. seine besondere Staats- oder Systemnähe, nicht die soziale Funktion seiner rentenrechtlichen Position.«[106]
Ruland bezieht sich vor allem auf den Entwurf zu § 6 AAÜG, nicht auf den verabschiedeten § 10, der nicht nur von geringerer Eingriffstiefe ist, sondern dem auch die neuartige Kategorie der »Staatsnähe« jedenfalls nicht so klar anhaftet wie § 6.
Indes offenbart die Entwurfsbegründung, daß es auch insoweit um eine Regelung geht, deren Ziel dem Rentenversicherungsrecht nicht »vertraut« ist: Betroffen sind Personen in »hohen und höchsten Funktionen« unter »politischen Rahmenbedingungen der ehemaligen DDR«. Auch dies hat mit dem

103 Vgl. BR-Drs., a.a.O., S. 113.
104 Anlage 8 dieses Gutachtens.
105 Anlage 8.
106 Ruland, Stellungnahme zu Art. 3 RUG-E und zu Art. 4 RÜG-E, v. 3.6.1991 (unveröff.), S. 4 f.

Sozialbezug der rentenrechtlichen Position wenig oder nichts gemein und ist eher als »Staatsnähe im weiteren Sinn« bzw. als »Systemnähe« zu deuten. Dann aber sind Rulands Erwägungen auch hier relevant. Sie verdienen Zustimmung.

e) *Schlußfolgerung*

Schon das sich aus der Entwurfsbegründung ergebende Regelungsziel ist, verfassungsrechtlich betrachtet, dubios:

- Es ist dem Sozialbezug der rentenversicherungsrechtlichen Position i.S. des Art. 14 GG wenn nicht »feindlich«, so doch jedenfalls »fremd« (oben d));
- deutet man es als »Beseitigung einer als ungerechtfertigt empfundenen Gesetzeslage«, ist die Regelung überschießend (oben c)).

Da sich eine Verfassungswidrigkeit danach aber jedenfalls nicht aufdrängt, sind die übrigen Stufen der Prüfung des Art. 14 GG zu durchlaufen, nämlich die Unzumutbarkeit sowie der rechtsstaatliche Vertrauensschutz, der für vermögenswerte Positionen in Art. 14 GG eine eigene Ausprägung erfahren hat.[107]

3. *Zur Unzumutbarkeit*

a) *Konturen in der Rechtsprechung des BVerfG*

Die Zumutbarkeit ist Facette bei der Konkretisierung von Inhalt und Umfang rentenversicherungsrechtlicher Positionen als Eigentum im Sinne von Art. 14 Abs. 1 GG. Die anzustellende konkrete Abwägung hat sich ebenfalls an den beiden Polen des personalen Bezugs des Anteils eigener Leistung des Versicherten hier, des sozialen Bezugs dort zu orientieren.[108]
Der Eingriff in eine zugunsten des Versicherten bestehende Position muß in einem angemessenen Verhältnis zu dem mit dem Eingriff verfolgten Zweck stehen, die schutzwürdigen Interessen der Beteiligten müssen in einen gerechten Ausgleich und ein ausgewogenes Verhältnis gebracht werden.[109]

107 BVerfGE 53, S. 257 (309); 58, S. 81 (120 f.); 70, S. 101 (114 f.); 63, S. 152; 75, S. 104 f.; 76, S. 220 (244 ff.) usw.
108 BVerfGE 53, S. 257 (293).
109 BVerfGE 52, S. 1 (29); 58, S. 81 (114).

Aus dem Grundsatz der Verhältnismäßigkeit folgt auch ein Verbot übermäßiger Sanktionen.[110] Das Gericht diskutiert hier Aspekte wie etwa »schwerwiegende Eingriffe«, »erhebliche Einbußen«, »nicht unerhebliche Kürzungen« usw.[111] Es wägt dabei durchweg die Schwere des Eingriffs in die Rechtsposition mit der Zielsetzung der angegriffenen Regelung ab.[112]
Das Haushaltsbegleitgesetz 1984 machte Erwerbsunfähigkeits- und Berufsunfähigkeitsrenten rückwirkend von bestimmten Wartezeiten abhängig. Durch Fortzahlung von Beträgen konnte aber die Anwartschaft aufrecht erhalten werden. Nach dem BVerfG[113] war dies für die dadurch Betroffenen wesentlich einschneidender als andere gesetzliche Eingriffe, die bisher unter dem Gesichtspunkt des Eigentumsschutzes vom Bundesverfassungsgericht geprüft und unbeanstandet geblieben waren. Für die verfassungsrechtliche Prüfung fiel ins Gewicht, daß die Rechtsposition aufrecht erhalten werden konnte. Auch konnten die Versicherten ihr Risiko in einem anderen Versorgungssystem absichern.
Da das Bundesverfassungsgericht selbst diese Fallkonstellation als den schärfsten Eingriff bezeichnet, den es an Art. 14 GG zu messen hatte, erscheint es als ein sinnvolles heuristisches Verfahren, die dort angestellte Abwägung in Relation zur vorliegend zu betrachtenden Problematik der §§ 10, 4 Abs. 4 AAÜG zu setzen. Ergibt sich dabei, daß der durch das AAÜG vorgenommene Eingriff schwerer ist als die Regelung zur rückwirkenden Verlängerung von Anwartschaftszeiten, folgt aber daraus die Unzumutbarkeit der Regelung noch nicht gleichsam »von selbst«. Vielmehr bedarf es dann ggf. noch weiterer, konkreter Einzelfallabwägungen.

b) Zur Unzumutbarkeit der Kürzung von Zahlbeträgen und Anwartschaften gem. §§ 10, 4 Abs. 4 AAÜG

aa) In beiden Konstellationen - d.h. sowohl derjenigen, die der Entscheidung im 75. Band zugrunde lag wie in der hier zu erörternden - geht es zunächst um Anwartschaften (vgl. § 4 Abs. 4 Satz 1 AAÜG). Vor allem bezieht sich die vorläufige Zahlbetragsbegrenzung jedoch auf Rentenansprüche. Der Eingriff im Falle des AAÜG ist bezüglich der Ansprüche wesentlich fühlbarer als der in die Anwartschaften, der jener Entscheidung zugrunde lag.

110 BVerfGE 74, S. 203 (214).
111 BVerfGE 58, S. 81 (114 ff.); 71, S. 1 (13); 74, S. 203 (215); 76, S. 220 (242 f.).
112 BVerfGE 58, S. 81 (115).
113 BVerfGE 75, S. 78 (98).

Dort hebt das BVerfG auf den virtuellen Entzug einer Invaliditätssicherung ab, die durch eigene, oft erhebliche Beitragsleistungen erworden wurde. An diesen fehlt es andererseits jedenfalls zum Teil bei den Ansprüchen aus Zusatzversorgungssystemen.
Mitentscheidend für die Verfassungsmäßigkeit jener Regelung war jedoch für das Gericht die Möglichkeit zur Aufrechterhaltung der Anwartschaft durch monatliche Leistung eines Mindestbeitrags, der überdies nur für verhältnismäßig kurze Zeit zu leisten war.[114]
Eine ähnliche Alternativlösung sieht das AAÜG weder für die rentennahen Anwartschaftsberechtigten, geschweige denn für die Renten- bzw. Versorgungsempfänger vor.
Insgesamt betrachtet stellt sich der Eingriff gem. §§ 10, 4 Abs. 4 AAÜG daher als wesentlich schärfer dar als die Regelung, die das BVerfG selbst als die bisher einschneidendste bezeichnet hat.

bb) Setzt man nun im Rahmen der Verhältnismäßigkeitsprüfung das Ziel in Relation zu den zu seiner Verwirklichung eingesetzten Mitteln, ist ein weiteres Mal zu betonen, daß Zahlbetrags- und Anwartschaftsbegrenzung, wenn nicht direkt ad personam, so doch an die berufliche bzw. politische Funktion des Berechtigten anknüpfen. Insoweit sind Ziel und Mittel durchaus kongruent, und insofern ist schon die Zielbestimmung weder durch Grundstrukturen der Rentenversicherung, die von ihrer »Wertneutralität« ausgehen,[115] noch vom Eigentumszuschnitt der sozialversicherungsrechtlichen Position her[116] gerechtfertigt. Es liegt jenseits beider Aspekte, Personen rentenversicherungsrechtlichen Sanktionen zu unterwerfen, die in der DDR in hohe und höchste Positionen aufstiegen, also »Systemträger« waren. Dafür mögen andere Sanktionsinstrumente zur Verfügung stehen wie Arbeits- oder Strafrecht, nicht aber das Sozialversicherungsrecht.

cc) Überdies schießt jedoch das Mittel weit über das Ziel hinaus. Werden doch durch §§ 10, 4 Abs. 4 AAÜG Personen, die in hohe und höchste Funktionen aufsteigen konnten und deren Versorgungsansprüche sich teilweise ausschließlich auf Ministerratsbeschlüsse - ohne Rechtsgrundlage in der jeweiligen Versorgungsordnung - stützten, bezogen auf die Summe der Angehörigen ehemaliger Zusatzversorgungssysteme nur zu verschwindend geringem Teil von der Zahlbetragsbegrenzung betroffen. Für den allergröß-

114 BVerfGE 75, S. 78 (103 f.).
115 Dazu ausführlich Hase, DRV 1988, S. 436.
116 Dazu Ruland, a.a.O..

ten Teil der Betroffenen verhielt es sich dagegen so, daß ihre Ansprüche und Anwartschaften eine Rechtsgrundlage in der jeweiligen Versorgungsordnung hatten und daß sich ihre Versorgungsansprüche darauf und nicht auf Ministerratsbeschlüsse stützten. Es handelt sich dabei durchweg um ›normale‹ Hochschullehrer bzw. Angehörige anderer Zusatzversorgungssysteme der Intelligenz. Auch waren sie weder in hohe geschweige denn höchste Funktionen aufgestiegen. Gleichwohl werden auch sie so behandelt, als zählten sie zu diesem inkriminierten Personenkreis.
Nimmt man alle Aspekte zusammen, die bisher unbekannte Schärfe des Eingriffs mit der Systemfremdheit und dem Überschießen der Regelung, so erweist sie sich für diese Personen als unzumutbar.

4. Vertrauensschutz und Übergangsregelungen

a) Der Grundsatz im allgemeinen

Der Grundsatz hat für vermögenswerte Positionen in Art. 14 GG eine eigene Ausprägung erfahren.[117] Das Grundrecht erfüllt daher die Funktion des Vertrauensschutzes.[118] Der Vertrauensschutz geht über den allgemeinen Vertrauensschutz, den das Rechtsstaatsprinzip beinhaltet, hinaus.[119] Der Grundsatz kann in besonderen Lagen auch eine Übergangsregelung als geboten erscheinen lassen.[120]

b) Die »schonende Übergangsregelung«

Was den besonderen Gesichtspunkt der »schonenden Übergangsregelung« angeht, ist in den §§ 10, 4 Abs. 4 AAÜG genau das Gegenteil geschehen, nämlich eine einschneidende Regelung bereits im Vorgriff auf das Inkrafttreten des RÜG.
Das Ziel dieser »Vorgriffs-«Regelung erschließt sich aus der Begründung

117 BVerfGE 31, S. 275 (293); 36, S. 281 (293); 76, S. 220 (244).
118 BVerfGE 53, S. 257 (309).
119 BVerfGE 58, S. 81 (120 f.); 70, S. 101 (114 f.); aus der Literatur vgl. nur von Brünneck, JZ 1990, S. 992 (995); allgemein Pieroth, JZ 1990, S. 279 (281 f.) sowie Jarass/Pieroth, GG. Kommentar, 2. Auflage 1992, Art. 20, RN 53, wonach der Vertrauensschutz im Bereich des Art. 14 den rechtsstaatlichen Grundsätzen bei der unechten Rückwirkung vorgeht; allein oder doch primär sei Art. 14 anzuwenden.
120 BVerfGE 71, S. 364 (397); vgl. auch 58, S. 81 (125; 126; 131 ff.; 135 f.); 64, S. 87 (106); 71, S. 1 (20); 76, S. 256 (290).

zum ursprünglichen Gesetzentwurf vom 11.4.1991 und ist bereits mehrfach zitiert worden.[121] Wenn der Gesetzgeber die Beibehaltung der Besitzschutzregelung des Einigungsvertrages für »sozialpolitisch unvertretbar«, gar für »völlig unvertretbar« hielt, kam in der Tat eine Übergangsregelung nicht in Betracht, vielmehr mußte genau das Gegenteil getan werden. Ziel und Mittel sind insoweit kongruent.
Allerdings ist zu berücksichtigen, daß die Regelung sofort in Kraft getreten, den Betroffenen folglich keinerlei Möglichkeit zu ergänzenden oder alternativen Dispositionen in Bezug auf ihre Altersversorgung eingeräumt worden ist.[122] Andererseits betont das BVerfG in einer weiteren Entscheidung, daß der Versuch einer schonenden Übergangsregelung mit dem Ziel der gesetzlichen Regelung kollidieren würde, nämlich die Rentenanpassung hinauszuschieben und zu strecken.[123]
Gleichwohl ist nicht einzusehen, warum den Beziehern höherer Versorgungen bzw. Inhabern entsprechender Anwartschaften gem. §§ 10, 4 Abs. 4 AAÜG keine Frist für eine alternative, vergleichbare Versorgungsregelung eingeräumt worden ist. Zu bestimmen, wie diese hätte aussehen können, wäre allein Sache des Gesetzgebers.
Schon das Fehlen einer Übergangsregelung macht §§ 10, 4 Abs. 4 AAÜG daher verfassungsrechtlich fragwürdig. Um die Zweifel auszuräumen oder zu verstärken, soll daher das Vertrauensschutzprinzip als Bestandteil des Art. 14 GG im allgemeinen angesprochen werden:

c) Vertrauensschutzprinzip

Voraussetzung wäre, daß ein Vertrauenstatbestand geschaffen worden und daß das Vertrauen überdies schutzwürdig wäre:

aa) Das unter bereits vergehender Souveränität der DDR und entstehender Souveränität der Bundesrepublik Deutschland erlassene RAnglG vom 28.6.1990 sah in § 21 Abs. 1 einen vollen Zahlbetragsbesitzschutz vor. Hinsichtlich der Beitragsbezogenheit wurde mit § 24 Abs. 1 Nr. 2 RAnglG hinsichtlich der Überführung in die Rentenversicherung Ähnliches normiert.
Der Einigungsvertrag enthält in Anlage II Kap. VIII Sachgebiet H Abschn. III, 9. einen geradezu kategorischen Besitzschutz in Bezug auf den Betrag,

121 Vgl. oben S. 46.
122 Zu diesem Aspekt vgl. z.B. BVerfGE 70, S. 101 (114 f.).
123 BVerfGE 64, S. 87 (106).

der sich für die Zeit nach der Rentenangleichung, also ab 1.7.1990 ergab. Auch die Anwartschaft war entsprechend geschützt. Der Gesetzgeber des Einigungsvertragsgesetzes bestätigte also die Prinzipien des RAnglG in vollem Umfang.
Die erste und zweite Rentenanpassungsverordnung vom 14.12.1990 und vom 19.6.1991, letztere also zwei Tage vor Verabschiedung des RÜG und damit des AAÜG, bestätigten u.a. unter Bezugnahme auf die eben zitierte Quelle des Einigungsvertrages den Zahlbetragsbesitzschutz hinsichtlich der Renten zwei weitere Male. Dementsprechend wurden jeweils Rentenbescheide erlassen.
Innerhalb eines Zeitraumes von einem Jahr kurz vor, mit bzw. nach Inkrafttreten des GG wurden also den Empfängern von Zusatzversorgungen von drei verschiedenen Normgebern (Volkskammer, Bundesregierung, Einigungsvertrags-Gesetzgeber) viermal der Besitzschutz in Bezug auf den zuletzt bezogenen Zahlbetrag bzw. ihre Anwartschaft bestätigt. Es dürfte nur wenige vergleichbare Fälle geben, in denen derart häufig Leistungen in einem so kurzen Zeitraum staatlicherseits stets erneut bekräftigt worden sind. Dadurch ist ein Vertrauen der Empfänger solcher Leistungen und Inhaber derartiger Anwartschaften geschaffen worden, das nur einen Monat nach der letzten »Bekräftigung« freilich frustriert wurde, indem die Zahlbeträge teilweise drastisch reduziert wurden. Dieses Vertrauen besteht nicht erst seit dem 3.10.1990, wäre folglich nicht erst seitdem schutzwürdig, vielmehr seit Entstehen der Rentenposition in der DDR, wie erörtert.[124]

bb) Es fragt sich lediglich, ob das erst geschaffene und mehrfach bekräftigte, danach frustrierte Vertrauen schutzwürdig war. Auch bei dieser Prüfung rekurriert das BVerfG öfter auf Grundsätze der Verhältnismäßigkeit, die auch hier erneut in Bezug genommen werden sollen: Es ist bereits ausgeführt worden,[125] daß die Regelung als im doppelten Sinne unverhältnismäßig erscheint: Zum einen schießt sie über das Ziel hinaus, ist also nicht erforderlich, zum anderen ist sie auch unzumutbar. Und auch das Ziel selbst ist kaum kompatibel sowohl mit Grundstrukturen des Rentenversicherungsrechts, seiner »Systemneutralität«, als auch mit dem Inhalt des Art. 14 Abs. 1 GG, insofern als nämlich Anknüpfungspunkt nicht die rentenversicherungsrechtliche Position, sondern die Person oder die politische Funktion des Inhabers des sozialversicherungsrechtlichen Anspruchs bzw. der Anwartschaft als »Systemerhalter«, seine »Systemnähe« also, ist.

124 Vgl. oben S. 131 ff.
125 Vgl. oben S. 150 ff.

Überdies ist den Betroffenen keine Chance eingeräumt worden, durch eigenes Handeln eine ähnliche Position wieder aufzubauen wie die, die sie zuvor innegehabt hatten. Schließlich scheidet praktisch auch jeder Rückgriff auf alternative Möglichkeiten zur Alterssicherung aus.

IV. Ergebnis

Damit überschreiten die Regelungen der §§ 10, 4 Abs. 4 AAÜG auch unter Zugrundelegung eines sehr weiten Gestaltungsspielraums des Gesetzgebers, den er in Anbetracht der Neuregelung eines gesamten Rechtsgebiets ohne Zweifel hat, die Grenzen des Art. 14 Abs. 1 GG. Es liegt eine Abweichung vom Grundgesetz vor.

V. Zu Art. 143 Abs. 1 und 2 GG

1. Unzulässigkeit der Abweichung nach dem 31.12.1992

Art. 143 Abs. 1 GG gestattet eine Abweichung längstens bis zum 31.12. 1992. Für die Zeit danach wird die Abweichung verfassungswidrig.[126]

2. Rechtfertigung der Abweichung bis zum 31.12.1992?

Das BVerfG fragt in diesem Kontext danach, ob eine Abweichung vom Grundgesetz als Folge unterschiedlicher Verhältnisse in beiden Teilen Deutschlands gerechtfertigt ist bzw. auch in Anbetracht dessen ohne weiteres vermieden werden konnte.[127]
Es ist nicht nachvollziehbar, warum es in Anbetracht der unterschiedlichen Verhältnisse in beiden Teilen der Bundesrepublik Deutschland einer vorläufigen Zahlbetragsbegrenzung gemäß §§ 10, 4 Abs. 4 AAÜG mit Wirkung vom 1.8.1991 bedurft hat. Das Rentenversicherungsrecht im »Westen« ist

126 Vgl. auch die Ausführungen zu Art. 3 Abs. 1 GG, S. 112 f.
127 BVerfGE 84, S. 133 (145; 156).

wertneutral, warum sollte es im Osten »wertgeladen« sein dürfen? Das Rentenversicherungsrecht der alten Bundesländer knüpft ebenso wie das RÜG an die rentenversicherungsrechtliche Position an, welchen Bezug sollten unterschiedliche Verhältnisse in beiden Teilen darauf haben, daß dies für einen geringen Ausschnitt aus der Gesamtheit rentenversicherungsrechtlicher Positionen in den neuen Bundesländern nicht der Fall sein dürfte?
Art. 143 Abs. 1 und Abs. 2 GG steht mithin der vollen Anwendbarkeit des Art. 14 GG nicht entgegen. Die geprüften Regelungen sind also auch schon vor dem 31.12.1992 verfassungswidrig.

D. Verletzung des Art. 14 Abs. 1 GG wegen Überschreitens der Änderungsgrenzen des Einigungsvertrages?

I. Problemstellung

§§ 10, 4 Abs. 4 AAÜG haben den Zahlbetragsbesitzschutz sowie den Besitzschutz in Bezug auf die Versorgungs- bzw. Rentenanwartschaft des Einigungsvertrages (Anlage II, Kap. VIII, Sachgebiet H, Abschnitt III, 9. b)) derogiert, wie ausführlich dargestellt. Wären diese Bestimmungen des Einigungsvertrages änderungsfest, könnten die mit Wirkung vom 1.8.1991 vorgenommenen Kürzungen Art. 14 Abs. 1 GG unter einem weiteren Gesichtspunkt verletzen. Wie bereits erörtert, hat das BVerfG in ständiger Rechtsprechung dem rechtsstaatlichen Grundsatz des Vertrauensschutzes für die vermögenswerten Güter im Eigentumsgrundrecht eine eigene verfassungsrechtliche Ordnung zugewiesen mit der Folge, daß nur dieses Grundrecht einschlägig ist.[128]
Die verfassungsrechtlich entscheidende Frage ist also die, ob und wenn ja inwieweit die Besitzschutzregelung des Einigungsvertrages in Bezug auf die Zahlungsansprüche und die Anwartschaften änderungsfest oder im Gegenteil abdingbar war:

128 Vgl. z.B. BVerfGE 75, S. 78 (104 f.); 76, S. 220 (244 f.).

II. Zur begrenzten Änderbarkeit von Anlage II, Kap. VIII, Sachgebiet H, Abschnitt III, 9. b), Sätze 3 und 4 Einigungsvertrag

1. Zu Art. 45 Abs. 2 EV

a) Nach Art. 45 Abs. 2 EV bleibt der Vertrag nach Wirksamwerden des Beitritts als Bundesrecht geltendes Recht. Die Denkschrift führt hierzu u.a. aus:

> ›Damit ist zugleich klargestellt, daß das hierdurch geschaffene Bundesrecht durch den Bundesgesetzgeber geändert werden kann.‹

Die Änderbarkeit des auf dem Einigungsvertrag beruhenden Bundesrechts mag so selbstverständlich sein wie die jeden anderen Bundesrechts. Wenn die fragliche Passage des EV ›fortgeltendes Recht der ehemaligen DDR‹ und kein ›übergeleitetes Bundesrecht‹[129] ist, ändert dies nichts, abgesehen davon, daß jedenfalls die Regelungen der 1. und 2. RAV Bundesrecht sind: Der Einigungsvertrag ist ein Übergangsvertrag. Das darauf beruhende Bundesrecht muß offen sein für die Bewältigung der gravierenden Anpassungsprobleme in den neuen Ländern wie auch in der gesamten Bundesrepublik Deutschland, die erst im Zuge des weiteren Einigungsprozesses sich stellen. Eine Versteinerung der Verhältnisse will der Einigungsvertrag nicht. Dies ergibt sich überdies aus der Überlegung, daß bekanntlich auch das schon bestehende Bundesrecht, das durch den Einigungsvertrag auf das Beitrittsgebiet erstreckt worden ist, geändert werden kann.

Auch bei völkerrechtlichen Verträgen ist offenbar unstreitig, daß sie nach ihrer Inkraftsetzung als innerstaatliches Recht änderbar sind. Das spätere ebenso wie das speziellere innerstaatliche Gesetz gehen nach allgemeinen Regeln vor. Eine Abweichung von dem völkerrechtlichen Vertrag tangiert die innerstaatliche Geltung nicht.[130] Hinzu kommt, daß der eine Vertragspartner durch Beitritt zu dem anderen untergegangen ist, sich ihm subsumiert hat. – Letzteres läßt freilich auch den Schluß zu, daß gerade in einem

129 Denkschrift zu Art. 4, Nr. 5 EV.

130 Vgl. Maunz/Dürig/Herzog/Scholz, a.a.O., Art. 25, RN 29; Schmidt-Bleibtreu/Klein, Kommentar zum Grundgesetz, 1990, Art. 59, RN 13; Alternativkommentar, Bd. 1, 2. Aufl. 1989, Art. 24 Abs. 3, RN 25; Partsch, Die Anwendung des Völkerrechts im innerstaatlichen Recht. Berichte der Deutschen Gesellschaft für Völkerrecht, H. 6/1964, S. 95 usw.

solchen Fall das Vertrauen des Vertragspartners auf die Beständigkeit vertraglich vereinbarter Konditionen, zu denen er seine Existenz aufgegeben hat, besonders stark geschützt sein muß, was im Allgemeinen gegen die Änderbarkeit spräche.[131]
Ist daher die Rechtslage im allgemeinen relativ klar, fragt sich gleichwohl, ob der Einigungsvertrag im Besonderen bzw. einige Bestimmungen im Einzelnen anderes ergeben und ob darin alsdann eine - explizite oder auch implizite - »Derogation der Derogation« (d.h. der lex-posterior- bzw. lex-specialis-Regeln) liegt.

b) Einen Hinweis auf eine gewisse Bestandskraft der Regelungen des EV gibt schon sein Art. 44, eine Vorschrift, die wenig Sinn machen würde, stünde der EV zur freien Disposition. Wozu sollte eine Prozeßstandschaft eingeräumt werden, wenn ihr keine materiellrechtliche Rechtsnorm von wenigstens gewisser ›Bestandskraft‹ korrespondierte? Zum einen ist aber in bezug auf den hier interessierenden Kontext die Einleitung eines Verfahrens seitens eines der neuen Länder gem. § 39 SGG nicht bekannt, zum anderen ließe sich mit gleich guten Gründen die Auffassung vertreten, daß Art. 44 EV eben nur ein prozessuales Institut schaffen wollte, ohne damit etwas über das materielle Recht auszusagen. Es bedarf deshalb weiterer Überlegungen:

c) Aus Art. 45 Abs. 2 EV selbst folgt, daß der Änderbarkeit Grenzen gesetzt sind. In der Denkschrift heißt es hierzu:

> »Der Gesetzgeber hat dabei allerdings die im Vertrag vorgesehenen Regelungen zu beachten, durch die besondere Rechte auf Dauer garantiert werden (vgl. Art. 41 Abs. 3) oder durch die im Interesse einer schrittweisen Anpassung der unterschiedlichen Verhältnisse besondere Fristen vereinbart worden sind.«

Die Denkschrift unterscheidet also zwei Fälle:
- Besondere Regelungen im Vertrag, durch die bestimmte Rechte auf Dauer garantiert werden; die Denkschrift verweist dazu explizit auf Art. 41 Abs. 3 EV;
- neben der explizit eingegangenen Selbstbindung des Gesetzgebers hinsichtlich der offenen Vermögensfragen gem. Art. 41 Abs. 3 EV hat der Gesetzgeber auch die Vereinbarung besonderer Fristen im Interesse ei-

131 So explizit SG Berlin, Urt. v. 18.3.1992 - 8 Z - An 125/91 - (unveröff.). Diese interessante Überlegung soll indes im folgenden nicht vertieft oder weiter verfolgt werden.

ner schrittweisen Anpassung der unterschiedlichen Verhältnisse zu beachten.
Eine solche schrittweise Anpassung enthält bereits Art. 30 Abs. 5 EV, indem er auf die - nur schrittweise zu realisierende - Angleichung der Löhne und Gehälter und die damit im Gleichschritt zu erfolgende Angleichung der Renten verweist. Daran sollen auch die aus Zusatzversorgungssystemen herrührenden Ansprüche und Anwartschaften teilnehmen, die in die Rentenversicherung überführt werden.
Dies wird in Ziff. 9 der Anlage II, Kap. VIII, Sachgebiet H, Abschn. III zum Einigungsvertrag in Bezug auf den Zahlbetragsbesitzschutz bestätigt. Dort sind u.a. auch Modalitäten für die Anpassung hinsichtlich der Rentenansprüche sowie der Rentenanwartschaften normiert. Auch insoweit ist eine Schrittfolge vereinbart worden, nämlich zum 31.12.1991 und von diesem Datum auf den 01.01.1992. Darin ist zugleich die Vereinbarung besonderer Fristen zu sehen.
Diese Schrittfolge war bei Abschluß des Einigungsvertrages bereits im Blick. Sie wurde durch die späteren Regelungen in der 1. und 2. RAV insofern bestätigt, als dort ebenso wie im EV keine Erhöhung der Rentenansprüche und -anwartschaften aus Zusatz- und Sonderversorgungssystemen wie bei den übrigen Renten erfolgte, wohl aber ein explizit oder implizit gewährter Zahlbetragsbesitzschutz.
Es liegt also ein Fall von ›im Vertrag vorgesehenen Regelungen‹ i.S. von Art. 45 EV vor, die ›zu beachten‹ sind. Da diese Formulierung der Denkschrift im Kontrast zu der zuvor eingeräumten Möglichkeit der Änderbarkeit steht, folgt daraus zwar kein Änderungsverbot, zumindest aber ihre Beschränkung, etwa durch Übergangsregelungen, die jedoch das RÜG, wie dargestellt, nicht vorsieht.
Dies folgt weiter aus dem Begriff des »Beachtens« i.S. der Denkschrift zu Art. 45 EV: Erneut lohnt ein Blick auf die Judikatur des BVerfG, um ihn näher zu bestimmen. Zu Art. 33 Abs. 5 GG differenziert des Gericht in ständiger Rechtsprechung zwischen »Berücksichtigung« und »Beachtung«.[132]
Der Begriff des »Beachtens« meint danach, daß alles Recht die unter Art. 45 EV, Denkschrift, letzter Teil zu verstehenden Regelungen »zu seinem Kernpunkt haben muß«.[133]
Die Aufhebung des vom EV verbürgten Zahlbetragsbesitzschutzes durch §§ 10, 4 Abs. 4 AAÜG ignoriert diese Regelung, sie ist nicht ihr »Kernpunkt«.

132 BVerfGE 71, S. 255 (268) sowie 62, S. 374 (383).
133 In Anlehnung an eine Formulierung bei Maunz/Dürig/Herzog/Scholz, a.a.O., Art. 33, RN 58.

Nach allgemeinen Kollisionsregeln wäre dies freilich irrelevant: Wenn Art. 45 Einigungsvertragsgesetz ebenso einfaches Bundesrecht ist wie §§ 10, 4 Abs. 4 AAÜG, derogiert das spätere AAÜG eben jenes Gesetz. Im vorliegenden Fall ist allerdings, wie ausführlich diskutiert, Art. 14 GG und das ihm inhärente Prinzip des Vertrauensschutzes tangiert und auch verletzt. Art. 45 EV ist nichts anderes als eine einfachgesetzliche Positivierung von Teilaspekten des Prinzips.
Daraus folgt zugleich, daß Art. 14 GG implizit die allgemeinen Prinzipien zur Lösung von Kollisionen einschränkt. Nichts anderes ist der Sinn von Vertrauensschutz in Art. 14 GG. Vertrauensschutz muß stets zur begrenzten Änderbarkeit einfachen Rechts (hier: der Besitzschutz-Regelungen des EV und der beiden Rentenanpassungsverordnungen) führen. Denn: würde stets das spätere Gesetz dem früheren vorgehen, gäbe es keinen Vertrauensschutz, da - eine triviale Aussage - dieser bekanntlich gerade auf der früheren, günstigeren Regelung beruht.
Die abrupte und drastische Kürzung nach §§ 10, 4 Abs. 4 AAÜG beachtet die besonderen Fristen im Interesse der schrittweisen Anpassung der Verhältnisse nicht, ignoriert sie vielmehr. Die Rechtsfolge ist, daß jedenfalls ohne Anpassungs- und Übergangsregeln und -fristen §§ 10, 4 Abs. 4 AAÜG vor Art. 45 EV und damit vor Art. 14 Abs. 1 GG nicht bestehen können.

2. *Möglichkeiten zur Anpassung aus völkerrechtlichen bzw. staatsrechtlichen Grundsätzen?*

Eine Verletzung des Einigungsvertrages würde freilich dann ausscheiden, wenn entweder die Geschäftsgrundlage entfallen oder die clausula rebus sic stantibus gegeben wäre.

a) Zum Wegfall der Geschäftsgrundlage

Voraussetzung dafür ist nach der Rechtsprechung des BVerfG, ›daß die Vertragsparteien übereinstimmend zur Grundlage ihrer Abrede das Fortbestehen eines bestimmten Tatbestandes gemacht haben und davon ausgegangen sind, die gemeinsam ins Auge gefaßte künftige Änderung dieses Tatbestandes als Grund für die Beendigung der Vereinbarung anzusehen.‹[134]

134 BVerfGE 34, S. 217 (229 f.) in bezug auf die Stadt Coburg.

Dafür, daß die Vertragsparteien des Einigungsvertrages dies zugrundegelegt haben, ist nichts ersichtlich und nichts vorgetragen.

b) Die clausula rebus sic stantibus

Laut BVerfG ist diese Klausel nur anwendbar, ›wenn sich die Verhältnisse, die im Zeitpunkt des Vertragsschlusses bestanden haben, mittlerweile grundlegend geändert haben und angesichts dieser Veränderung das Festhalten am Vertrag oder an einer Einzelvereinbarung innerhalb des Vertrages für den Verpflichteten unzumutbar geworden ist.‹[135]
Die mehrfach zitierte Begründung der Bundesregierung zum Entwurf des RÜG zeigt, daß die in der Zwischenzeit durchgeführte Bestandsaufnahme der Zusatz- und Sonderversorgungssysteme neue *Erkenntnisse* erbracht hat, die *Verhältnisse,* wie sie im Zeitpunkt des Vertragsschlusses bestanden haben, haben sich aber auch ausweislich dieser Begründung nicht geändert.
Für die Anwendbarkeit der clausula ist darüberhinaus das Verhalten der Bundesregierung nach Abschluß des Einigungsvertrages relevant. Die seit spätestens Januar 1991 der Bundesregierung bekannten Statistiken belegen, daß die Zahl der Personen, die Leistungen ›bis zum Mehrfachen der Höchstrente aus der RV‹[136] erhielten, verschwindend gering ist. Danach bezogen ganze 16 Personen Renten aus Zusatz- oder Sonderversorgungssystemen zwischen DM 4.000,- bis unter DM 7.000,- und eine Person lag schließlich in ihrer Versorgung zwischen DM 7.000,- und DM 8.000,-. Es ist nicht nachvollziehbar, inwiefern diese wenigen Einzelfälle zu ›nicht sachgerechten und zu nicht nur sozialpolitisch unvertretbaren Ergebnissen ›insgesamt führen‹ müßten.[137]
Die Durchschnittsleistungen lagen Ende 1990 bei DM 400,-, im Januar 1991 bei DM 237,- pro Monat. Die Begründung der Bundesregierung für die Regelungen im RÜG wird durch die ihr spätestens seit Januar 1991 bekannten Statistiken nicht getragen.
Darüber hinaus hat auch die Darstellung der weiteren Entwicklung nach der 1. und 2. RAV ergeben, daß noch bis zum 31.07.1991 der Zahlbetragsschutz aus allen vorangegangenen, bereits dargestellten Regelungen aufrecht erhalten worden ist.

135 BVerfGE, a.a.O., S. 230 f.; vgl. auch BVerfGE 42, S. 345 (358 ff.) in Bezug auf die Bestandsgarantie für das Amtsgericht Bad Pyrmont.
136 Begründung Gesetzentwurf, a.a.O., S. 113, vgl. o.S. 46.
137 Begründung, a.a.O.

3. Ergebnis

Die Regelungen des Einigungsvertrages zum Zahlbetrags- und Anwartschaftsbesitzschutz stehen nur eingeschränkt, nur unter Beachtung des Art. 14 GG innewohnenden Vertrauensschutzes, zur Disposition des Gesetzgebers. Auch ist weder Raum für den Wegfall der Geschäftsgrundlage noch für die Anwendung der clausula rebus sic stantibus. Folglich durften im RÜG keine strikt hiervon abweichenden Regelungen geschaffen werden. Der EV bzw. das Einigungsvertragsgesetz sind insoweit eingeschränkt änderungsfest, auch wenn sie gem. Art. 45 Abs. 2 als Bundesrecht an sich auf derselben Ebene der Normhierarchie angesiedelt sind wie das RÜG und sogar noch vor diesem erlassen worden sind. §§ 10, 4 Abs. 4 AAÜG überschreiten die Schranken der Änderbarkeit gem. Art. 45 EV, sind insoweit inkompatibel mit Art. 14 Abs. 1 GG.

E. Verletzung des Art. 14 GG durch zu niedrige Bestimmung der Anhebungsfaktoren nach § 307 b SGB VI i. V.m. Anlage 17 RÜG?

Der Prüfungsgegenstand ist ausführlich präzisiert,[138] der Prüfungsmaßstab des Art. 14 GG ist entwickelt worden.[139] Dabei ist der Sozialbezug nach Art. 14 Abs. 1 Satz 2 GG in der nun zu beurteilenden Konstellation der Transformation einer Rentenposition der DDR in die Rechtsordnung der BRD noch stärker, noch ausgeprägter, als im Falle der Umgestaltung, Einschränkung usw. bereits zustehender rentenversicherungsrechtlicher Positionen, die u.U. seit langem nach der Rechtsordnung der BRD zur Verfügung stehen.[140]

In diesem Kontext liegt es nahe, die Determinanten, die den Sozialbezug der Rentenposition prägen, also Generationenvertrag, Finanzierung aus staatlichen Zuschüssen, Volkseinkommen, gesamtwirtschaftliche Belange usw.[141] näher zu betrachten. Damit ist vor allem auf die mittlerweile immer offener zutage tretenden ökonomischen Probleme in Ostdeutschland einzugehen. Was diese anbetrifft, können nur die neuesten ökonomischen Erhe-

138 Vgl. oben S. 116 ff.
139 Vgl. oben S. 122 ff.
140 Vgl. oben S. 119 f.
141 Vgl. oben S. 142 ff.

bungen und Analysen zitiert werden - die sich freilich zum Zeitpunkt einer Entscheidung des BVerfG anders, mithin auch wesentlich optimistischer darstellen könnten.[142]

I. Zusammenfassung einiger aktueller ökonomischer Indikatoren für die neuen Länder

1. Wachstum und Konjunktur

»Im Vergleich zu 1989 ist das Bruttoinlandsprodukt in Ostdeutschland von knapp 277 Milliarden DM auf 153,6 Milliarden DM gesunken (zu Preisen vom 2. Halbjahr 1990) - das entspricht einem Rückgang von real 45,5 Prozent. Das reale Bruttosozialprodukt ist im gleichen Zeitraum um 40,8 Prozent geschrumpft. Das Bruttosozialprodukt betrug 1991 in Ostdeutschland 7,4 Prozent des westdeutschen. Das DIW gibt das Bruttoinlandsprodukt mit knapp 6 Prozent des westdeutschen an, das Bruttoinlandsprodukt je Erwerbstätigen beträgt mit 21.000 DM nur etwa ein Viertel des westdeutschen von 85.000 DM je Erwerbstätigen.
Diese Ergebnisse kommen einer Sensation gleich und lassen alle Daten, die bisher von den Wirtschaftsforschungsinstituten als Schätzungen und Prognosen vorgelegt wurden, zur Makulatur werden: Im Herbst 1990 prognostizierten die Institute für 1991 einen nominalen Rückgang des Bruttosozialprodukts von 5 Prozent und einen realen Rückgang von 10 Prozent. Das Bruttoinlandsprodukt sollte nominal um 8 Prozent fallen. Noch am 24. Oktober 1991 sahen sich die Institute in ihrem Herbstgutachten 1991 von der realen Entwicklung weitgehend bestätigt: Sie schätzten den nominalen Rückgang des Bruttosozialprodukts in Übereinstimmung mit ihrer Prognose auf 5 Prozent. Sie gestanden lediglich ein, daß der reale Rückgang des Bruttosozialprodukts mit 20 Prozent doppelt so hoch wie erwartet aus-

142 Die folgende Darstellung mit Stand vom Mai 1992 stützt sich im wesentlichen auf die bisher vorliegenden fünf Berichte des DIW und IfW, die auf einem Forschungsauftrag des Bundesministers für Wirtschaft mit dem Titel »Gesamtwirtschaftliche und unternehmerische Anpassungsprozesse in Ostdeutschland« beruhen; vgl. DIW, Wochenberichte 12/91, 24/91, 39 - 40/91, 51 - 52/91 sowie 12 - 13/92; vgl. auch 7/92; vgl. weiter Statistisches Bundesamt, Volkswirtschaftliche Gesamtrechnung, Fachserie 18, Reihe 1.1, Konten und Standardtabellen 1991. Erste Ergebnisse der Sozialproduktsrechnung, 1992; Hans-Böckler-Stiftung, Weiter in der Talsohle. Wirtschaftsbulletin Ost-Deutschland, 2/92. Nach den Zusammenfassungen der aktuellen ökonomischen Forschungen in diesem Wirtschaftsbulletin wird im folgenden im wesentlichen zitiert.

fiel. Tatsächlich ist das Bruttosozialprodukt mit 30,6 Prozent mehr als dreimal so stark gefallen wie prognostiziert - und immerhin auch noch mehr als 10 Prozent zurückgegangen als noch zwei Monate vor Jahresende geschätzt. Die gleichen Relationen gelten für das Bruttoinlandsprodukt. Angesichts dieser Relationen kann man mit Fug und Recht von der größten Fehlprognose der deutschen Nachkriegszeit sprechen.«[143]

2. *Zum Strukturwandel*

Hier lautet das Fazit der Hans-Böckler-Stiftung:
»Etwa zwei Drittel der volkswirtschaftlichen Leistung werden vom Staat, den Dienstleistungsunternehmen und dem Verkehrs- und Handelssektor erbracht - alles Branchen, die direkt oder indirekt von den öffentlichen Transferleistungen aus Westdeutschland anhängig sind. Sie befriedigen die lokale und regionale Nachfrage nach Gütern und Dienstleistungen. Das produzierende Gewerbe umfaßt nicht mehr als ein Drittel der Bruttowertschöpfung, und auch davon sind viele Bereiche wie die Energie- und Wasserversorgung und die Bauwirtschaft unmittelbar von der staatlichen Nachfrage abhängig. Auf das Verarbeitende Gewerbe entfällt dagegen nur etwa ein Drittel der Bruttowertschöpfung, auf die Industrie deutlich unter zwanzig Prozent. In Ostdeutschland wird kaum noch produziert.
Ohne leistungsfähige Produktion können auch die Bereiche des tertiären Sektors (Dienstleistungen im weiteren Sinne) nicht unbegrenzt wachsen: Die Bruttowertschöpfung des Handels- und Verkehrssektors ist von mehr als 16 Milliarden im ersten Quartal 1990 auf weniger als 8 Milliarden DM zurückgegangen.«[144]

3. *Außenhandel*

»Ostdeutschland exportierte 1991 nur Waren im Wert von 18 Milliarden DM, das sind 52,8 Prozent weniger als im Vorjahr (38,1 Milliarden DM). Auch die Importe Ostdeutschlands haben sich um 50,7 Prozent von 22,9 Milliarden DM auf 11,3 Milliarden DM verringert. Der Exportüberschuß sank von 15,2 auf 6,7 Milliarden DM.

143 Hans-Böckler-Stiftung, a.a.O., S. 5 f.
144 Hans-Böckler-Stiftung, a.a.O., S. 15.

Der dramatische Einbruch des Außenhandels in Ostdeutschland ist auf den Osteuropa-Handel, insbesondere mit der Sowjetunion zurückzuführen.«[145]

4. Realeinkommen

»Durch massive Preissenkungen im Vorfeld der Währungsunion waren die ostdeutschen Realeinkommen jedoch im ersten Halbjahr 1990 gegenüber 1989 um 16,7 Prozent gestiegen. Im ersten Halbjahr 1991 fällt der Rückgang der Realeinkommen mit 6,7 Prozent deshalb besonders stark aus, obwohl sich gegenüber 1989 immer noch ein Zuwachs von 8,9 Prozent ergibt. Trotz der methodischen Unterschiede der Einkommenstatistik ist das Bild der ifo-Untersuchung und des Statistischen Bundesamtes insgesamt recht eindeutig: Wenn man die Einkommensverluste aus Arbeitslosigkeit, Kurzarbeit und anderen Formen der Erwerbslosigkeit in Ostdeutschland berücksichtigt, sind die Realeinkommen 1991 gegenüber dem Vorjahr spürbar gefallen. Gegenüber 1989 sind jedoch nach wie vor deutliche Realeinkommenszuwächse zu verzeichnen.
Im Durchschnitt sind die Realeinkommen 1991 gegenüber 1990 in Ostdeutschland wegen des starken Beschäftigungsabbaus gesunken.«[146]

II. Verfassungsrechtliche Konsequenzen

a) Ökonomische Schlußfolgerungen oder Reformforderungen aus diesen aktuellen Befunden abzuleiten liegt außerhalb der Funktion und der Kompetenz einer verfassungsrechtlichen Betrachtung. Sie muß vielmehr von diesen Daten ausgehen, daraus ggf. verfassungsrechtliche Konsequenzen ziehen. Es macht auch keinen Sinn, Versatzstücke aus dieser wirtschaftspolitischen Analyse zu diskutieren, etwa dergestalt, der Staat möge eine so geartete Industrie- und Wirtschaftspolitik betreiben, habe sie gar von Verfassungs wegen zu betreiben, habe so umzuverteilen, daß jedenfalls Rentenansprüche und -anwartschaften in Ostdeutschland davon nicht tangiert werden.

145 Ebd. S. 16.
146 Ebd. S. 21 f.

b) Anders als bei der vorläufigen Anspruchs- und Anwartschaftsbegrenzung gem. §§ 10, 4 Abs. 4 AAÜG, deren Einsparungseffekte, gesamtwirtschaftlich betrachtet, gleich Null sind,[147] sind die gesamtwirtschaftlichen Effekte der konkreten Bestimmung der Anhebungsfaktoren nach § 307 b SGB VI iVm Anlage 17 RÜG nicht bekannt. Sie sind auch gegenwärtig kaum zu ermitteln, weil, anders als dort, die Alternative nicht feststeht.

c) Es läßt sich aber derzeit auch nicht belegen, inwieweit durch die aktuellen ökonomischen Tendenzen die »Funktions- und Leistungsfähigkeit des Systems der gesetzlichen Rentenversicherung«[148] tangiert ist. Anläßlich der Verabschiedung des RÜG konnte der Bundesminister für Arbeit und Sozialordnung, Blüm, immerhin verkünden, daß die Einnahmen der gesetzlichen Rentenversicherung stiegen.[149] Seit Juni 1991 haben sich jedoch, wie dargelegt, die ökonomischen Rahmenbedingungen drastisch verschlechtert bzw. die damaligen Fehlprognosen sind offensichtlich geworden. Gleichwohl sind die Auswirkungen auf die gesetzliche Rentenversicherung nicht bekannt.
Ebensowenig bekannt ist aber der umgekehrte Wirkungszusammenhang: Nämlich inwieweit sich eine Erhöhung der Anhebungsfaktoren laut RÜG, Anlage 17, etwa auf ein Niveau, welches gewährleisten würde, daß am Ende des Angleichungsprozesses ein gleich hoher Zahlbetrag für die ehemaligen Mitglieder der Zusatzversorgungssysteme der Intelligenz stehen würde wie der, der westdeutschen »Vergleichsgruppen« zufließt,[150] sich auf die referierten aktuellen ökonomischen Indikatoren auswirken würde.
Alle sozialpolitischen und ökonomischen Schlußfolgerungen aus der ökonomischen Analyse sind zur Zeit spekulativ. Sie beruhen ihrerseits auf einem spekulativen ökonomischen Fundament, welches überdies, wie gesehen, durch Fehlprognosen gekennzeichnet ist und sich schließlich binnen kurzer Zeit weiter verändern kann und wird.
Unter diesen Voraussetzungen sind nur sehr vorsichtige und allgemeine verfassungsrechtliche Aussagen zur Konkretisierung des Schutzbereichs des Art. 14 GG im hier zu untersuchenden Kontext möglich:

d) Die Stabilisierung der Finanzentwicklung der Rentenversicherung liegt im öffentlichen Interesse.[151] Dabei kommt dem Gesetzgeber eine noch wei-

147 Vgl. oben S. 111; 145 f.
148 BVerfGE 53, S. 257 (293).
149 Vgl. oben S. 145.
150 Vgl. dazu ausführlich S. 68 ff.
151 BVerfGE 75, S. 78 (98).

tere Gestaltungsfreiheit zur Bestimmung des Inhalts der rentenversicherungsrechtlichen Position zu als im allgemeinen schon. In casu wird eine rentenversicherungsrechtliche Position nicht entzogen, sondern, im Gegenteil durch die Rechtsordnung der BRD erstmals reguliert, wenn sie auch auf Verbürgungen der Rechts- und Staatsordnung der DDR beruht, und wenn auch die Anhebungsfaktoren so niedrig sind, daß jedenfalls für höhere Rentenansprüche eine tatsächliche Rentenerhöhung auf lange Zeit ausbleiben wird. Zugunsten der rentenversicherungsrechtlichen Positionen, die hier betrachtet werden, fällt immerhin auch der in § 307 b SGB VI normierte, wenn auch bescheidene aktuelle Zahlbetrags-Besitzschutz ins Gewicht.
Insgesamt ergibt damit die Abwägung vor allem auch in Anbetracht des ganz erheblichen gesetzgeberischen Spielraums, der höher ist als bei der verfassungsrechtlichen Inhaltsbestimmung rentenversicherungsrechtlicher Positionen im übrigen, daß der Sozialbezug der Renten vorliegend deutlich überwiegt. Vorbehaltlich einer zuverlässigeren wirtschaftspolitischen Datenbasis kann damit eine Verletzung des Art. 14 Abs. 1 GG durch die niedrige Bestimmung der Anhebungsfaktoren derzeit nicht angenommen werden.

F. Zusammenfassung des Dritten Teils: Art. 14 Abs. 1 GG

Prüfungsgegenstände sind die vorläufige Begrenzung der Zahlbeträge und Anwartschaften gem. §§ 10, 4 Abs. 4 AAÜG mit Wirkung ab 1.8.1991 sowie eine zu niedrige Umwertung der Ansprüche, nicht dagegen die Reduzierung auf das Durchschnittsentgelt oder die Anknüpfung an das Arbeitsentgelt als Bezugspunkt der Umwertung.
Art. 14 GG ist Prüfungsmaßstab. Der Gesetzgeber hat von seiner ihm durch Art. 135 a Abs. 2 GG eingeräumten Befugnis, Verbindlichkeiten nicht zu erfüllen, weder im EV noch im RÜG Gebrauch gemacht. Art. 14 GG entfällt auch nicht aufgrund entsprechender Anwendung der Prinzipien zur Regulierung der Kriegs- und Kriegsfolgeschäden noch kraft Erstrekkung dieser Grundsätze auf das Sozialversicherungsrecht.
Das Grundrecht und der ihm innewohnende Vertrauensschutz hat ungeachtet fehlender »Rückwirkung« im Allgemeinen die rentenversicherungsrechtlichen Positionen nicht erst seit dem Datum des Inkraftsetzens des GG (dem 3.10.1990) zu berücksichtigen, vielmehr fallen in seinen Schutzbe-

reich auch die Verbürgungen der Rentenposition zu den Konditionen der Rechtsordnung der DDR.
Bei uneingeschränkter Anwendbarkeit des Art. 14 Abs. 1 GG kommt es für die Anwendung vor allem auf die Eigenleistung an.
Unter Heranziehung von Rechtsprechung des BVerfG und Parallelisierung zu den von dem Gericht entschiedenen Fällen liegt die für Art. 14 GG erforderliche Eigenleistung bzw. Beitragsbezogenheit hinsichtlich der Zusatzversorgungssysteme der Intelligenz vor. Gleichwohl besteht im Spannungsverhältnis zwischen personalem und Sozialbezug eine deutliche Prävalenz des Sozialbezugs.
Bei der Bestimmung, inwieweit der Prüfungsgegenstand zulässiger Inhalts- und Schrankenbestimmung unterlag, kommt es allerdings konkret nicht auf die Funktions- und Leistungsfähigkeit der Sozialversicherung an: Um sie geht es dem Gesetzgeber vorliegend nicht. Ebenso wenig geht es ihm um die Beseitigung einer als ungerechtfertigt empfundenen Gesetzeslage, durfte es ihm zumindest nicht so gehen wie geschehen: Zum einen ist Anknüpfungspunkt der gesetzlichen Regelung auch bei §§ 10, 4 Abs. 4 AAÜG tatsächlich nicht die (rentenversicherungsrechtliche) Position, sondern die Person bzw. deren politische Funktion, ihre »Systemnähe«. Zum anderen hätten sich die Kürzungen dann aber auf die Personen beschränken müssen, in bezug auf die die Gesetzeslage tatsächlich als ungerechtfertigt empfunden werden konnte und hätten nicht undifferenziert alle Bezieher von Zahlbeträgen über 2010,- DM treffen dürfen.
Im Lichte der Rechtsprechung des BVerfG zu Art. 14 GG waren die Kürzungen auch unzumutbar.
Schließlich fehlt es an der gebotenen schonenden Übergangsregelung, und ein schutzwürdiges Vertrauen in die Bestandskraft der Zusagen, den Zahlbetrag besitzgeschützt zu belassen, ist frustriert worden. Diese Zusagen waren innerhalb eines Jahres von drei verschiedenen Normgebern insgesamt viermal - explizit oder implizit - bekräftigt worden, zuletzt zwei Tage vor Verabschiedung des RÜG. Das »vorkonstitutionelle« Vertrauen ist auch sub Art. 14 GG schutzwürdig.
Auch in Anbetracht des sehr weiten Gestaltungsspielraums des Gesetzgebers liegt damit eine Abweichung von Art. 14 Abs. 1 GG vor. Diese wird schon jetzt durch Art. 143 GG nicht gestattet.
Schließlich wird das Art. 14 GG inhärente Vertrauensschutzprinzip auch dadurch verletzt, daß die relativen Schranken der Änderbarkeit des EV bzw. Einigungsvertragsgesetzes gem. Art. 45 überschritten sind. Wie bei jedem völkerrechtlichen Vertrag unterliegen auch die in innerstaatliches Recht transformierten Regelungen des EV der Änderung durch den Gesetz-

geber - vorbehaltlich der von diesem gesetzten Vertrauenstatbestände, die in Art. 14 GG ihre eigene verfassungsrechtliche Ausprägung erhalten. Dieses Prinzip ist verletzt, damit zugleich Art. 14 Abs. 1 GG.
Verletzt damit die vorläufige Begrenzung der Zahlbeträge und Anwartschaften nach §§ 10, 4 Abs. 4 AAÜG Art. 14 GG, so gilt dies jedenfalls auf Basis der zur Zeit bekannten ökonomischen und sozialen Probleme des Einigungsprozesses nicht für eine zu niedrige Umwertung der Ansprüche nach § 307 b i.V.m. Anlage 17 SGB VI. Dabei handelt es sich nicht um eine Frage der Rentenanpassung in der Zukunft, folglich mag deren Eigentumsschutz dahinstehen. Vielmehr unterliegt die gesetzlich bereits geschaffene Grundlage für die Anpassung dem Art. 14 GG. Jedoch ist der Sozialbezug hier noch weiter als im Allgemeinen, da der Gesetzgeber nicht selbst Rentenpositionen geschaffen hat (und nunmehr umgestaltet), sie vielmehr, von einer andersartigen Rechts- und Gesellschaftsordung gewährt, vorfindet. Im Rahmen des Sozialbezugs kommt es auch auf gesamtwirtschaftliche Probleme an, die sich gerade als wesentlich dramatischer erwiesen haben als prognostiziert - auch wenn Auswirkungen auf das System der Rentenversicherung gegenwärtig nicht feststehen. Diese führen jedenfalls momentan dazu, daß bei einer Gesamtabwägung eine Verletzung des Art. 14 GG ausscheidet.

Schlußbetrachtung

1. Die Untersuchung hat ergeben:

- Rentner und Angehörige rentennaher Jahrgänge aus den Zusatzversorgungssystemen der Intelligenz werden dadurch, wie ihre Ansprüche und Anwartschaften und dadurch, daß diese bloß in die Rentenversicherung überführt werden, vielfach benachteiligt:
  - Gegenüber vergleichbaren jüngeren Beschäftigten in den neuen Ländern scheidet die Beamten- oder auch die Angestelltenversorgung aus, obwohl diese aktuell darauf nicht so angewiesen sind wie Rentner und rentennahe Jahrgänge.
  - Gegenüber vergleichbaren Personengruppen in den alten Ländern werden sie auch bei Abschluß des Angleichungsprozesses auf Zahlbeträge verwiesen, die nicht mehr als 40 % bis 50 % derjenigen jener Gruppen erreichen werden. Rentner, die nicht Mitglieder in einem Zusatzversorgungssystem waren, werden indes eine gleichhohe gesetzliche Rente erhalten wie ihre westlichen ›Pendants‹.
- Die konsequente Durchführung der Einkommensbezogenheit rentenversicherungsrechtlicher Positionen perpetuiert Einkommensverzicht, den die Sozialpolitik der DDR der ›Intelligenz‹ zugemutet, ihnen dafür jedoch eine komfortable Alterssicherung versprochen hatte. Diese Erwartung frustriert das RÜG, mehr:
- Die Art und Weise der Beitragsbezogenheit im RÜG benachteiligt frühere Angehörige der Zusatzversorgungssysteme gegenüber Nichtmitgliedern:
  - Die neu berechnete Rente, der Ausgangspunkt der Dynamisierung, beträgt für ›Durchschnittsrentner‹ (Ost) ca. DM 950,-, für solche mit FZR etwa DM 1.400,- und ist für Angehörige der Zusatzversorgungssysteme der Intelligenz auf DM 1.000,- bis DM 1.200,- nivelliert. Deswegen wird auch der seit 30.06.1990 bestehende Besitzschutz - seitdem sind die Zahlbeträge der Empfänger von Zusatzversorgungen mit Ausnahme von sehr niedrigen Leistungen nicht mehr erhöht worden - noch auf längere Zeit relevant sein. Gleiches gilt von dem auf DM 2.010,- gekappten Besitzschutz, auf den Empfänger von Versorgungen zwischen ca. DM 2.500 und DM 3.500,- seit dem 01.08.1991 verwiesen sind - womit sich die Kaufkraft ihrer Altersversorgung z.T. halbiert hat. Die

Lebensstandardsicherungsfunktion der Alterssicherung wird damit verfehlt.

- Bei all dem ignoriert das Gesetz, daß auch die Zusatzversorgungssysteme der Intelligenz beitragsorientiert waren.

- Härter als die früheren Mitglieder der Zusatzversorgungssysteme der Intelligenz sind nur ›staatsnahe‹ Personen und Angehörige des MfS betroffen.

- Es hat sich schließlich gezeigt, daß nur ein verschwindend geringer Personenkreis exorbitante Versorgungen, zum Teil ohne Rechtsgrundlage, bezog, welche die Öffentlichkeit und den Gesetzgeber so sehr beschäftigten. Das RÜG trifft jedoch mit Ausnahme der Bezieher sehr niedriger Versorgungen alle früheren Mitglieder - und schießt damit weit über das Ziel hinaus.

2. Der Vizepräsident des Bundestages, Cronenberg, meinte in einem Schreiben an einen Betroffenen vom Dezember 1991, es sei möglicherweise ein ›Webfehler‹ des EV, ›diese Zusatzversorgungen, die ihrer Natur nach eigentlich der Absicherung im öffentlichen Dienst bzw. im Beamtenrecht entsprechen, ohne weiteres in die Rentenversicherung zu übertragen.‹ Es sei ›sicherlich zu überlegen, ob die neuen Bundesländer hier nicht vergleichbare Regelungen wie für den öffentlichen Dienst im westlichen Bundesgebiet schaffen sollten‹ - im Rahmen ihrer Zuständigkeit, versteht sich.
Dieser ›Webfehler‹ (der schon mit dem Staatsvertrag in die Alterssicherung hineingeriet) zieht sich im Gewebe der Regelungen konsequent bis in das RÜG hinein, auch wenn schon frühzeitige Kritik, selbst von so gewichtiger Stelle wie der Sozialversicherung, an Deutlichkeit nichts zu wünschen übrig gelassen hatte.

3. Wird dieser ›Webfehler‹ konsequent tradiert, hat der Gesetzgeber Inhabern höherer Versorgungen nicht nur die Zahlbeträge nicht erhöht, sondern umgekehrt den im Verlaufe eines Jahres, auch unter Geltung des GG, insgesamt viermal versprochenen Besitzschutz entzogen und schon im Vorgriff auf die Rentenüberleitung die Zahlbeträge auf DM 2.010,- bzw. 60,40 und 30 % davon begrenzt. Konsequenz hier, Inkonsequenz dort.

4. Das sozialpolitische Problem hat das RÜG nicht in ›einem großen Wurf‹ ein für alle Male gelöst. Dies demonstriert schon das RÜG-Änderungsgesetz vom 18.12.91. Auch für die früheren Mitglieder der Zusatzversorgungssysteme der Intelligenz, eine überschaubare Personenzahl, bedarf es der Nachbesserung seitens des Gesetzgebers.

Verzeichnis der Anlagen und Anhänge

Anlage 1

Entwicklung des Haushaltes
der Sozialversicherung 1983 - 1987
in Mio Mark

Haushalt

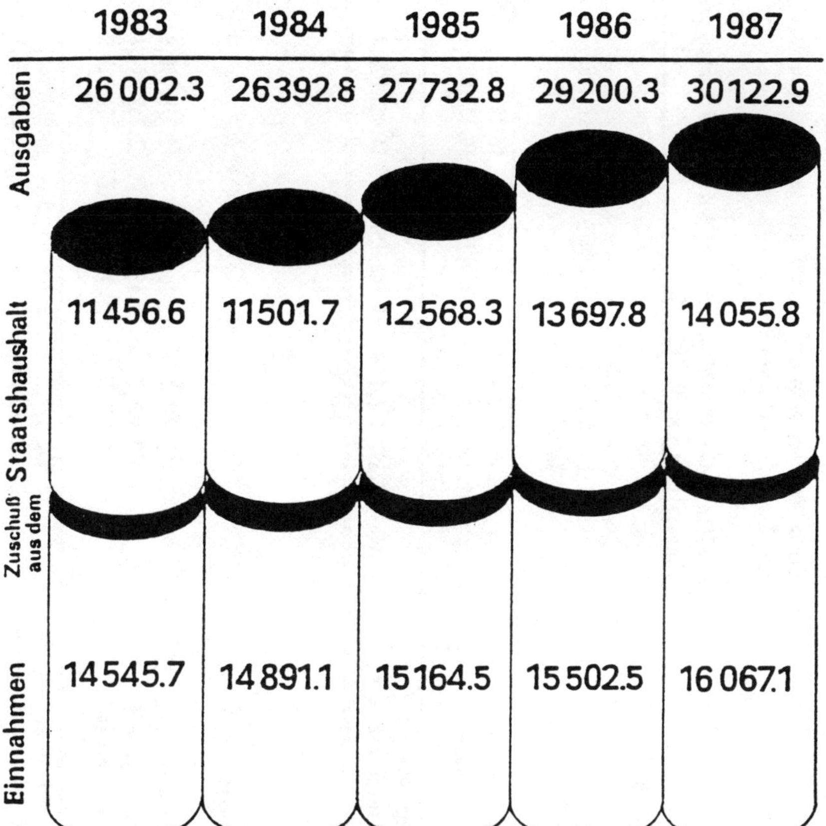

Anlage 2

Einnahmen, Ausgaben und Zuschuß aus dem Staatshaushalt per 31. 12. 1986 sowie

Erfüllung des Haushaltsplanes der Sozialversicherung der Arbeiter und Angestellten per 31. 12. 1987

Position	Ist 1986 TM	Plan 1987 TM	Ist 1987 TM	Erfüllung %	Abweichung +/- Mio M
Gesamteinnahmen	15.502.519,7	15.789.000,0	16.067.061,2	101,8	+ 278,1
Gesamtausgaben	29.200.290,8	29.949.157,6	30.122.889,6	100,6	+ 173,7
Zuschuß aus dem Staatshaushalt	13.697.771,1	14.160.157,6	14.055.828,4	99,3	- 104,4

Einnahmen

Position	Ist 1986 TM	Plan 1987 TM	Ist 1987 TM	Erfüllung %	Abweichung +/- Mio M
Pflichtbeiträge	12.125.839,2	12.309.000,0	12.278.098,8	99,7	- 30,9
Beiträge zur FZR	3.350.483,5	3.455.000,0	3.762.948,6	108,9	+ 308,0
übrige Einnahmen	26.197,0	25.000,0	26.013,8	104,1	+ 1,0
Gesamteinnahmen	15.502.519,7	15.789.000,0	16.067.061,2	101,8	+ 278,1

Fortsetzung Anlage 2

<u>Ausgaben</u>

Renten aus der Sozialpflichtversicherung	12.782.217,0	12.781.000,0	12.776.770,2	100,0	- 4,2
Renten aus der freiwilligen Zusatzrentenversicherung	611.299,9	689.000,0	702.991,8	102,0	+ 14,0
Renten gesamt	13.393.516,9	13.470.000,0	13.479.762,0	100,1	+ 9,8
Monatl. Unterstützung für schwerstgeschädigte Kinder ab Vollendung des 16. Lebensjahres bis zum Beginn des Anspruchs auf Invalidenrente	1.775,4	3.700,0	3.187,0	86,1	- 0,5
Krankengeld	3.910.495,8	3.841.000,0	3.953.233,7	102,9	+ 112,2
Schwangerschafts- und Wochengeld	749.424,7	745.000,0	790.346,1	106,1	+ 45,4
Mütterunterstützung nach Ablauf des Wochenurlaubs	539.112.8	653.300,0	710.480,0	108,8	+ 57,2
Unterstützung für alleinstehende Werktätige bei Pflege erkrankter Kinder	160.654,2	173.000,0	134.907,5	78,0	- 38,1

Anlage 3

Tabelle 1: Anzahl der Empfänger - Männer und Frauen

	Dez. 90	Jan. 91
Anzahl		
01 Technische Intelligenz	20622	18940
02 Wissenschaftliche Intelligenz und AdW	7464	6737
03 Künstlerische Intelligenz	3485	2827
04 Medizinische Intelligenz	7454	6498
05 Pädagogische Intelligenz	21463	16223
01 - 05 Intelligenz	60488	51225
06 Ärzte u. Zahnärzte in eig. Praxis	2961	2899
07 Tierärzte in eig. Praxis	84	67
08 Ärzte u. Zahnärzte in konf. Einricht	35	31
06 - 08 Ärzte (selbst.)	3080	2997
09 Deutscher Schriftstellerverband (DSV)	18	17
10 Verband Bildender Künstler (VBK)	44	33
09 - 10 Künstler	62	50
11 Mitarbeiter d. Staatsapp. (m. Beitr.)	75173	72370
12 Mitarbeiter d. Staatsapp. (o. Beitr.)	6	1
11 - 12 Mitarbeiter d. Staatsapparates	75179	72371
13 Mitarbeiter der CDU	542	288
14 Mitarbeiter der DBD	386	249
15 Mitarbeiter der LDPD	459	269
16 Mitarbeiter der NDPD	704	407
17 Mitarbeiter der Nationalen Front	629	340
13 - 17 Mitarbeiter der Parteien	2718	1553
18 Mitarbeiter der GST	625	583
19 Pädagogen-VO 1976/1988	65011	58670
31 Ausschuß für Jugendweihe i. d. DDR	132	78
32 Blinden und Sehschwachenverband d. DDR	24	9
33 Bund der Architekten der DDR	11	4
34 DFD	534	195
35 Domowina	19	11

36 DRK der DDR	681	273
37 DTSB der DDR	1153	590
38 FDJ	388	144
39 Friedensrat der DDR	23	13
40 Gehörlosen- und Schwerhörigenverband	20	3
41 Gesellschaft für DSF	509	248
42 G. z. Förd. d. olymp. Ged. i. d. DDR	3	1
43 Kammer der Technik	194	107
44 Kulturbund der DDR	414	175
45 Komitee d. antifa. Widerstandskämpfer	5	3
46 Liga für Völkerfreundschaft	53	25
47 NOK d. DDR	3	1
48 PEN - Zentrum der DDR	1	0
49 Schriftstellerverband der DDR	15	5
50 URANIA	326	158
51 Verband Bildender Künstler der DDR	27	14
52 Verband der Film und Fernsehschaffenden	3	2
53 Verband der Journalisten der DDR	49	24
54 Verband d. Kl.gärtner, Siedler u. Kl. t	141	47
55 Verband d. Komponisten u. Musikwiss.	17	10
56 Verband d. Theaterschaffenden d. DDR	3	2
57 VdgB	499	240
59 Volkssolidarität	490	182
60 Agrarwiss. G. d. DDR	11	3
61 Wiss. G. f. Veterinärmed. d. DDR	2	2
31 - 61 Gesellschaftliche Organisationen	5750	2569
Insgesamt	212913	190018

Anlage 4

Tabelle 2: Durchschnittl. Leistungen i. d. Zusatzsystemen

	Dez. 90	Jan. 91
In DM		
01 Technische Intelligenz	531.42	294.19
02 Wissenschaftliche Intelligenz und AdW	979.38	731.73
03 Künstlerische Intelligenz	505.99	317.83
04 Medizinische Intelligenz	636.31	352.01
05 Pädagogische Intelligenz	411.13	198.56
01 - 05 Intelligenz	555.47	330.09
06 Ärzte u. Zahnärzte in eig. Praxis	546.45	446.70
07 Tierärzte in eig. Praxis	282.83	245.91
08 Ärzte u. Zahnärzte in konf. Einricht	581.14	350.55
06 - 08 Ärzte (selbst.)	539.65	441.22
09 Deutscher Schriftstellerverband (DSV)	112.14	85.15
10 Verband Bildender Künstler (VBK)	117.73	75.61
09 - 10 Künstler	116.11	78.85
11 Mitarbeiter d. Staatsapp. (m. Beitr.)	267.85	116.78
12 Mitarbeiter d. Staatsapp. (o. Beitr.)	50.00	50.00
11 - 12 Mitarbeiter d. Staatsapparates	267.83	116.78
13 Mitarbeiter der CDU	255.67	237.51
14 Mitarbeiter der DBD	334.26	304.43
15 Mitarbeiter der LDPD	292.49	271.57
16 Mitarbeiter der NDPD	271.99	238.40
17 Mitarbeiter der Nationalen Front	228.93	190.22
13 - 17 Mitarbeiter der Parteien	271.03	244.02
18 Mitarbeiter der GST	352.68	178.85
19 Pädagogen-VO 1976/1988	527.60	299.33
31 Ausschuß für Jugendweihe i. d. DDR	234.14	152.53
32 Blinden und Sehschwachenverband d. DDR	153.79	169.67
33 Bund der Architekten der DDR	176.36	311.00
34 DFD	160.67	126.41
35 Domowina	251.32	126.00

36 DRK der DDR	166.55	139.08
37 DTSB der DDR	220.11	180.86
38 FDJ	134.45	107.15
39 Friedensrat der DDR	308.74	324.69
40 Gehörlosen- und Schwerhörigenverband	118.85	98.00
41 Gesellschaft für DSF	193.53	143.92
42 G. z. Förd. d. olymp. Ged. i. d. DDR	105.33	184.00
43 Kammer der Technik	220.53	181.64
44 Kulturbund der DDR	184.16	219.07
45 Komitee d. antifa. Widerstandskämpfer	298.20	346.33
46 Liga für Völkerfreundschaft	224.60	178.88
47 NOK d. DDR	105.00	56.00
48 PEN - Zentrum der DDR	178.00	0.00
49 Schriftstellerverband der DDR	172.60	208.00
50 URANIA	195.15	145.59
51 Verband Bildender Künstler der DDR	244.48	226.14
52 Verband der Film und Fernsehschaffend	262.33	250.00
53 Verband der Journalisten der DDR	148.45	121.00
54 Vergand d. Kl.gärtner, Siedler u. Kl.t	134.14	102.43
55 Verband d. Komponisten u. Musikwiss.	243.75	196.30
56 Verband d. Theaterschaffenden d. DDR	299.33	230.50
57 VdgB	184.74	130.71
59 Volkssolidarität	143.51	107.71
60 Agrarwiss. G. d. DDR	178.09	191.33
61 Wiss. G. f. Veterinärmed. d. DDR	399.00	353.50
31 - 61 Gesellschaftliche Organisationen	183.82	153.34
Insgesamt	430.78	237.48

Anlage 5

Tabelle 3: Verteilung der Leistungsbezieher nach Betragsklassen in DM und nach den Kompon ten der Leistung am 1. Januar 1991 im Beitrittsgebiet – Rentenartengruppe Versichertenrenten –

Betrag von ... bis unter ... DM	Kompon					
	Vollrente ohne Zuschläge (1)			Zweite Leistung ohne Zuschläge		
	Pflichtrente	FZR	gesamt	Pflichtrente	FZR	gesam
0	1	2	3	4	5	6
				Männer und Frauen		
unter 50	56	434.655	28	306	108.986	24
50 - 100	1.632	227.417	1.624	46.050	55.816	45.6
100 - 150	2.187	149.074	2.153	862.250	20.976	765.0
150 - 200	1.714	101.423	1.683	39.340	8.440	97.1
200 - 250	1.283	64.093	1.278	8.848	2.057	33.8
250 - 300	845	41.558	822	3.595	511	13.4
300 - 350	6.877	27.002	6.651	2.811	575	5.6
350 - 400	251.271	14.524	249.254	3.067	204	3.7
400 - 450	225.222	6.638	216.699	446	207	9
450 - 500	114.695	3.470	110.887	23	126	3
500 - 550	172.635	1.782	160.771	31	90	2
550 - 600	194.364	1.480	179.876	9	56	1
600 - 650	250.554	1.212	215.678	9	46	1
650 - 700	350.487	977	257.507	6	18	[illegible]
700 - 750	437.771	836	298.565	2	25	[illegible]
750 - 800	323.036	671	281.885	3	12	[illegible]
800 - 850	223.955	649	247.427	3	13	[illegible]
850 - 900	156.995	483	212.468	2	5	[illegible]
900 - 950	77.619	420	143.083	1	1	
950 - 1000	30.726	335	91.041	0	3	
1000 - 1050	20.970	281	63.579	0	2	
1050 - 1100	14.611	264	46.306	0	0	
1100 - 1150	8.041	356	28.435	0	0	
1150 - 1200	4.050	195	21.057	0	0	
1200 - 1250	1.931	138	12.070	0	0	
1250 - 1300	1.047	97	7.867	0	0	
1300 - 1350	844	107	5.138	0	0	
1350 - 1400	562	88	3.603	0	0	
1400 - 1450	363	63	2.369	0	0	
1450 - 1500	179	47	1.554	0	0	
1500 - 1550	65	34	997	0	0	
1550 - 1600	20	43	849	0	0	
1600 - 1650	6	28	565	0	0	
1650 - 1700	9	24	468	0	0	
1700 - 1750	3	19	350	0	0	
1750 - 1800	2	20	285	0	0	
1800 und mehr	8	229	1.763	0	0	
insgesamt	2.876.635	1.080.732	2.876.635	966.802	198.169	966.8

1 Die Zuordnung der Personen zu einer Rentenartengruppe oder einem anderen Selektionsmerkmal erfolgt nach der P rente der Vollrente; 2. Leistungen enthalten auch Nicht-GRV-Renten.

2 Für Vollrente oder zweite Leistung der GRV gewährter Ehegattenzuschlag, Kinderzuschlag, staatliches Kind Zuschlag zum staatlichen Kindergeld.

3 Altersversorgung der Intelligenz, zusätzliche Versorgung für Pädagogen, Staatsapparatsversorgung, Ärzte-, Zahn Tierärzteversorgung u.a., die zu einer SV-Rente gewährt werden.

Leistung					
·uschläge (2)	GRV-Leistung (ohne Sozial-zuschlag)(5)	Sozial-zuschlag	GRV-Leistung mit Sozial-zuschlag (5)	staatliche Versorgungen (3)	Nicht-GRV-Leistung (4)
7	8	9	10	11	12
2.420	28	181.289	28	11.817	273.998
35.158	1.555	213.703	1.554	13.222	183.919
9.933	2.039	112.078	2.037	13.753	77.330
1.826	1.564	127.881	1.560	15.436	54.344
13.363	1.150	14	1.151	15.021	25.903
151	901	9	873	13.032	16.044
409	3.086	11	1.653	12.155	13.085
220	129.676	1	4.519	9.378	9.522
101	113.151	0	4.758	8.611	8.484
7	159.562	0	8.708	4.917	5.125
42	186.995	0	186.822	3.046	4.436
26	165.194	0	548.472	2.596	5.041
7	193.662	0	193.970	2.156	5.835
6	243.162	0	244.817	1.827	6.809
1	286.678	0	287.080	1.364	7.964
0	278.627	0	278.849	1.052	7.249
0	267.974	0	268.082	1.384	7.303
0	250.131	0	250.163	625	5.034
0	187.802	0	187.816	476	4.541
0	135.726	0	135.740	712	2.928
0	86.333	0	86.342	416	2.408
0	60.323	0	60.322	351	2.043
0	38.604	0	38.603	295	1.683
0	28.432	0	28.434	219	1.496
0	17.157	0	17.159	234	1.178
0	11.589	0	11.589	182	942
0	7.714	0	7.714	127	721
0	5.249	0	5.249	68	556
0	3.516	0	3.516	70	5.023
0	2.288	0	2.288	63	819
0	1.528	0	1.528	67	467
0	1.232	0	1.232	62	416
0	754	0	754	34	322
0	585	0	585	53	278
0	431	0	431	45	2.024
0	350	0	350	57	296
0	1.887	0	1.887	1.011	2.309
63.670	2.876.635	634.986	2.876.635	135.934	747.875

·lle Leistungen, die über die SV gezahlt werden, aber nicht zur GRV gehören (bspw. UV-Renten, ·flegegeld) einschließlich der dazugehörigen Zuschläge.
·ie Angaben beziehen sich auf die Bezieher einer Pflicht-Vollrente insgesamt.

Anlage 6

Tabelle 4: Zusatzversorgungen der ehemaligen DDR mit einem monatlichen Zahlbetrag von 2.000,- DM und mehr

Höhe der Zusatzversrogung	Invalidenrente (00)	Invalidenalters-rente (08)	Altersrente (02)	Bergmann-altersrente (22,28)	Witwenrente (03)	Insgesamt
2.000,– bis unter 3.000,–	64	105	553	11	9	742
3.000,– bis unter 4.000,–	3	3	32	1	2	41
4.000,– bis unter 5.000,–	0	0	7	0	0	7
5.000,– bis unter 6.000,–	0	1	4	0	0	5
6.000,– bis unter 7.000,–	0	0	4	0	0	4
7.000,– bis unter 8.000,–	0	0	1	0	0	1
8.000,– und mehr	0	0	0	0	0	0
Insgesamt	67	109	601	12	11	800

Anlage 7

Tabelle 5: Zusatzversorgungen der ehemaligen DDR im Januar 1991 (ohne FDGB und PDS)

Personenkreis (1)	Anzahl (2)	Veränderung zu 12/90 (3)	durchschn. Leistung (4)	Veränderung zu 12/90 (5)	Volumen in Mio. (6)	Veränderung in Mio. zu 12/90 (7)
Technische Intelligenz	18.940	- 1.682	294,–	- 237,–	5.572	- 5.387
Wissenschaftl. Intelligenz und AdW	6.737	- 727	732,–	- 248,–	4.930	- 2.380
Künstlerische Intelligenz	2.827	-658	318,–	- 188,–	0.898	- 0.865
Medizinische Intelligenz	6.498	- 956	352,–	- 284,–	2.287	- 2.456
Pädagogische Intelligenz	16.223	- 5.420	199,–	- 213,–	3.221	- 5.603
Selbst. Ärzte (einschl. konf. Einr.)	2.997	- 583	441,–	- 100,–	1.322	- 0.340
Künstler (einschl. Schriftsteller)	50	- 12	79,–	- 37,–	0.004	- 0.003
Staatsapparat	72.371	- 2.808	117,–	- 151,–	8.451	- 11.684
Parteien	1.551	- 1.165	244,–	- 27,–	0.379	- 0.358
GST	581	- 42	179,–	- 174,–	0.104	- 0.116
Pädagogen (VO 1976/1988)	58.670	- 6.341	299,–	- 228,–	17.562	- 16.738
Gesellschaftl. Organisationen	2.569	- 3.181	153,–	- 30,–	0.395	- 0.648
Insgesamt	190.018	- 22.895	237,–	- 193,–	45.126	- 46.593

Die Angaben in den Spalten (4) und (7) sind gerundet.

Z u s a t z v e r s o r g u n g s s y s t e m e

Altersversorgung der technischen Intelligenz

Rechtliche Grundlagen	VO vom 17.8.1950 über die zusätzliche Altersversorgung der technischen Intelligenz in den volkseigenen und ihnen gleichgestellten Betrieben Zweite DB vom 24. 5. 1951 dazu VO vom 28.6.1952 über die Erhöhung der Gehälter für Wissenschaftler, Ingenieure und Techniker §§ 28 und 29 der FZR-Verordnung vom 17.11.1977
Personenkreis	Ingenieure, Konstrukteure, Architekten und Techniker aller Spezialgebiete, wie Ingenieure und Techniker des Bergbaus, der Metallurgie, des Maschinenbaus, der Elektrotechnik, der Feinmechanik und Optik, der Chemie, des Bauwesens und Statiker, Werkdirektoren, Lehrer technischer Fächer an Hoch- und Fachschulen. Betriebsdirektoren, stellvertretende Direktoren, Produktionsleiter, Abteilungsleiter, Meister, Steiger, Poliere im Bauwesen, Laboratoriumsleiter, Bauleiter, Leiter von produktionstechnischen Abteilungen und andere Spezialisten, die nicht den Titel eines Ingenieurs oder Technikers haben, wenn sie bedeutenden Einfluß auf den Produktionsprozeß ausüben.
Einbeziehung/ Anspruchsvoraussetzungen	Technische Hoch- oder Fachschulausbildung, ingenieurtechnische oder leitende Tätigkeit in einem volkseigenen oder ihm gleichgestellten Betrieb, ab 1971 Beitritt zur FZR, für Personen ohne geforderte Qualifikation ist Einzelvertrag Voraussetzung. Einbeziehung nach dem Leistungsprinzip durch Einzelentscheidung des zuständigen Ministers mit Zustimmung des Staatssekretärs für Arbeit und Löhne.
Beitragszahlung	Bis 1971 ohne, ab März 1971 FZR-Beitrag (meist für das Einkommen bis 1.200 M monatlich)
Rente aus der SV-Pflichtvers.	In Höhe des errechneten Steigerungsbetrages ohne Festbetrag von 140 M ,
Altersversorgung	60%-80% des im letzten Jahr vor Eintritt des Versicherungsfalls bezogenen durchschnittlichen monatlichen Bruttogehaltes, im Höchstfall 800 M. Die 800 M- Grenze gilt nicht für Berechtigte mit ingenieurtechnischer Ausbildung, ingenieurtechnischer Tätigkeit und Entlohnung nach I-Gruppengehalt. (Ab Erreichen des Rentenalters.)
Invalidenversorg.	Wie Altersversorgung, Invaliditätsbegriff wie Rentenversicherung.
Volle BU	entfällt
Teil-BU	entfällt
Hinterbliebene Witwen	50% der Versorgung des Verstorbenen
Waisen	25% der Versorgung des Verstorbenen
Halbwaisen	25% der Versorgung des Verstorbenen
Finanzierung	Durch Beitragsumlage der Betriebe, für FZR-Angehörige durch Rentenversicherung.

Zusatzversorgungssysteme

Altersversorgung der wissenschaftlichen Intelligenz

Rechtliche Grundlagen	VO vom 12.6.1951 über die Altersversorgung der Intelligenz an wissenschaftlichen, künstlerischen, pädagogischen und medizinischen Einrichtungen der DDR Erste DB vom 26.9.1951 dazu VO vom 28.6.1952 über die Erhöhung der Gehälter für Wissenschaftler, Ingenieure und Techniker in der DDR VO vom 12.7.1951 über die Vergütung der Hochschullehrer und künstlerischen Assistenten und über die Emiritierung der Professoren an Universitäten und Hochschulen der DDR VO vom 29.6.1961 über die Aufhebung und das Weitergelten von arbeitsrechtlichen Bestimmungen VO vom 20.9.1951 über die Vergütung der wissenschaftlichen Mitarbeiter der Akademie der Wissenschaften zu Berlin VO vom 15.5.1952 über die Vergütung der Mitarbeiter der Akademie der Landwirtschaftswissenschaften zu Berlin §§ 28 und 29 der FZR-Verordnung vom 17.11.1977 **Beschluß des Ministerrates zur Aufhebung der Höchstgrenze der AVI für 20 Mitarbeiter der Akademie der Wissenschaften von 1987**
Personenkreis	Hauptberuflich tätige Hochschullehrer, Leiter und hauptberuflich tätige Wissenschaftler an den Akademien, Instituten, wissenschafftlichen Bibliotheken und Museen und sonstigen wissenschaftlichen Einrichtungen, Verlagssleiter, Chefredakteure, Cheflektoren. Verwaltungsdirektoren an Akademien, Universitäten, Hochschulen und bedeutenden wissenschaftlichen Einrichtungen, Herstellungsleiter in bedeutenden volkseigenen Verlagen. Besonders qualifizierte Feinmechanikermeister, Präparatoren, Garteninspektoren und Gartenmeister an Universitäts- und Hochschulinstituten sowie an anderen bedeutenden wissenschaftlichen Einrichtungen.
Einbeziehung/ Anspruchsvoraussetzungen	Obligatorisch: Professoren und Dozenten an Universitäten und Hochschulen. Nach dem Leistungsprinzip alle anderen oben genannten durch Einzelentscheidung des zuständigen Ministers mit Zustimmung des Staatssekretärs für Arbeit und Löhne bzw. des Präsidenten der Akademie der Wissenschaften/Landwirtschaftswissenschaften
Beitragszahlung	Berechtigte mit obligatorischem Anspruch: ohne. Berechtigte nach dem Leistungsprinzip bis 1971 ohne, ab März 1971 FZR-Beitrag (meist für das Einkommen bis 1.200 M monatlich).

Rente aus der SV-Pflichtvers.	In Höhe des errechneten Steigerungsbetrages ohne Festbetrag von 140 M.
Altersversorgung	Für Professoren und Dozenten 60-80% des im letzten Jahr vor Eintritt des Versorgungsfalles bezogenen durchschnittlichen monatlichen Bruttogehaltes. Für Berechtigte nach dem Leistungsprinzip 60-80% des im letzten Jahr vor Eintritt des Versorgungsfalles bezogenen durchschnittlichen monatlichen Bruttogehaltes, im Höchstfall 800 M, zusammen mit der SV-Rente maximal 90% des Nettoverdienstes.(Ab Erreichen des 60. bzw. 65. Lebensjahres.)
Invalidenversorg.	Wie Altersversorgung, Invaliditätsbegriff wie Rentenversicherung.
Volle BU	Wie Altersversorgung. über die Berufsunfähigkeit entscheidet eine vom zuständigen Fachminister eingesetzte Kommission. Einkünfte aus weiterer Tätigkeit werden nicht auf die Versorgung angerechnet.
Teil-BU	entfällt
Hinterbliebene Witwen	50% der Versorgung des Verstorbenen
Waisen	25% der Versorgung des Verstorbenen
Halbwaisen	25% der Versorgung des Verstorbenen
Finanzierung	Durch Staatshaushalt, für FZR-Angehörige durch Rentenversicherung.

Z u s a t z v e r s o r g u n g s s y s t e m e*

Altersversorgung der künstlerischen Intelligenz

Rechtliche Grundlagen	VO vom 12.6.1951 über die AVI an wissenschaftlichen, künstlerischen, pädagogischen und medizinischen Einrichtungen der DDR Erste DB vom 26.9.1951 dazu §§ 28 und 29 der FZR-VO vom 17.11.1977
Personenkreis	Intendanten und deren Stellvertreter, Opern- und Schauspieldirektoren, Direktoren von Schauspiel-, Musik- und Tanzschulen und Schulen für bildende Kunst, Regisseure, Dramaturgen, Kapellmeister, Ballettmeister und Choreographen, Chordirektoren, Orchesterdirektoren, Bühnenbildner, Sänger, Schauspieler, Solotänzer, Korrepetitoren, Filmregisseure, Filmdramaturgen. Besonders qualifizierte und verantwortlich tätige Restauratoren, Kunsthandwerker in Museen, Theatern, bedeutenden volkseigenen Verlagen und anderen Institutionen, Orchestermusiker,

Choristen, technische Direktoren und technische Leiter an den Theatern, Verwaltungsdirektoren an den Theatern, Filmarchitekten, Filmoperateure, Aufnahmeleiter beim Film.
Besonders qualifizierte Garderobeninspektoren, Maskenbildner, Beleuchtungsoberinspektoren, Werkstättenleiter, Leiter der künstlerischen Betriebsbüros, Schnittmeister, Kostümbildner, Inspizienten und Souffleusen.

Einbeziehung/ Anspruchsvoraussetzungen	Nach dem Leistungsprinzip durch Einzelentscheidung des zuständigen Ministers bzw. Vorsitzenden des Rates des Bezirkes mit Zustimmung des Staatssekretärs für Arbeit und Löhne.
Beitragszahlung	Bis 1971 ohne, ab März 1971 FZR-Beitrag (meist für das Einkommen bis 1.200 M monatlich). Spitzenkünstler mit Einzelvertrag wurden auch nach 1971 beitragsfrei einbezogen.
Rente aus der SV-Pflichtvers.	In Höhe des errechneten Steigerungsbetrages ohne Festbetrag von 140 M.
Altersversorgung	60-80% des im letzten Jahr vor Eintritt des Versorgungsfalles bezogenen durchschnittlichen monatlichen Bruttogehaltes, im Höchstfall 800 M, zusammen mit der SV-Rente maximal 90% des Nettoverdienstes.
Invalidenversorg.	Wie Altersversorgung, Invaliditätsbegriff wie Rentenversicherung.
Volle BU	Wie Altersversorgung. über die BU entscheidet eine vom zuständigen Fachminister eingesetzte Kommission. Einkünfte aus weiterer Tätigkeit werden nicht auf die Versorgung angerechnet.
Teil-BU	entfällt
Hinterbliebene Witwen	50% der Versorgung des Verstorbenen.
Waisen	25% der Versorgung des Verstorbenen.
Halbwaisen	25% der Versorgung des Verstorbenen.
Finanzierung	Durch Staatshaushalt, für FZR-Angehörige durch Rentenversicherung.

Altersversorgung der pädagogischen Intelligenz

Rechtliche Grundlagen	VO vom 12.6.1951 über die AVI an wissenschaftlichen, künstlerischen, pädagogischen und medizinischen Einrichtungen der DDR Erste DB vom 26.9.1951 dazu VO vom 13.5.1959 zur Änderung der VO über die AVI an wissenschaftliche, künstlerische, pädagogische und medizinische Einrichtungen der DDR Zweite DB vom 11.7.1959 zur o.g. VO vom 12.6.1951 VO vom 4.7.1962 über die Rechte und Pflichten der Fachschullehrer der DDR AO vom 15.5.1981 über die Musikunterrichtskabinette **Beschluß des Ministerrates vom 22.9.1960 über die Neuregelung der Trainer und Sportlehrer der sozialistischen Sportbewegung**
Personenkreis	Lehrer und Erzieher mit staatlich anerkannter abgeschlossener pädagogischer Ausbildung im öffentlichen Bildungs- und Erziehungswesen außerhalb der Bereiche Volks- und Berufsbildung. Hauptamtliche Lehrkräfte und Musikerzieher in den Musikunterrichtskabinetten, Leiter der Musikunterrichtskabinette nach zweijähriger hauptamtlicher Tätigkeit. Trainer der sozialistischen Sportbewegung mit abgeschlossener Fach- oder Hochschulausbildung auf dem Gebiet von Körperkultur und Sport nach zweijähriger hauptamtlicher Tätigkeit. Fachschullehrer nach zweijähriger hauptamtlicher Tätigkeit.
Einbeziehung/ Anspruchsvoraussetzungen	Obligatorischer Anspruch nach zweijähriger hauptamtlicher Tätigkeit und abgeschlossener pädagogischer Hoch- oder Fachschulausbildung.
Beitragszahlung	keine
Rente aus der SV-Pflichtvers.	In Höhe des errechneten Steigerungsbetrages ohne Festbetrag von 140 M.
Altersversorgung	60% des durchschnittlichen monatlichen Bruttoverdienstes im letzten Jahr vor Eintritt des Versorgungsfalles, zusammen mit der SV-Rente maximal 90% des Nettoverdienstes (ab Erreichen des 60. bzw. 65. Lebensjahres).
Invalidenversorg.	Wie Altersversorgung, Invaliditätsbegriff wie Rentenversicherung.

Volle BU	Wie Altersversorgung. Über die Berufsunfähigkeit entscheidet eine vom zuständigen Fachminister eingesetzte Kommission. Einkünfte aus weiterer Tätigkeit werden nicht auf die Versorgung angerechnet.
Teil-BU	entfällt
Hinterbliebene	
Witwen	50% der Versorgung des Verstorbenen.
Waisen	25% der Versorgung des Verstorbenen.
Halbwaisen	25% der Versorgung des Verstorbenen.
Finanzierung	Durch Staatshaushalt.

Z u s a t z v e r s o r g u n g s s y s t e m e

Altersversorgung der medizinischen Intelligenz in staatlichen und konfessionellen Einrichtungen des Gesundheits- und Sozialwesens

---

Rechtliche Grundlagen	VO vom 12.6.1951 über die Altersversorgung der Intelligenz an wissenschaftlichen, künstlerischen, pädagogischen und medizinischen Einrichtungen der DDR Erste DB vom 26.7.1951 dazu Richtlinie vom 1.7.1976 zum Abschluß von AVI für Mitarbeiter in staatlichen Einrichtungen des Gesundheits- und Sozialwesens Vereinbarung vom 28.8.1979 über die Einführung einer zusätzlichen Versorgung für hauptberuflich tätige Ärzte, Zahnärzte und andere Hochschulkader in evangelischen Einrichtungen des Gesundheits- und Sozialwesens der DDR Vereinbarung vom 28.8.1979 über die Einführung einer zusätzlichen Versorgung für hauptberuflich tätige Ärzte, Zahnärzte und andere Hochschulkader in katholischen Einrichtungen des Gesundheits- und Sozialwesens der DDR §§ 24, 25, 28 und 29 der FZR-Verordnung vom 17.11.1977 Beschlüsse des Ministerrates von 1976 und 1986 zur Aufhebung der Höchstgrenze von 800 M für 30 bzw. 50 medizinische Hochschulkader
Personenkreis	Obligatorisch: ab 1951 Ärzte, Zahnärzte und Apotheker in staatlichen Einrichtungen des GSW, Tierärzte im staatlichen Veterinärwesen ab 1974 Diplompharmazeuten, Diplombiologen, Diplommedikobiologen, Diplombiochemiker, Diplomphysikochemiker, Diplomphysiker,

Diplommathematiker, Diplompsychologen, Diplomingenieure, technische Leiter mit technischem Hochschulabschluß, Sportwissenschaftler in Einrichtungen des Kur- und Bäderwesens und in der Rehabilitation, ökonomische Direktoren bzw. ökonomische Leiter mit einer abgeschlossenen Hochschulausbildung,

ab 1979 Ärzte, Zahnärzte, Apotheker und die o.g. anderen Hochschulkader in evangelischen und katholischen Einrichtungen des GSW der DDR.

Nach dem Leistungsprinzip durch Einzelentscheidung des Ministers für Gesundheitswesens mit Zustimmung des Staatssekretärs für Arbeit und Löhne:

ab 1951 besonders qualifizierte und verantwortlich tätige Schwestern, Pfleger und Hebammen in Einrichtungen des staatlichen GSW,

ab 1974 andere Hochschulkader mit besonderen Leistungen in Einrichtungen des GSW,

ab 1979 andere Hochschulkader mit besonderen Leistungen in konfessionellen Einrichtungen des GSW der DDR.

Einbeziehung/ Ansruchsvoraussetzungen	Obligatorisch Begünstigte mit Aufnahme der Tätigkeit. Nach dem Leistungsprinzip Einbezogene ab 1971 Zugehörigkeit zur FZR.
Beitragszahlung	Berechtigte mit obligatorischem Anspruch: ohne. Berechtigte nach dem Leistungsprinzip bis 1971 ohne, ab März 1971 FZR-Beitrag (meist für das Einkommen bis 1.200 M monatlich). Die konfessionellen Einrichtungen zahlen für die bei ihnen Beschäftigten Begünstigten ohne FZR-Zugehörigkeit 3% des Jahresbruttoeinkommens als Beitrag.
Rente aus der SV-Pflichtvers.	In Höhe des errechneten Steigerungsbetrages ohne Festbetrag von 140 M. Für Mitarbeiter des GSW beträgt der jährliche Steigerungsbetrag 1,5% für jedes Jahr der Tätigkeit im GSW, wenn diese mindestens 10 Jahre zusammenhängend ausgeübt wurde.
Altersversorgung	60-80% des im letzten Jahr vor Eintritt des Versorgungsfalles bezogenen durchschnittlichen monatlichen Bruttogehaltes, im Höchstfall 800 M, zusammen mit der SV-Rente maximal 90% des Nettoverdienstes. (Ab Erreichen des 60. bzw. 65. Lebensjahres.) Ab 1976 wurde die 800 M-Höchstgrenze jährlich für 30 Ärzte und ab 1986 jährlich für 50 Ärzte im staatlichen GSW durch Ministerratsbeschluß aufgehoben.
Invalidenversorg.	Wie Altersversorgung, Invaliditätsbegriff wie Rentenversicherung.
Volle BU	Wie Altersversorgung. über die Berufsunfähigkeit entscheidet eine vom zuständigen Fachminister eingesetzte Kommission. Einkünfte aus weiterer Tätigkeit werden nicht auf die Versorgung angerechnet.
Teil-BU	entfällt

Hinterbliebene Witwen	50% der Versorgung des Verstorbenen (für die Witwen der Begünstigten aus konfessionellen Einrichtungen 60% der Versorgung des Verstorbenen ab Beginn des eigenen Rentenfalles).
Waisen	25% der Versorgung des Verstorbenen.
Halbwaisen	25% der Versorgung des Verstorbenen.
Finanzierung	Für obligatorisch Berechtigte im staatlichen GSW aus dem Staatshaushalt. Für obligatorisch Berechtigte in konfessionellen Einrichtungen des GSW durch Beitragszahlung der konfessionellen Einrichtung in Höhe von 3% des Jahresbruttoverdienstes der bei ihnen beschäftigten Begünstigten und durch Zuschüsse aus dem Staatshaushalt und der für die Finanzierung der Leistungen erforderlichen Höhe. Für FZR-Angehörige mit Versorgungsanspruch aus der Rentenversicherung.

Z u s a t z v e r s o r g u n g s s y s t e m e

Zusätzliche Versorgung der Generaldirektoren volkseigener Kombinate

Rechtliche Grundlagen	Beschluß des Ministerrates vom 10.12.1985 zur Ordnung über das Gehaltsregulativ für Generaldirektoren und Kombinatsdirektoren VO vom 17.8.1950 über die zusätzliche Altersversorgung der Intelligenz in den volkseigenen und ihnen gleichgestellten Betrieben VO vom 28.6.1952 über die Erhöhung der Gehälter für Wissenschaftler, Ingenieure und Techniker in der DDR RAG vom 28.6.1990
Personenkreis	Generaldirektoren zentralgeleiteter volkseigener Kombinate und Wirtschaftsorgane
Einbeziehung/ Anspruchsvoraussetzungen	Obligatorisch mit Aufnahme der Tätigkeit (Berufung).
Beitragszahlung	ohne
Rente aus der SV-Pflichtvers.	In Höhe des errechneten Steigerungsbetrages ohne Festbetrag von 140 M.
Altersversorgung	60% des durchschnittlichen monatlichen Bruttoverdienstes der letzten 12 Monate vor Eintritt des Rentenfalles, seit 1.7.1990 zusammen mit SV-Rente maximal 90% des Nettoverdienstes.

Invalidenversorg.	Wie Altersversorgung, Invaliditätsbegriff wie Rentenversicherung.
Volle BU	entfällt
Teil-BU	entfällt
Hinterbliebene Witwen	50% der Versorgung des Verstorbenen.
Waisen	25% der Versorgung des Verstorbenen.
Halbwaisen	25% der Versorgung des Verstorbenen.
Finanzierung	Staatshaushalt.

Z u s a t z v e r s o r g u n g s s y s t e m e

Zusätzliche Versorgung für verdienstvolle Vorsitzende von Produktionsgenossenschaften und Leiter kooperativer Einrichtungen der Landwirtschaft

---

Rechtliche Grundlagen	AO vom 31.12.1987über die zusätzliche Versorgung für verdienstvolle Vorsitzende von Produktionsgenossenschaften und Leiter kooperativer Einrichtungen Richtlinie vom 31.12.1987 dazu FZR-Verordnung vom 17.11.1977
Personenkreis	Verdienstvolle Vorsitzende der landwirtschaftlichen Produktionsgenossenschaften, gärtnerischen Produktionsgenossenschaften, Produktionsgenossenschaften der Binnenfischerei u.a. Produktionsgenossenschaften der Landwirtschaft, Leiter kooperativer Einrichtungen der Landwirtschaft sowie Leiter von Agrar-Industrievereinigungen.
Einbeziehung/ Anspruchsvoraussetzungen	Nach Leistungsprinzip durch Einzelentscheidung des Vorsitzenden des zuständigen Rates des Bezirkes. Voraussetzung: Beitritt zur FZR.
Beitragszahlung	10% des tatsächlichen Einkommens über 600 M mtl. bzw. 7.200 M jährlich zur FZR.
Rente aus der SV-Pflichtvers.	In Höhe des errechneten Steigerungsbetrages ohne Festbetrag von 140 M.
Altersversorgung	60% der im letzten Kalenderjahr vor Erreichen des Rentenalters erzielten durchschnittlichen monatlichen Bruttoeinkünfte, zusammen mit SV-Rente maximal 90% der Nettoeinkünfte.
Invalidenversorg.	Wie Altersversorgung, Invaliditätsbegriff wie Rentenversicherung.
Volle BU	entfällt

Teil-BU	entfällt
Hinterbliebene Witwen	50% der Versorgung des Verstorbenen.
Waisen	40% der Versorgung des Verstorbenen.
Halbwaisen	30% der Versorgung des Verstorbenen.
Finanzierung	Aus Rentenversicherung.

Z u s a t z v e r s o r g u n g s s y s t e m e

Zusätzliche Versorgung der Pädagogen in der Volks- und Berufsbildung

---

Rechtliche Grundlagen	VO vom 27. Mai 1976 über die zusätzliche Versorgung der Pädagogen - Versorgungsordnung - 1. DB vom 27. Mai 1976 dazu AO vom 2. Mai 1988 über die zusätzliche Versorgung der Pädagogen - Versorgungsanordnung - Richtlinie vom 2. Mai 1988 dazu
Personenkreis	Lehrer, Erzieher, Kindergärtnerinnen, Freundschaftspionierleiter und pädagogische Mitarbeiter in Einrichtungen der Volksbildung sowie Lehrkräfte für theoretischen Unterricht und Erzieher in Einrichtungen der Berufsbildung. Mitarbeiter und leitende Kader, die als Pädagogen in staatlichen Organen, Kombinaten, Betrieben und Einrichtungen eine Tätigkeit auf dem Gebiet der Volks- und Berufsbildung ausüben. Leitende Kader und wissenschaftliche Mitarbeiter im Volkseigenen Verlag Volk und Wissen sowie Fachredakteure für berufsbildende Literatur in Fachverlagen.
Einbeziehung/ Anspruchsvoraussetzungen	Obligatorisch mit Beginn der hauptamtlichen Tätigkeit als Pädagoge.
Beitragszahlung	ohne
Rente aus der SV-Pflichtvers.	Bis September 1988 in Höhe des errechneten Steigerungsbetrages ohne Festbetrag von 140 M. Ab Oktober 1988 wie alle anderen Arbeitnehmer.
Altersversorgung	Bis September 1988 60 % des durchschnittlichen monatlichen Bruttoverdienstes maximal 800 M, zusammen mit SV-Rente höchstens 90 % des Nettoverdienstes der 10 günstigsten Jahre oder der letzten 12 Monate vor Erreichen des Rentenalters. Ab 1. 10. 1988 Differenz zwischen SV-Rente und 90 % des durchschnittlichen monatlichen

	Nettoverdienstes, maximal 50 % des Bruttoverdienstes der 10 günstigsten zusammenhängenden Jahre oder der letzten 12 Monate vor Erreichen des Rentenalters.
Invalidenversorg.	Wie Altersversorgung, Invaliditätsbegriff wie Rentenversicherung.
Volle BU	Entscheidung durch Kommission mit oder ohne Verpflichtung zu nichtpädagogischer Tätigkeit im Umfang des verbleibenden Leistungsvermögens Versorgungshöhe: Differenz zwischen Nettoverdienst aus noch ausgeübter Tätigkeit und 90 % des Nettoverdienstes als Pädagoge, für Berufsunfähige ohne weitere Tätigkeit maximal 1 000 M monatlich.
Teil-BU	Entscheidung durch Kommission mit Verpflichtung zur weiteren eingeschränkten Tätigkeit als Pädagoge. Versorgungshöhe: Differenz zwischen Nettoverdienst aus noch ausgeübter Tätigkeit und 90 % des Nettoverdienstes vor der TBU.
Hinterbliebene Witwen	50 % der Versorgung des Verstorbenen.
Waisen	40 % der Versorgung des Verstorbenen.
Halbwaisen	30 % der Versorgung des Verstorbenen.
Finanzierung	Staatshaushalt

Z u s a t z v e r s o r g u n g s s y s t e m e

Altersversorgung der Ärzte und Zahnärzte in eigener Praxis und in privaten Einrichtungen

---

Rechtliche Grundlagen	Vereinbarung vom 3.1.1959 zwischen dem Ministerium für Gesundheitswesen und der Gewerkschaft Staatliche Verwaltung Gesundheitswesen Finanzen über die Einführung einer Altersversorgung für Ärzte und Zahnärzte in eigener Praxis in der DDR i.d.F. vom 1.9.1972 Erster Nachtrag vom 1.4.1974 dazu Vereinbarung vom 7.3.1960 zwischen dem Ministerium für Gesundheitswesen und der Gewerkschaft Gesundheitswesen über die Einführung einer Altersversorgung für hauptberufflich tätige Ärzte und Zahnärzte in privaten und konfessionellen Einrichtungen der DDR i.d.F. vom 1.9.1972 Erster Nachtrag vom 15.10.1973 dazu Vereinbarung vom 12.3.1990 zwischen dem Ministerium für Gesundheits- und Sozialwesen und dem Zentralvorstand der Gewerkschaft Gesundheits- und Sozialwesen über die zusätzliche Altersversorgung für Ärzte und Zahnärzte in eigener Niederlassung

Personenkreis	Ärzte und Zahnärzte in eigener Niederlassung und ihre mithelfenden Familienangehörigen.
Einbeziehung/ Anspruchsvoraussetzungen	Obligatorisch in den fünf beigetretenen Bundesländern, freiwillig in Ostberlin. Für Ärzte und Zahnärzte: Approbation und hauptberufliche Niederlassung. Fär mithelfende Familienangehörige: Approbation und Einkommen über 600 M monatlich.
Beitragszahlung	Bis Dezember 1989 2% der Honorarumsätze jährlich, ab Januar 1990 Beiträge zur FZR für das monatliche Einkommen bis 2.400 M bzw. für das jährliche Einkommen bis 28.800 M.
Rente aus der SV-Pflichtvers.	Wie für alle anderen Arbeitnehmer (mit erhöhtem Steigerungsbetrag für Mitarbeiter des GSW und Festbetrag in Höhe von 140 M).
Altersversorgung	Ab 1.1.1990 Ärzte und Zahnärzte: 800 M monatlich und für jedes Jahr der Beitragszahlung zur Vereinbarung vom 3.1. 1959 zusätzlich 10 M monatlich. Ab 1.1.1990 mithelfende Fam.-angehörige: Differenz zwischen der SV-Rente und 90 % des im Berechnungszeitraum erzielten durchschnittlichen monatlichen Nettoeinkommens, maximal 800 M, und zusätzlich für jedes Jahr der Beitragszahlung zur Vereinbarung vom 3. 1. 1959 10 M monatlich. Am 1.1.1990 bereits berentete Ärzte und Zahnärzte in eigener Niederlassung erhalten ab 1.1.1990 anstelle der bisherigen Versorgung (ca. 140 M) eine Versorgung in Höhe von 800 M monatlich.
Invalidenversorg.	Wie Altersversorgung, Invaliditätsbegriff wie Rentenversicherung.
Volle BU	entfällt
Teil-BU	entfällt
Hinterbliebene	
Witwen	50% der Versorgung des Verstorbenen.
Waisen	40% der Versorgung des Verstorbenen.
Halbwaisen	30% der Versorgung des Verstorbenen.
Finanzierung	Aus Beitragszahlung der Berechtigten und Zuschuß aus dem Staatshaushalt.

Z u s a t z v e r s o r g u n g s s y s t e m

Zusätzliche Versorgung für Ärzte, Zahnärzte, Apotheker und andere Hochschulkader im staatlichen Gesundheits- und Sozialwesen

Rechtliche Grundlagen	AO vom 20.4.1988 über freiwillige zusätzliche Versorgung für Ärzte, Zahnärzte, Apotheker und andere Hochschulkader in Einrichtungen des staatlichen GSW Richtlinie vom 20. April 1988 dazu 2. Richtlinie vom 24.11.1988 dazu FZR-VO vom 17.11.1977 Entscheidung des Staatssekretärs für Arbeit und Löhne von Mai 1989 über Einbeziehung der Apotheker in privaten Apotheken
Personenkreis	Hauptberuflich tätige Ärzte, Zahnärzte, Apotheker, Dipl.-pharmazeuten, Dipl.-biologen, Dipl.-medicobiologen, Dipl.-chemiker, Dipl.-lebensmittelchemiker, Dipl.-biochemiker, Dipl.-physiker, Dipl.-physikochemiker, Dipl.-mathematiker, Dipl.-psychologen, Dipl.-Ingenieure, Sportwissenschaftler in Einrichtungen des Kur- und Bäderwesens und in Einrichtungen der Rehabilitation, Technische Leiter mit einem technischen Hochschulabschluß, ökonomische Direktoren und ökonomische Leiter (in medizinischen Bereichen des Hoch- und Fachschulwesens) mit einer abgeschlossenen Hochschulausbildung in staatlichen Einrichtungen des GSW. Apotheker und Dipl.-pharmazeuten im Arbeitsverhältnis mit privaten Apotheken.
Einbeziehung/ Anspruchsvoraussetzungen	Beitritt zur FZR mit Verpflichtung zur Beitragszahlung für das 1.500 DM monatlich übersteigende Einkommen und hauptberufliche Tätigkeit bei Eintritt des Rentenfalls.
Beitragszahlung	Je 10 % des 1.500 DM monatlich übersteigenden Einkommens durch Berechtigten und Betrieb bzw. Einrichtung.
Rente aus der SV-Pflichtvers.	wie alle anderen Arbeitnehmer
Altersversorgung	Differenz zwischen SV-Rente und 90 % des durchschnittlichen monatlichen Nettoverdienstes der letzten 12 Monate oder der 10 günstigsten zusammenhängenden Jahre der Tätigkeit, maximal 50 % des Bruttoverdienstes.
Invalidenversorg.	Wie Altersversorgung, Invaliditätsbegriff wie Rentenversicherung.
Volle BU	Entscheidung durch Kommission auch über Ausübung anderer Tätigkeit. Voraussetzung ist, bisherige oder andere Tätigkeit im Beruf kann infolge Krankheit, Unfall oder sonstiger Schädigung nicht mehr ausgeübt werden. Versorgungshöhe: Differenz zwischen dem Nettoverdienst aus noch ausgeübter Tätigkeit und 90 % des Nettoverdienstes im Berechnungszeitraum.

Teil-PU
Entscheidung durch Kommission auch über Umfang der noch auszuübenden Tätigkeit. Voraussetzung ist, daß bisherige oder andere Tätigkeit nur noch in eingeschränktem Umfang ausgeübt werden kann.
Versorgungshöhe: Differenz zwischen dem Nettoverdienst aus noch ausgeübter Tätigkeit und 90 % des Nettoverdienstes im Berechnungszeitraum.

Hinterbliebene

Witwen
50 % der Versorgung des Verstorbenen.

Waisen
40 % der Versorgung des Verstorbenen.

Halbwaisen
30 % der Versorgung des Verstorbenen.

Finanzierung
Aus Rentenversicherung.

Z u s a t z v e r s o r g u n g s s y s t e m e

Zusätzliche Versorgung für Ärzte, Zahnärzte, Apotheker und andere Hochschulkader im konfessionellen Gesundheits- und Sozialwesen

---

Rechtliche Grundlagen
Vereinbarung vom 9.9.1988 über die freiwillige zusätzliche Versorgung für Ärzte, Zahnärzte, Apotheker und andere Hochschulkader in katholischen Einrichtungen des Gesundheits- und Sozialwesens der DDR

Hinweise vom 9.9.1988 dazu

Vereinbarung vom 9.9.1988 über die freiwillige zusätzliche Versorgung für Ärzte, Zahnärzte, Apotheker und anderer Hochschulkader in evangelischen Einrichtungen des GSW in der DDR

Hinweise vom 9.9.1988 dazu

Personenkreis
In konfessionellen Einrichtungen des GSW hauptberuflich tätige Ärzte, Zahnärzte, Apotheker, Dipl.-pharmazeuten, Dipl.-biologen, Dipl.-medicobiologen, Dipl.-chemiker, Dipl.-lebensmittelchemiker, Dipl.-biochemiker, Dipl.-physiker, Dipl.-physikochemiker, Dipl.-mathematiker, Dipl.-psychologen, Dipl.-Ingenieure, Sportwissenschaftler in Einrichtungen des Kur- und Bäderwesens und in Einrichtungen der Rehabilitation, Technische Leiter mit einem technischen Hochschulabschluß, ökonomische Direktoren und ökonomische Leiter (in medizinischen Bereichen des Hoch- und Fachschulwesens) mit einer abgeschlossenen Hochschulausbildung in staatlichen Einrichtungen des GSW. Apotheker und Dipl.-pharmazeuten im Arbeitsverhältnis mit privaten Apotheken.

Einbeziehung/ Anspruchsvoraussetzungen
Beitritt zur FZR mit Verpflichtung zur Beitragszahlung für das 1.500 DM monatlich übersteigende Einkommen und hauptberufliche Tätigkeit bei Eintritt des Rentenfalls.

Beitragszahlung	Je 10 % des 1.500 DM monatlich übersteigenden Einkommens durch Berechtigten und Betrieb bzw. Einrichtung.
Rente aus der SV-Pflichtvers.	wie alle anderen Arbeitnehmer
Altersversorgung	Differenz zwischen SV-Rente und 90 % des durchschnittlichen monatlichen Nettoverdienstes der letzten 12 Monate oder der 10 günstigsten zusammenhängenden Jahre der Tätigkeit, maximal 50 % des Bruttoverdienstes.
Invalidenversorg.	Wie Altersversorgung, Invaliditätsbegriff wie Rentenversicherung.
Volle BU	Entscheidung durch Kommission auch über Ausübung anderer Tätigkeit. Voraussetzung ist, bisherige oder andere Tätigkeit im Beruf kann infolge Krankheit, Unfall oder sonstiger Schädigung nicht mehr ausgeübt werden. Versorgungshöhe: Differenz zwischen dem Nettoverdienst aus noch ausgeübter Tätigkeit und 90 % des Nettoverdienstes im Berechnungszeitraum.
Teil-BU	Entscheidung durch Kommission auch über Umfang der noch auszuübenden Tätigkeit. Voraussetzung ist, daß bisherige oder andere Tätigkeit nur noch in eingeschränktem Umfang ausgeübt werden kann. Versorgungshöhe: Differenz zwischen dem Nettoverdienst aus noch ausgeübter Tätigkeit und 90 % des Nettoverdienstes im Berechnungszeitraum.
Hinterbliebene	
Witwen	50 % der Versorgung des Verstorbenen.
Waisen	40 % der Versorgung des Verstorbenen.
Halbwaisen	30 % der Versorgung des Verstorbenen.
Finanzierung	Durch FZR-Beiträge der Berechtigten, der konfessionellen Einrichtungen und durch Beiträge der Einrichtungen in Höhe von 3 % des Jahresbruttoverdienstes der Berechtigten.

Zusatzversorgungssysteme

Freiwillige zusätzliche Versorgung für Tierärzte und andere Hochschulkader in Einrichtungen des staatlichen Veterinärwesens

---

Rechtliche Grundlage	AO vom 17. Mai 1988 über die freiwillige zusätzliche Versorgung für Tierärzte und andere Hochschulkader in Einrichtungen des staatlichen Veterinärwesens Richtlinie vom 17. Mai 1988 dazu FZR-VO vom 17.11.1990
Personenkreis	Hauptberuflich tätige approbierte Tierärzte in Einrichtungen des staatlichen Veterinärwesens sowie Diplombiologen, Dipl.-chemiker, Dipl.-lebensmittelchemiker, Dipl.-landwirte, Dipl.-physikochemiker, die veterinärmedizinische Aufgaben wahrnehmen.
Einbeziehung/ Anspruchsvoraussetzungen	Beitritt zur FZR mit Verpflichtung zur Beitragszahlung für das 1.500 DM monatlich übersteigende Einkommen und hauptberufliche Tätigkeit bei Eintritt des Rentenfalls.
Beitragszahlung	Je 10 % des 1.500 DM monatlich übersteigenden Einkommens durch Berechtigten und Betrieb bzw. Einrichtung.
Rente aus der SV-Pflichtvers.	wie alle anderen Arbeitnehmer
Altersversorgung	Differenz zwischen SV-Rente und 90 % des durchschnittlichen monatlichen Nettoverdienstes der letzten 12 Monate oder der 10 günstigsten zusammenhängenden Jahre der Tätigkeit, maximal 50 % des Bruttoverdienstes.
Invalidenversorg.	Wie Altersversorgung, Invaliditätsbegriff wie Rentenversicherung.
Volle BU	Entscheidung durch Kommission auch über Ausübung anderer Tätigkeit. Voraussetzung ist, bisherige oder andere Tätigkeit im Beruf kann infolge Krankheit, Unfall oder sonstiger Schädigung nicht mehr ausgeübt werden. Versorgungshöhe: Differenz zwischen dem Nettoverdienst aus noch ausgeübter Tätigkeit und 90 % des Nettoverdienstes im Berechnungszeitraum.
Teil-BU	Entscheidung durch Kommission auch über Umfang der noch auszuübenden Tätigkeit. Voraussetzung ist, daß bisherige oder andere Tätigkeit nur noch in eingeschränktem Umfang ausgeübt werden kann. Versorgungshöhe: Differenz zwischen dem Nettoverdienst aus noch ausgeübter Tätigkeit und 90 % des Nettoverdienstes im Berechnungszeitraum.
Hinterbliebene	
Witwen	50 % der Versorgung des Verstorbenen.
Waisen	40 % der Versorgung des Verstorbenen.
Halbwaisen	30 % der Versorgung des Verstorbenen.
Finanzierung	Aus Rentenversicherung.

Z u s a t z v e r s o r g u n g s s y s t e m e

Altersversorgung der Tierärzte in eigener Praxis

Rechtliche Grundlagen	Vereinbarung vom 10.1.1972 zwischen dem Ministerium für Land-, Forst- und Nahrungsgüterwirtschaft und dem Zentralvorstand der Gewerkschaft Land, Nahrungsgüter und Forst über die Altersversorgung für Tierärzte in eigener Praxis Zweiter Nachtrag vom 13.10.1976 dazu Vereinbarung vom 9.4.1990 zwischen dem Ministerium für Land-, Forst- und Nahrungsgüterwirtschaft und dem Zentralvorstand der Gewerkschaft Land, Forst und Nahrungsgüter über die Altersversorgung für Tierärzte in eigener Niederlassung
Personenkreis	Tierärzte in eigener Niederlassung und ihre mithelfenden Ehegatten.
Einbeziehung/ Anspruchsvoraussetzungen	Obligatorisch in den fünf beigetretenen Bundesländern, freiwillig in Ostberlin. Für Tierärzte: Approbation und hauptberufliche Niederlassung. Für mithelfende Ehegatten: Approbation und Einkommen über 600 M monatlich.
Beitragszahlung	Bis Dezember 1989 2% der Bruttoeinnahmen jährlich, ab Januar 1990 Beiträge zur FZR für das monatliche Einkommen bis 2.400 M bzw. für das jährliche Einkommen bis 28.800 M.
Rente aus der	Wie für alle anderen Arbeitnehmer (mit Festbetrag in Höhe von 140 M).
Altersversorgung	Ab 1.1.1990 Tierärzte: 800 M monatlich und für jedes Jahr der Beitragszahlung zur Vereinbarung vom 10.1.1972 zusätzlich 10 M monatlich. Ab 1.1.1990 mithelfende Ehegatten: Differenz zwischen der SV-Rente und 90 % des im Berechnungszeitraum erzielten durchschnittlichen monatlichen Nettoeinkommens, maximal 800 M, und zusätzlich für jedes Jahr der Beitragszahlung zur Vereinbarung vom 10.1.1972 10 M monatlich. Tierärzte in eigener Niederlassung, die am 1.1.1990 bereits berentet waren, erhalten ab 1.1.1990 anstelle der bisherigen Versorgung (ca. 140 M) eine Versorgung in Höhe von 800 M monatlich.
Invalidenversorg.	Wie Altersversorgung, Invaliditätsbegriff wie Rentenversicherung.
Volle BU	entfällt
Teil-BU	entfällt
Hinterbliebene	
Witwen	50% der Versorgung des Verstorbenen.
Waisen	40% der Versorgung des Verstorbenen.
Halbwaisen	30% der Versorgung des Verstorbenen.
Finanzierung	Aus Beitragszahlung der Berechtigten und Zuschuß aus dem Staatshaushalt.

Z u s a t z v e r s o r g u n g s s y s t e m e

Zusätzliche Versorgung der künstlerisch Beschäftigten in Theatern, Orchestern und staatlichen Ensembles

---

Rechtliche Grundlagen	AO vom 3.9.1985 über die zusätzliche Versorgung der künstlerisch Beschäftigten in Theatern, Orchestern und staatlichen Ensembles Richtlinie vom 3.9.1985 dazu AO Nr. 2 vom 27.12.1985 dazu FZR-Verordnung vom 17.11.1977
Personenkreis	Künstlerisch Beschäftigte im Arbeitsverhältnis zu einem Theater, Orchester, staatlichen Ensemble oder einer anderen künstlerischen Einrichtung des Ministers für Kultur (Berufsgruppen siehe Anlage zur AO vom 3.9.1985 und AO Nr. 2 vom 27.12.1985).
Einbeziehung/ Anspruchsvoraussetzungen	Freiwilliger Beitritt des Berechtigten mit Beginn der Tätigkeit. Voraussetzung: hauptamtliche Tätigkeit im Arbeitsverhältnis und FZR-Zugehörigkeit
Beitragszahlung	10% des Bruttoverdienstes über 600 M mtl. zur FZR (mindestens bis 1.200 M mtl.).
Rente aus der SV-Pflichtvers.	In Höhe des errechneten Steigerungsbetrages ohne Festbetrag von 140 M.
Altersversorgung	60% des durchschnittlichen monatlichen Bruttoverdienstes, maximal 800 M, zusammen mit der SV-Rente höchstens 90% des Nettoverdienstes der 10 günstigsten zusammenhängenden Jahre oder der letzten 12 Monate der künstlerischen Tätigkeit vor Erreichen des Rentenalters.
Invalidenversorg.	Wie Altersversorgung, Invaliditätsbegriff wie Rentenversicherung.
Volle BU	Entscheidung durch Kommission. Infolge Krankheit, Unfall oder sonstiger Schädigung kann bisherige künstlerische und auch eine andere Tätigkeit nicht mehr ausgeübt werden. Höhe der BU-Versorgung: 90% des durchschnittlichen monatlichen Nettoverdienstes, maximal 800 M.
Teil-BU	Entscheidung durch Kommission. Infolge Krankheit, Unfall oder sonstiger Schädigung ist bisherige künstlerische Tätigkeit nur noch eingeschränkt oder andere künstlerische Tätigkeit oder andere Beschäftigung auszuüben. Höhe der Versorgung: Differenz zwischen Nettoverdienst der noch ausgeübten Tätigkeit und 90% des durchschnittlichen monatlichen Nettoverdienstes aus der künstlerischen Tätigkeit vor der TBU.
Hinterbliebene	
Witwen	50% der Versorgung des Verstorbenen.
Waisen	40% der Versorgung des Verstorbenen.
Halbwaisen	30% der Versorgung des Verstorbenen.
Finanzierung	Aus Rentenversicherung.

Z u s a t z v e r s o r g u n g s s y s t e m e

Zusätzliche Versorgung der künstlerisch Beschäftigten des Rundfunks, Fernsehens, Filmwesens sowie des Staatszirkusses der DDR und des VEB Deutsche Schallplatte

---

Rechtliche Grundlagen	AO vom 27.12.1985 über die zusätzliche Versorgung der künstlerisch Beschäftigten des Rundfunks, Fernsehens, Filmwesens sowie des Staatszirkusses der DDR und des VEB Deutsche Schallplatte Richtlinie vom 27.12.1985 dazu FZR-Verordnung vom 17.11.1977
Personenkreis	Künstlerisch Beschäftigte im Arbeitsverhältnis - zum Rundfunk der DDR - zum Fernsehen der DDR - zu einem DEFA-Studio oder einer zentrageleiteten Einrichtung des Filmwesens der DDR - zum Staatszirkus der DDR - zum VEB Deutsche Schallplatte. (Berufsgruppen siehe Anlage zur AO vom 27.12.1985)
Einbeziehung/ Anspruchsvoraussetzungen	Freiwilliger Beitritt des Berechtigten mit Beginn der Tätigkeit. Voraussetzung: hauptamtliche Tätigkeit im Arbeitsverhältnis und FZR-Zugehörigkeit
Beitragszahlung	10% des Bruttoverdienstes über 600 M mtl. zur FZR (mindestens bis 1.200 M mtl.).
Rente aus der SV-Pflichtvers.	In Höhe des errechneten Steigerungsbetrages ohne Festbetrag von 140 M.
Altersversorgung	60% des durchschnittlichen monatlichen Bruttoverdienstes, maximal 800 M, zusammen mit der SV-Rente höchstens 90% des Nettoverdienstes der 10 günstigsten zusammenhängenden Jahre oder der letzten 12 Monate der künstlerischen Tätigkeit vor Erreichen des Rentenalters.
Invalidenversorg.	Wie Altersversorgung, Invaliditätsbegriff wie Rentenversicherung.
Volle BU	Entscheidung durch Kommission. Infolge Krankheit, Unfall oder sonstiger Schädigung kann bisherige künstlerische und auch eine andere Tätigkeit nicht mehr ausgeübt werden. Höhe der BU-Versorgung: 70% des durchschnittlichen monatlichen Nettoverdienstes, maximal 800 M.
Teil-BU	Entscheidung durch Kommission. Infolge Krankheit, Unfall oder sonstiger Schädigung ist bisherige künstlerische Tätigkeit nur noch eingeschränkt oder andere künstlerische Tätigkeit oder andere Beschäftigung auszuüben. Höhe der Versorgung: Differenz zwischen Nettverdienst der noch ausgeübten Tätigkeit und 90% des durchschnittlichen monatlichen Nettoverdienstes aus der künstlerischen Tätigkeit vor der TBU.
Hinterbliebene Witwen	 50% der Versorgung des Verstorbenen.
Waisen	40% der Versorgung des Verstorbenen.
Halbwaisen	30% der Versorgung des Verstorbenen.
Finanzierung	Aus Rentenversicherung.

Zusatzversorgungssysteme

Zusätzliche Versorgung freiberuflich tätiger Mitglieder des Schriftstellerverbandes der DDR

Rechtliche Grundlagen	AO vom 27.10 1987über die zusätzliche Versorgung für freiberuflich tätige Mitglieder des Schriftstellerverbandes der DDR Richtlinie vom 27.10.1987 dazu FZR-Verordnung vom 17.11.1977
Personenkreis	Mitglieder des Schriftstellerverbandes, entsprechend Statut des Schriftstellerverbandes der DDR
Einbeziehung/ Anspruchsvoraussetzungen	Freiwilliger Beitritt des Berechtigten und freiberufliche Tätigkeit als Schriftsteller.
Beitragszahlung	20% des Einkommens über 600 M mtl. bzw. 7.200 M jährlich bis 1.200 M mtl. bzw. 14.400 M jährlich zur FZR.
Rente aus der SV-Pflichtvers.	In Höhe des errechneten Steigerungsbetrages ohne Festbetrag von 140 M.
Altersversorgung	60% des Einkommens, höchstens 800 M mtl, zusammen mit SV-Rente maximal 90% der durchschnittlichen Nettoeinkünfte der 10 günstigsten zusammenhängenden Jahre der schriftstellerischen Tätigkeit.
Invalidenversorg.	Wie Altersversorgung, Invaliditätsbegriff wie Rentenversicherung.
Volle BU	entfällt
Teil-BU	entfällt
Hinterbliebene Witwen	50% der Versorgung des Verstorbenen.
Waisen	40% der Versorgung des Verstorbenen.
Halbwaisen	30% der Versorgung des Verstorbenen.
Finanzierung	Aus Rentenversicherung.

Zusätzliche Altersversorgung für bildende Künstler

Rechtliche Grundlagen	Ministerratsbeschluß vom 2.12.1988 (PMR Nr. 104/I.16/88) über den Vorschlag zur Verbesserung der Versorgung für freischaffende bildende Künstler Ministerratsbeschluß vom 29.11.1989 (Nr. 3/I. S. 1/89) zur Ergänzung des Ministerratsbeschlusses vom 2.12.1988 VO vom 12.7.1951 über die Altersversorgung der Intelligenz an wissenschaftlichen, künstlerischen, pädagogischen und medizinischen Einrichtungen der DDR FZR-Verordnung vom 17.11.1977 i.d.F. der 4. FZR-VO vom 8.6.1989
Personenkreis	Verdienstvolle freischaffende bildende Künstler.
Einbeziehung/ Anspruchsvoraussetzungen	Bereits berentete Berechtigte durch Einzelentscheidung des Ministers für Kultur mit Zustimmung des Staatssekretärs für Arbeit und Löhne im Einvernehmen mit dem Präsidenten des Verbandes bildender Künstler der DDR. Voraussetzung: Beitritt zur FZR.
Beitragszahlung	20% des Einkommens über 600 M mtl. bzw. 7.200 M jährlich bis 1.200 M mtl. bzw. 14.400 M jährlich zur FZR.
Rente aus der SV-Pflichtvers.	In Höhe des errechneten Steigerungsbetrages ohne Festbetrag von 140 M.
Altersversorgung	60% des Einkommens, höchstens 800 M monatlich, zusammen mit SV-Rente maximal 90% der durchschnittlichen mtl. Nettoeinkünfte der letzten 12 Monate der künstlerischen Tätigkeit vor Eintritt des Rentenalters.
Invalidenversorg.	Wie Altersversorgung, Invaliditätsbegriff wie Rentenversicherung.
Volle BU	entfällt
Teil-BU	entfällt
Hinterbliebene	
Witwen	50% der Versorgung des Verstorbenen.
Waisen	25% der Versorgung des Verstorbenen.
Halbwaisen	25% der Versorgung des Verstorbenen.
Finanzierung	Aus Staatshaushalt und Rentenversicherung.

Zusätzliche Versorgung der Tänzer

Rechtliche Grundlagen	AO vom 1. Juli 1983 über die Gewährung einer berufsbezogenen Zuwendung an Ballettmitglieder
Personenkreis	Tänzerinnen und Tänzer im Arbeitsverhältnis mit künstlerischer Einrichtung
Einbeziehung/ Anspruchsvoraussetzungen	Obligatorisch Voraussetzungen: Ausscheiden aus Tänzerberuf infolge des Alters, berufsbedingter oder gesundheitlicher Gründe Vollendung des 35. Lebensjahres und 15jährige Berufsausübung als Tänzer
Beitragszahlung	ohne
Rente aus der SV-Pflichtvers.	Ab Erreichen des Rentenalters oder bei Invalidität ohne Festbetrag von 140 M, in Höhe des errechneten Steigerungsbetrages.
Altersversorgung	60 % der arbeitsvertraglich festgelegten monatlichen Bruttogage, der 5 verdienstgünstigsten zusammenhängenden Jahre als Ballettmitglied, höchstens 800 M monatlich.
Invalidenversorg.	Wie Altersversorgung, Invaliditätsbegriff wie Rentenversicherung.
Volle BU	50 % der arbeitsvertraglich festgelegten monatlichen Bruttogage der 5 verdienstgünstigsten zusammenhängenden Jahre als Ballettmitglied, höchstens 800 M monatlich. Einkommen aus anderer Tätigkeit ohne Begrenzung möglich.
Teil-BU	entfällt
Hinterbliebene	
Witwen	entfällt
Waisen	entfällt
Halbwaisen	entfällt
Finanzierung	Staatshaushalt

Zusatzversorgungssysteme

Freiwillige zusätzliche Altersversorgung für Mitarbeiter des Staatsapparates

---

Rechtliche Grundlagen

Ordnung über die freiwillige zusätzliche Altersversorgung für Mitarbeiter des Staatsapparates (MR-Beschluß vom 29. 1. 1971 i.d.F. vom 14.7.1971)

2. Richtlinie vom 17. Juni 1975

MR-Beschluß (Nr. 90/5/89) vom 16.3.1989 über Rechtsvorschriften und Maßnahmen zur Verwirklichung des Gemeinsamen Beschlusses des Zentralkomitees der SED, des Bundesvorstandes des FDGB und des Ministerrates der DDR über die weitere Erhöhung der Mindestrenten und anderer Renten

RAG vom 28. 6. 1990

Personenkreis

Leiter, politische Mitarbeiter, Sachbearbeiter, Sekretärinnen, Stenotypistinnen, Fernschreiber, Telefonisten, Mitarbeiter in Poststellen, Boten, Mitarbeiter in Druck- und Vervielfältigungsstellen, Kraftfahrer im Arbeitsverhältnis mit einem Staatsorgan.
Zivilbeschäftigte der bewaffneten Organe (GST).
Hauptamtliche Mitarbeiter aller Banken und Sparkassen der DDR, der Staatlichen Versicherung der DDR, des Leitungsbereiches der Akademie der Wissenschaften, des Fernsehens der DDR und Rundfunks der DDR, der Versorgungseinrichtungen des Ministerrates und des Regierungskrankenhauses.

Einbeziehung/ Anspruchsvoraussetzungen

Freiwilliger Beitritt mit Beginn der Tätigkeit.
Voraussetzung: Aufnahme der Tätigkeit mindestens 15 Jahre vor Erreichen des Rentenalters.

Beitragszahlung

bis 700 M	5 M monatlich
über 700 M bis 1 500 M	5 % des 600 M monatl. übersteigenden Bruttoverdienstes
über 1 500 M	3 % des gesamten Bruttoverdienstes

Rente aus der SV-Pflichtvers.

Wie für alle anderen Arbeitnehmer.

Altersversorgung

Bei einem durchschnittlichen monatlichen Bruttoverdienst bis zu 1 500 M: Differenz zwischen SV-Rente und 90 % des durchschnittlichen monatlichen Nettoverdienstes der 10 günstigsten zusammenhängenden Jahre oder der letzten 12 Monate vor Eintritt des Versorgungsfalles.
Bein einem durchschnittlichen monatlichen Bruttoverdienst über 1 500 M: 50 % des durchschnittlichen monatlichen Bruttoverdienstes der 10 günstigsten zusammenhängenden Jahre oder der letzten 12 Monate vor Eintritt des Versorgungsfalles, maximal 1 500 M monatlich.

Invalidenversorg.	Wie Altersversorgung, Invaliditätsbegriff wie Rentenversicherung.
Volle BU	entfällt
Teil-BU	entfällt
Hinterbliebene	
Witwen	50 % der Versorgung des Verstorbenen.
Waisen	40 % der Versorgung des Verstorbenen.
Halbwaisen	30 % der Versorgung des Verstorbenen.
Finanzierung	Aus Beiträgen und Staatshaushalt.

Zusatzversorgungssysteme

Versorgung für langjährig verdienstvolle Mitarbeiter des Staatsapparates

---

Rechtliche Grundlagen	Ordnung zur freiwilligen zusätzlichen Versorgung des Staatsapparates vom 29.1.1971
Personenkreis	Langjährig verdienstvolle Mitarbeiter desStaatsapparates, die 1971 bereits Rentner waren.
Einbeziehung/ Anspruchsvoraussetzungen	Obligatorisch. Voraussetzung: 15 jährige Tätigkeit in einem Staatsorgan bis zum Erreichen des Rentenalters, 5 jährige Tätigkeit im Staatsorgan bis zur Invalidität und keine weitere Tätigkeit.
Beitragszahlung	ohne
Rente aus der SV-Pflichtvers.	Wie alle anderen Arbeitnehmer.
Altersversorgung	Bei einem monatlichen durchschnittlichen Bruttoverdienst

bis	700 M		50 M
über	700 M bis	800 M	60 M
über	800 M bis	900 M	75 M
über	900 M bis	1.000 M	100 M
über	1.000 M bis	1.200 M	125 M
über	1.200 M bis	1.500 M	175 M
über	1.500 M bis	2.000 M	250 M
über	2.000 M		350 M.

Invalidenversorg.	Wie Altersversorgung, Invaliditätsbegriff wie Rentenversicherung.
Volle BU	entfällt
Teil-BU	entfällt
Hinterbliebene Witwen	entfällt
Waisen	entfällt
Halbwaisen	entfällt
Finanzierung	Staatshaushalt.

Zusatzversorgungssysteme

Freiwillige zusätzliche Altersversorgung für hauptamtliche Mitarbeiter gesellschaftlicher Organisationen

---

Rechtliche Grundlagen	Prinzipien für die Finanzwirtschaft der gesellschaftlichen Organisationen von 1978 Ergänzung dazu von 1988 Richtlinie für die Durchführung der Freiwilligen zusätzlichen Altersversorgung für die hauptamtlichen Mitarbeiter der gesellschaftlichen Organisationen (FZA) von 1979 RAG vom 28.6.1990
Personenkreis	Hauptamtliche Mitarbeiter der Nationalen Front der DDR, der FDJ, des DFD, der Gesellschaft für DSF, des Solidaritätskomitees der DDR, des Blinden- und Sehschwachenverbandes der DDR, des Gehörlosen- und Sehschwachenverbandes, des Ausschusses für Jugendweihe, des Bundes der Architekten, der Liga der Vereinten Nationen, des Kulturbundes des Schriftstellerverbandes, des DTSB, des DRK, der Domowina, der Agrarwissenschaftlichen Gesellschaft der DDR, der Wissenschaftlichen Gesellschaft für Veterinärmedizin, des Friedensrates, der Gesellschaft zur Förderung des Olympischen Gedankens, der KdT, des Komitees der Antifaschistischen Widerstandskämpfer der DDR, der Liga der Völkerfreundschaft, des NOK, des PEN-Zentrums, der Urania, des Verbandes bildender Künstler, des Verbandes der Film- und Fernsehschaffenden, des Verbandes der Journalisten, des Verbandes der Kleingärtner, Siedler und Kleintierzüchter, des Verbandes der Theaterschaffenden, des Verbandes der Komponisten und Musikwissenschaftler, des Verbandes der Juristen, des Verbandes der VdgB, des Verbandes der Volkssolidarität.

Einbeziehung/ Anspruchsvoraussetzungen	Freiwilliger Beitritt innerhalb von 3 Monaten nach Beginn der Tätigkeit (Nicht-Beitritt ist schriftlich zu erklären). Voraussetzung: Austritt aus der FZR.
Beitragszahlung	bis 600 M — 1 % des durchschnittl. monatl. Bruttoverdienstes über 600 M — 2 % des durchschnittl. monatl. Bruttoverdienstes über 800 M — 3 % des durchschnittl. monatl. Bruttoverdienstes
Rente aus der SV-Pflichtvers.	Wie für alle anderen Arbeitnehmer.
Altersversorgung	1 % des durchschnittlichen monatlichen Bruttoverdienstes der 10 günstigsten zusammenhängenden anerkannten Tätigkeitsjahre für jedes Jahr der anerkannten Tätigkeit, zusammen mit SV-Rente maximal 90 % des durchschnittlichen monatlichen Nettoverdienstes. Mindestversorgung Vollbeschäftigte = 50 M Teilbeschäftigte = 25 M
Invalidenversorg.	Wie Altersversorgung. Zeit der Tätigkeit zwischen Beginn der Invalidität und Erreichen des Rentenalters wird als Tätigkeitsjahre anerkannt.
Volle BU	entfällt
Teil-BU	entfällt
Hinterbliebene	
Witwen	50 % der Versorgung des Verstorbenen, mindestens 25 M bzw. 13 M.
Waisen	130 M monatlich.
Halbwaisen	65 M monatlich.
Finanzierung	Beiträge und Staatshaushalt.

Versorgung für langjährige verdienstvolle Mitarbeiter gesellschaftlicher Organisationen

Rechtliche Grundlagen	Richtlinie für die Durchführung der "Freiwilligen zusätzlichen Altersversorgung für die hauptamtlichen Mitarbeiter der gesellschaftlichen Organisationen" (FZA)
Personenkreis	Langjährig verdienstvolle Mitarbeiter, die vor dem 1.1.1976 bereits Rentner waren
Einbeziehung/ Anspruchsvoraussetzungen	Obligatorisch Voraussetzung: 15jährige Tätigkeit in gesellschaftlichen Organisationen bis zum Erreichen des Rentenalters. 5jährige Tätigkeit in gesellschaftlichen Organisationen bis zum Eintritt der Invalidität.
Beitragszahlung	keine
Rente aus der SV-Pflichtvers.	Wie für alle anderen Arbeitnehmer.
Altersversorgung	Bei durchschnittlichem monatlichen Bruttoverdienst der letzten 12 Monate bis 700 M — 50 M über 700 M bis 800 M — 60 M über 800 M bis 900 M — 75 M über 900 M bis 1 000 M — 100 M über 1 000 M bis 1 200 M — 125 M über 1 200 M bis 1 500 M — 150 M über 1 500 M — 175 M
Invalidenversorg.	Wie Altersversorgung, Invaliditätsbegriff wie Rentenversicherung.
Volle BU	entfällt
Teil-BU	entfällt
Hinterbliebene Witwen	entfällt
Waisen	entfällt
Halbwaisen	entfällt
Finanzierung	aus Staatshaushalt

Z u s a t z v e r s o r g u n g s s y s t e m e

SED

Rechtliche Grundlagen	Beschluß des Sekretariats des ZK der SED vom 17.6.1968 über Grundsätze für eine freiwillige zusätzliche Altersversorgung für Mitarbeiter der Partei Beschluß des Sekretariats des ZK der SED vom 30.6.1971 über die freiwillige zusätzliche Altersversorgung für Mitarbeiter der Partei IX. Arbeitsrichtlinie über die freiwillige zusätzliche Altersversorgung der Mitarbeiter der SED Erster Nachtrag vom 1.3.1990 dazu RAG vom 28.6.1990
Personenkreis	Hauptamtliche Mitarbeiter im Parteiapparat, in Parteischulen und -instituten, Parteiheimen und Gästehäsern, in der Zentrag, dem Dietz-Verlag, dem Fundament, in Verlagen und Redaktionen der Tageszeitungen der Partei, im Berliner Verlag sowie der Verlage "Die Wirtschaft", "Zeit im Bild" einschließlich "Panorama", für Agitations- und Anschauungsmittel, "Für die Frau", "Sportverlag" und "Deutscher Bauernverlag" sowie die Leiter der Parteibetriebe
Einbeziehung/ Anspruchsvoraussetzungen	Freiwillige Entscheidung des Berechtigten. Mindestens 15 jährige ununterbrochene Tätigkeit verbunden mit der Beitragszahlung. Für Anspruch auf Invalidenrente keine Wartezeit.
Beitragszahlung	Monatsbeitrag bei einem monatlichen Bruttoeinkommen - bis 600 M 1% - von 601 M bis 800 M 2% - über 800 M 3%. Beitragsbefreiung für Mitarbeiter die der AVP länger als 25 Jahre angehörten und für Mitarbeiter, die das Rentenalter erreicht und die 15 jährige Anwartschaft erfüllt haben.
Rente aus der SV-Pflichtvers.	Wie für alle anderen Arbeitnehmer.
Altersversorgung	Bei einem monatlichem Bruttodurchschnittsverdienst der 10 günstigsten zusammenhängenden Tätigkeitsjahre - bis 1.000 M 60% - über 1.000 M bis 1.200 M 58% - über 1.200 M bis 1.400 M 56% - über 1.400 M bis 1.600 M 54%

- über 1.600 M bis 1.800 M 52%
- über 1.800 M 50%

des monatlichen Bruttodurchschnittverdienstes, zusammen mit der SV-Rente maximal 90% des Nettoverdienstes.

Mindestversorgung für Vollbeschäftigte 50 M, für Teilbeschäftigte 25 M monatlich.

Für verdiente Parteimitglieder kann entsprechend ihrer Verdienste zusätzlich zur AVP eine Zusatzrente, die 150 M monatlich nicht übersteigen sollte, gezahlt werden.

Invalidenversorg.	Wie Altersversorgung, Invaliditätsbegriff wie Rentenversicherung.
Volle BU	entfällt
Teil-BU	entfällt
Hinterbliebene	
Witwen	50% der Versorgung des Verstorbenen ab Vollendung des 45. bzw.50. Lebensjahres der Witwe.
Waisen	40% der Versorgung des Verstorbenen, maximal 350 M monatlich.
Halbwaisen	30% der Versorgung des Verstorbenen, maximal 250 M monatlich.
Finanzierung	Aus Beitragszahlungen der Berechtigten und Mitteln der Partei.

Z u s a t z v e r s o r g u n g s s y s t e m e

Zusatzversorgung der CDU

Rechtliche Grundlagen	Ordnung vom 1.9.1971 über die freiwillige zusätzliche Altersversorgung (FZA) für hauptamtlich tätige Mitarbeiter der CDU Richtlinie vom 15.11.1972 dazu Vereinbarung vom 1.10.1971 zwischen Sekretariat des Hauptvorstandes der CDU und der Verwaltung der SV der Arbeiter und Angestellten zur ordnungsgemäßen Durchführung der FZA Globalvertrag vom 1.10.1971 zwischen dem Sekretariat des Hauptvorstandes der CDU und Hauptverwaltung der Staatlichen Versicherung der DDR RAG vom 28.6.1990
Personenkreis	Hauptamtlich tätige Mitarbeiter des Sekretariats des Hauptvorstandes, der Bezirks- und Kreissekretariate, der Zentralen Schulungsstätte,des Gästehauses, des Ferienheimes sowie Redakteure und redaktionelle Mitarbeiter der Parteipresseorgane (mit Hoch- und Fachschulabschluß).

	Langjährige verdienstvolle (mindestens 15 Jahre, bei Invalidität mindestens 5 Jahre) Mitarbeiter.
Einbeziehung/ Anspruchsvoraussetzungen	Durch freiwillige Entscheidung der Berechtigten. Hauptamtliche Tätigkeit im Arbeitsrechtsverhältnis mit Parteiapparat, mindestens 15-jährige Tätigkeit bis zum Erreichen des Rentenalters. Für Anspruch auf Invalidenversorgung mindestens 5 jährige ununterbrochene Tätigkeit, außer bei Invalidität infolge Arbeitsunfalles.
Beitragszahlung	Für Bruttoverdienst einschließlich Dienstaufwandsentschädigung - bis 700 M — 5 M mtl. - über 700 M bis 1.500 M — 5% des 600 M übersteigenden Bruttoverdienstes mtl. - über 1.500 M — 3% des monatlichen Gesamtbruttoverdienstes. Langjährig verdienstvolle Mitarbeiter ohne Beitragszahlung.
Rente aus der SV-Pflichtvers.	Wie für alle anderen Arbeitnehmer.
Altersversorgung	Differenz zwischen Rente der SV und 90% des durchschnittlichen monatlichen Bruttoverdienstes der 10 günstigsten zusammenhängenden Jahre, höchstens 1.500 M. Mindestversorgung 50 M monatlich. Berechtigte mit einem durchschnittlichen monatlichen Bruttoverdienst über 1.500 M erhalten 50% dieses Bruttoverdienstes, höchstens 1.500 M. Für langjährig verdienstvolle Mitarbeiter bei einem monatlichen Durchschnittsbruttoverdienst der letzten 12 Monate vor Rentenbeginn - bis 700 M — 50 M - über 700 M bis 800 M — 60 M - über 800 M bis 900 M — 75 M - über 900 M bis 1.000 M — 100 M - über 1.000 M bis 1.200 M — 125 M - über 1.200 M bis 1.500 M — 175 M - über 1.500 M bis 2.000 M — 250 M - über 2.000 M — 350 M.
Invalidenversorg.	Wie Altersversorgung. Invaliditätsbegriff wie Rentenversicherung.
Volle BU	entfällt
Teil-BU	entfällt
Hinterbliebene	
Witwen	50% der Versorgung des Verstorbenen ab Vollendung des 45. bzw. 50. lebensjahres.
Waisen	40% der Versorgung des Verstorbenen.
Halbwaisen	30% der Versorgung des Verstorbenen.
Finanzierung	Durch Staatshaushalt. Beiträge wurden vom Parteivorstand auf ein Konto bei der Staatlichen Versicherung der DDR überwiesen.

Zusatzversorgungssysteme

Zusatzversorgung der DBD

Rechtliche Grundlagen

Ordnung vom 25.8.1971 über die freiwillige zusätzliche Altersversorgung (FZA) für hauptamtliche Mitarbeiter der DBD

Richtlinie vom 25.8.1971 dazu

Vereinbarung vom 30.9.1971 zwischen Parteivorstand der DBD und der Verwaltung der SV der Arbeiter und Angestellten zur ordnungsgemäßen Durchführung der FZA

Globalvertrag vom 22.9.1971 zwischen Parteivorstand der DBD und Hauptverwaltung der Staatlichen Versicherung der DDR

RAG vom 28.6.1990

Personenkreis

Hauptamtlich tätige Mitarbeiter des Parteivorstandes, der Bezirks- und Kreisvorstände, der Bildungsstätten und Gästehäuser sowie Redakteure und redaktionelle Mitarbeiter der Zeitschrift "Bauern Echo" (mit Hoch- und Fachschulabschluß).

Langjährige verdienstvolle (mindestens 15 Jahre, bei Invalidität mindestens 5 Jahre) Mitarbeiter.

Einbeziehung/ Anspruchsvoraussetzungen

Durch freiwillige Entscheidung der Berechtigten.
Hauptamtliche Tätigkeit im Arbeitsrechtsverhältnis mit Parteiapparat, mindestens 15-jährige Tätigkeit bis zum Erreichen des Rentenalters.

Für Anspruch auf Invalidenversorgung mindestens 5 jährige ununterbrochene Tätigkeit, außer bei Invalidität infolge Arbeitsunfalles.

Beitragszahlung

Für Bruttoverdienst einschließlich Dienstaufwandsentschädigung

- bis 700 M	5 M mtl.
- über 700 M bis 1.500 M	5% des 600 M übersteigenden Bruttoverdienstes mtl.
- über 1.500 M	3% des monatlichen Gesamtbruttoverdienstes.

Langjährig verdienstvolle Mitarbeiter ohne Beitragszahlung.

Rente aus der SV-Pflichtvers.

Wie für alle anderen Arbeitnehmer.

Altersversorgung

Differenz zwischen Rente der SV und 90% des durchschnittlichen monatlichen Bruttoverdienstes der 10 günstigsten zusammenhängenden Jahre, höchstens 1.500 M. Mindestversorgung 50 M monatlich.

Berechtigte mit einem durchschnittlichen monatlichen Bruttoverdienst über 1.500 M erhalten 50% dieses Bruttoverdienstes, höchstens 1.500 M.

Für langjährig verdienstvolle Mitarbeiter bei einem monatlichen Durchschnittsbruttoverdienst der letzten 12 Monate vor Rentenbeginn

- bis 700 M	50 M
- über 700 M bis 800 M	60 M
- über 800 M bis 900 M	75 M
- über 900 M bis 1.000 M	100 M
- über 1.000 M bis 1.200 M	125 M
- über 1.200 M bis 1.500 M	175 M
- über 1.500 M bis 2.000 M	250 M
- über 2.000 M	350 M.

Invalidenversorg. Wie Altersversorgung. Invaliditätsbegriff wie Rentenversicherung.

Volle BU entfällt

Teil-BU entfällt

Hinterbliebene

Witwen 50% der Versorgung des Verstorbenen ab Vollendung des 45. bzw. 50. lebensjahres.

Waisen 40% der Versorgung des Verstorbenen.

Halbwaisen 30% der Versorgung des Verstorbenen.

Finanzierung Durch Staatshaushalt. Beiträge wurden vom Parteivorstand auf ein Konto bei der Staatlichen Versicherung der DDR überwiesen.

Z u s a t z v e r s o r g u n g s s y s t e m e

Zusatzversorgung der LDPD

Rechtliche Grundlagen Ordnung vom 7.9.1971 über die freiwillige zusätzliche Altersversorgung (FZA) für hauptamtliche tätige Mitarbeiter der LDPD

Richtlinie vom 1.7.1971 dazu

Vereinbarung vom 30.9.1971 zwischen Zentralvorstand der LDPD und der Verwaltung der SV der Arbeiter und Angestellten zur ordnungsgemäßen Durchführung der FZA

Globalvertrag vom 20.9.1971 zwischen Sekretariat des Zentralvorstand der LDPD und Hauptverwaltung der Staatlichen Versicherung der DDR

RAG vom 28.6.1990

Personenkreis Hauptamtlich tätige Mitarbeiter des Parteivorstandes, der Bezirks- und Kreisvorstände, der zentralen Parteischule sowie Redakteure und redaktionelle Mitarbeiter der Parteipresse.

Langjährige verdienstvolle (mindestens 15 Jahre, bei Invalidität mindestens 5 Jahre) Mitarbeiter.

Einbeziehung/ Anspruchsvoraussetzungen

Durch freiwillige Entscheidung der Berechtigten.
Hauptamtliche Tätigkeit im Arbeitsrechtsverhältnis mit Parteiapparat, mindestens 15-jährige Tätigkeit bis zum Erreichen des Rentenalters.

Für Anspruch auf Invalidenversorgung mindestens 5 jährige ununterbrochene Tätigkeit, außer bei Invalidität infolge Arbeitsunfalles.

Beitragszahlung

Für Bruttoverdienst einschließlich Dienstaufwandsentschädigung

- bis 700 M	5 M mtl.
- über 700 M bis 1.500 M	5% des 600 M übersteigenden Bruttoverdienstes mtl.
- über 1.500 M	3% des monatlichen Gesamtbruttoverdienstes.

Langjährig verdienstvolle Mitarbeiter ohne Beitragszahlung.

Rente aus der SV-Pflichtvers.

Wie für alle anderen Arbeitnehmer.

Altersversorgung

Differenz zwischen Rente der SV und 90% des durchschnittlichen monatlichen Bruttoverdienstes der 10 günstigsten zusammenhängenden Jahre, höchstens 1.500 M.
Mindestversorgung 50 M monatlich.

Berechtigte mit einem durchschnittlichen monatlichen Bruttoverdienst über 1.500 M erhalten 50% dieses Bruttoverdienstes, höchstens 1.500 M.

Für langjährig verdienstvolle Mitarbeiter bei einem monatlichen Durchschnittsbruttoverdienst der letzten 17 Monate vor Rentenbeginn

- bis 700 M	50 M
- über 700 M bis 800 M	60 M
- über 800 M bis 900 M	75 M
- über 900 M bis 1.000 M	100 M
- über 1.000 M bis 1.200 M	125 M
- über 1.200 M bis 1.500 M	175 M
- über 1.500 M bis 2.000 M	250 M
- uber 2.000 M	350 M.

Invalidenversorg.

Wie Altersversorgung. Invaliditätsbegriff wie Rentenversicherung.

Volle BU

entfällt

Teil-BU

entfällt

Hinterbliebene

Witwen

50% der Versorgung des Verstorbenen ab Vollendung des 45. bzw. 50. lebensjahres.

Waisen

40% der Versorgung des Verstorbenen.

Halbwaisen

30% der Versorgung des Verstorbenen.

Finanzierung

Durch Staatshaushalt. Beiträge wurden vom Parteivorstand auf ein Konto bei der Staatlichen Versicherung der DDR überwiesen.

Z u s a t z v e r s o r g u n g s s y s t e m e

Zusatzversorgung der NDPD

Rechtliche Grundlagen

Ordnung vom 31.8.1971 über die freiwillige zusätzliche Altersversorgung (FZA) für hauptamtliche Mitarbeiter der NDPD

Richtlinie vom 31.8.1981 dazu

Vereinbarung vom 30.9.1971 zwischen Parteivorstand der NDPD und der Verwaltung der SV der Arbeiter und Angestellten zur ordnungsgemäßen Durchführung der FZA

Globalvertrag vom 17.9.1971 zwischen Parteivorstand der NDPD und Hauptverwaltung der Staatlichen Versicherung der DDR

RAG vom 28.6.1990

Personenkreis

Hauptamtlich tätige Mitarbeiter der NDPD einschließlich der Zentralen Parteischule und Erholungsheime, alle Redakteure der von der NDPD herausgegebenen Zeitungen und Zeitschriften.

Langjährige verdienstvolle (mindestens 15 Jahre, bei Invalidität mindestens 5 Jahre) Mitarbeiter.

Einbeziehung/ Anspruchsvoraussetzungen

Durch freiwillige Entscheidung der Berechtigten.
Hauptamtliche Tätigkeit im Arbeitsrechtsverhältnis mit Parteiapparat, mindestens 15-jährige Tätigkeit bis zum Erreichen des Rentenalters.

Für Anspruch auf Invalidenversorgung mindestens 5 jährige ununterbrochene Tätigkeit, außer bei Invalidität infolge Arbeitsunfalles.

Beitragszahlung

Für Bruttoverdienst einschließlich Dienstaufwandsentschädigung

- bis 700 M	5 M mtl.
- über 700 M bis 1.500 M	5% des 600 M übersteigenden Bruttoverdienstes mtl.
- über 1.500 M	3% des monatlichen Gesamtbruttoverdienstes.

Langjährig verdienstvolle Mitarbeiter ohne Beitragszahlung.

Rente aus der SV-Pflichtvers.

Wie für alle anderen Arbeitnehmer.

Altersversorgung

Differenz zwischen Rente der SV und 90% des durchschnittlichen monatlichen Bruttoverdienstes der 10 günstigsten zusammenhängenden Jahre, höchstens 1.500 M. Mindestversorgung 50 M monatlich.

Berechtigte mit einem durchschnittlichen monatlichen Bruttoverdienst über 1.500 M erhalten 50% dieses Bruttoverdienstes, höchstens 1.500 M.

Für langjährig verdienstvolle Mitarbeiter bei einem monatlichen Durchschnittsbruttoverdienst der letzten 12 Monate vor Rentenbeginn

- bis 700 M 50 M
- über 700 M bis 800 M 60 M
- über 800 M bis 900 M 75 M
- über 900 M bis 1.000 M 100 M
- über 1.000 M bis 1.200 M 125 M
- über 1.200 M bis 1.500 M 175 M
- über 1.500 M bis 2.000 M 250 M
- über 2.000 M 350 M.

Invalidenversorg.	Wie Altersversorgung. Invaliditätsbegriff wie Rentenversicherung.
Volle BU	entfällt
Teil-BU	entfällt
Hinterbliebene	
Witwen	50% der Versorgung des Verstorbenen ab Vollendung des 45. bzw. 50 Lebensjahres.
Waisen	40% der Versorgung des Verstorbenen.
Halbwaisen	30% der Versorgung des Verstorbenen.
Finanzierung	Durch Staatshaushalt. Beiträge wurden vom Parteivorstand auf ein Konto bei der Staatlichen Versicherung der DDR überwiesen.

kein

Zusatzversorgungssystem

Ehrenpensionen des Ministerrates

Rechtliche Grundlagen	VO vom 28. 8. 1952 über die Gewährung von Ehrenpensionen
Personenkreis	Verdienstvolle Werktätige, Wissenschaftler, Angehörige der technischen Intelligenz, Schriftsteller, Kunstschaffende, verdiente Persönlichkeiten des Staatsapparates und des öffentlichen Lebens, Nationalpreisträger
Einbeziehung/ Anspruchsvoraussetzungen	Nach Leistungsprinzip durch Beschluß des Ministerrates
Beitragszahlung	ohne
Rente aus der SV-Pflichtvers.	Wie alle anderen Arbeitnehmer.
Altersversorgung	Ab Vollendung des 60. bzw. 65. Lebensjahres in Abhängigkeit von Leistungen 600 M 800 M 1 000 M 1 200 M 1 500 M im Einzelfall
Invalidenversorg.	Wie Altersversorgung.
Volle BU	Wie Altersversorgung.
Teil-BU	entfällt
Hinterbliebene	
Witwen	60 % der Versorgung des Verstorbenen.
Waisen	75 % der Versorgung des Verstorbenen.
Halbwaisen	10 % der Versorgung des Verstorbenen.
Finanzierung	Staatshaushalt

Kein
Zusatzversorgungssystem

Ehrenpensionen für Kämpfer gegen den Faschismus und Verfolgte des Faschismus

---

Rechtliche Grundlagen	AO vom 27.9.1976 über Ehrenpensionen für Kämpfer gegen den Faschismus und für Verfolgte des Faschismus sowie für deren Hinterbliebene AO Nr.2 vom 9.10.1985 dazu AO Nr.3 vom 30.12.1988 dazu RAG vom 28.6.1990
Personenkreis	Kämpfer gegen den Faschismus, Verfolgte des Faschismus und ihre Hinterbliebenen
Einbeziehung/ Anspruchsvoraussetzungen	Obligatorisch. Voraussetzungen - für Kämpfer "Medaille für Kämpfer gegen den Faschismus 1933-1945" - für Verfolgte Anerkennung durch Urkunde bzw. Ausweis entsprechend Richtlinie vom 10.2.1950.
Beitragszahlung	ohne.
Rente aus der SV-Pflichtvers.	Wie alle anderen Arbeitnehmer.
Altersversorgung	Kämpfer 1.700 M mtl. Verfolgte 1.400M mtl., Frauen ab Vollendung des 55. Lebensjahres.(Plus 200 M Kinderzuschlag für jedes unterhaltspflichtige Kind.)
Invalidenversorg.	Wie Altersversorgung, Invaliditätsbegriff wie Rentenversicherung.
Volle BU	entfällt
Teil-BU	entfällt
Hinterbliebene Witwen	Arbeitsunfähige Witwen von Kämpfern: 900 M. Arbeitsunfähige Witwen von Verfolgten: 800 M. Arbeitsfähige Witwen von Kämpfern und Verfolgten: 300 M.
Waisen	500 M.
Halbwaisen	300 M.
Finanzierung	Staatshaushalt.

Anlage 9

Doz. Dr. sc. U. Stolzenburg

Fakten und Zahlen zu den langfristigen Auswirkungen des Renten-Überleitungsgesetzes (RÜG) und Anspruchs- und Anwartschaftsüberführungsgesetzes (AAÜG) vom 25. Juli 1991 für die Bestandsrentner und Anwärter mit Ansprüchen auf eine Altersversorgung der Intelligenz

Hinweise

- Es wird von der neuen Berechnung der Renten zum 1. 1. 92 gesprochen. Zum Verständnis nachfolgender Berechnungen und Bemerkungen ist zu unterscheiden zwischen
  - der ›pauschalen Umwertung‹ nach § 307 b (5,6) SGB VI, die zum 1. 1. 1992 vorgenommen wurde und der
  - tatsächlichen Neuberechnung gemäß § 307 b (1) SGB VI, auf die ein Anspruch erst ab dem 1. 1. 1994 eingeräumt wird, die dann aber rückwirkend (frühestens zum 1. 7. 1990 je nach Rentenbeginn) erfolgt.
- In Übereinstimmung mit dem Rentenbescheid zum 1. 1. 1992 werden folgende Begriffe benutzt:
  - monatliche Rente (Bruttorente), sie ist die Basis für die Rentenanpassungen
  - monatlicher Zahlbetrag (Nettorente, besitzgeschützt).

Um eine einheitliche Ausgangsbasis zu schaffen, hat der Versorgungsträger zum 1. 1. 1992 den *besitzgeschützten* »Gesamtauszahlbetrag« per 31. 12. 91 durch die Aufstockung um 6,84 % Krankenversicherung (1991) in die monatliche Rente umgerechnet und dann wieder 6,4 % Krankenversicherung (1992) abgezogen zur Ausweisung des *besitzgeschützten* monatlichen Zahlbetrages per 1. 1. 1992 in der bisherigen Höhe.

- Unter der Überschrift »Einheitliches Recht in einem vereinigten Deutschland« äußerte Herr Bundesminister Blüm im Unterpunkt »Die künftige Dynamisierung der Renten«: »Die unterschiedlichen Anpassungssätze werden beibehalten, bis vergleichbare Renten in den östlichen und in den westlichen Teilen Deutschlands auch den *gleichen Rentenbetrag* aufweisen« (Quelle: Rentenreform '92, Beilage »Überführung der Rentenversicherung im Gebiet der ehemaligen DDR«). Ein offizieller Termin für die Erreichung der »gleichen Rentenbeträge« ist bisher nicht bekannt (in Antwortbriefen aus dem Bundesministerium für Arbeit und Sozialordnung auf Protestschreiben Betroffener wird »die Mitte der Neunziger Jahre« angegeben). Für die Berechnungen wurde sicherheitshalber der Monat Januar 1998 als Endtermin ange-

nommen. Darauf ausgerichtet wurden die in den Tabellen ausgewiesenen Anpassungsprozentsätze für den aktuellen Rentenwert ab dem 1. 7. 1992 unterstellt.
- Die Tabellen bauen aufeinander auf.

Am Beispiel konkreter Fälle wurden sowohl für den Vergleich mit »Gleichgestellten« in den alten Bundesländern als auch für den Vergleich mit Bestandsrentnern ohne Altersversorgung der Intelligenz in den neuen Bundesländern die gleichen Kenndaten für die Berechnungen verwendet. Außer dem aktuellen Rentenwert, der für *alle* in den neuen Bundesländern gleich ist, haben diese individuell verschiedenen Größen Einfluß auf die Höhe der monatlichen Rente des Einzelnen.

Kenndaten:

- *für die ›pauschale Umwertung‹*
  - Ende des 20-Jahreszeitraums: 1989
  - beitragspflichtige Durchschnittseinkommen der letzten 20 Jahre für die Rente der Sozialversicherung: 600,- DM
  - Rentenfaktor (Altersrente): 1,0
  - Aktueller Rentenwert zum 1. 1. 92: 23,57 DM

- *für die ›Neuberechnung‹*
  - Rentenbeginn: 1990
  - jährliche Bruttoarbeitsentgelte: generell ≧ Beitragsbemessungsgrenze
  - Persönliche Entgeltpunkte: für 45 Jahre einschließlich der Ausbildungsjahre
  - Rentenartfaktor (Altersrente): 1,0
  - Aktueller Rentenwert zum 1. 1. 1992: 23, 57; davor ab 1. 7. 90 bis 1. 7. 91 jeweils geltender Wert

- *Benutzte Abkürzungen:*

AAÜG	=	Anspruchs- und Anwartschaftsüberführungsgesetz
ABL	=	Alte Bundesländer
AVI	=	Altersversorgung der Intelligenz
BBG	=	Beitragsbemessungsgrenze (gemäß SGB VI, Anlage 2)
FZR	=	Freiwillige Zusatzrentenversicherung
FZV	=	Freiwillige zusätzliche Versorgung
NBL	=	Neue Bundesländer
RÜG	=	Renten-Überleitungsgesetz
SGB	=	Sozialgesetzbuch

Im folgenden werden fünf wesentliche, allgemeingültige Widerspruchs- und Klagegründe der Intelligenz in den NBL gegen ihre Rentenbescheide mit Zahlen und Fakten belegt:

1. Überführung der Ansprüche und Anwartschaften aus Zusatzversorgungssystemen der Intelligenz in die Rentenversicherung zum 31. 1. 1991

- Die Überführung erfolgt
  - gemäß Artikel 20, Abs. 2 des Staatsvertrages zwischen der Bundesrepublik Deutschland und der DDR vom 18. 5. 1990,
  - der Ermächtigung im Einigungsvertrag vom 31. 8. 1990 zur Regelung der Einzelheiten der Überführung (Anl. II, Kap. VIII, Sachgebiet H, Abschnitt III, Nr. 9, Buchstabe f) und in Ausfüllung dieser Ermächtigung durch das AAÜG (Artikel 3 des RÜG vom 25. 7. 1991).
- Diese Überführung schreibt die materielle Schädigung und Diskriminierung der Intelligenz in den NBL *auf Lebenszeit* fest.
- ›Überführung in die Rentenversicherung‹ heißt, daß diese Renten ab dem 1. 1. 1992 auf der Basis des SGB VI berechnet werden, gleichermaßen wie für jeden Rentner *ohne* AVI. Das schließt für alle Zeiten aus, daß der betroffene Personenkreis (im Gegensatz zu Rentnern *ohne* Ansprüche auf die AVI) jemals Renten in auch nur annähernder Höhe der Altersbezüge »Gleichgestellter« in den ABL erreichen kann (Tab. 1).

Tabelle 1

Entwicklung des Monatlichen Zahlbetrages (Nettorente) und Vergleich mit den Altersbezügen »Gleichgestellter« in den ABL - Beispiel für Angehörige der Besoldungsgruppen C

Datum	Anpassung % [1]	Monatl. Zahlbetrag DM [2]	im Vergleich zur Bundesbesoldungsordnung C			
			C 4 (Prof.) % [3]	C 3 (Prof.) % [3]	C 2 (Prof./Doz./OA) % [3]	C 1 (Assistent) % [3]
30.06.90	-	916	Diese Monatlichen Zahlbeträge haben bis zur tatsächlichen "Neuberechnung" nur theoretischen Wert, daher erfolgt kein Vergleich			
01.07.90	15	1 054				
01.01.91	15	1 212				
01.07.91	15	1 394				32,2
01.01.92	11.65	1 557			29,3	36,0
01.07.92	13	1 759			31,3	39,1
01.01.93	10	1 935			35,0	43,0
01.07.93	11	2 148	29,0	33,5	37,3	45,9
01.01.94	6	2 277	30,8	35,5	39,6	48,6
01.07.94	9	2 482	32,2	37,2	41,5	51,0
01.01.95	4	2 581	33,5	38,7	43,2	53,0
01.07.95	6	2 736	34,2	39,4	44,0	54,0
01.01.96	4	2 845	35,5	41,0	45,7	56,2
01.07.96	6	3 016	36,2	41,8	46,6	57,3
01.01.97	4	3 137	37,7	43,4	48,5	59,6
01.07.97	6	3 325	38,4	44,2	49,4	60,7
01.01.98[4]	4,3	3 468	40,0	46,1	51,5	63,3

Bemerkungen zu Tabelle 1

- Die erreichbaren Prozentsätze des monatlichen Zahlbetrages per 1. 1. 98 sind *Maximal*werte.
  Sobald der Standardrentner (Ost) 100 % der Rente des Standardrentners (West) erhält, erfolgt in den ABL und in den NBL nur noch einmal im Jahr jeweils zum 1. 7. die Rentenanpassung in *einheitlicher* Höhe.
- Der monatliche Zahlbetrag ist auf der Basis ›Neuberechnung‹ (ab 1. 1. 94) ohne Ansehen der Person, der Qualifikation sowie der inngehabten Dienststellung und des davon abhängigen tatsächlichen Bruttoarbeitsentgeltes für alle Betroffenen mit gleichen individuellen Kenndaten gleich.
- Diese Gleichheit des monatlichen Zahlbetrages bedeutet eine totale Nivellierung und bewirkt die steigenden Prozentsätze von C 4 über C 3 und C 2 zu C 1, da in den ABL die Angehörigen der vier Besoldungsgruppen C in Abhängigkeit von ihren tatsächlichen Arbeitsentgelten unterschiedlich hohe Altersbezüge haben, die für diesen Vergleich heranzuziehen waren.
- Diese Nivellierung betrifft nicht nur den Personenkreis des gewählten Beispiels der wissenschaftlichen Intelligenz, sondern gleichermaßen alle Berufsgruppen mit Ansprüchen aus Zusatzversorgungssystemen der Intelligenz, die jährliche Arbeitsentgelte ≧ BBG hatten.
  Bei Personen mit zeitweilig oder generell unter der BBG liegenden jährlichen Arbeitsentgelten sind die monatlichen Zahlbeträge auf Grund von geringeren persönlichen Entgeltpunkten zwangsläufig geringer.

1 Prozentsätze für die Rentenanpassungen ab dem 1. 7. 92 unterstellt.
2 Gemäß ›Neuberechnung‹ - es wurde in allen Jahren der Abzug von 6,4 % Krankenversicherung von der monatlichen Rente unterstellt.
3 Prozentsätze bei Unterstellung, daß Altersbezüge (West) jeweils am 1. 7. des lfd. Jahres auch angepaßt werden.
4 Unterstellung, daß bis zum 1. 1. 1998 die Rente des Standardrentners (Ost) 100 % der Rente des Standardrentners (West) beträgt unter Berücksichtigung, daß die Rente (West) jeweils zum 1. 7. des lfd. Jahres angepaßt wird.

- Es ist fragwürdig, ob man von einer ›Überführung‹ der Zusatzversorgungssysteme in die Rentenversicherung sprechen kann. Tatsächlich erfolgt seit dem 1. 7. 1990 (nachgeholt lt. Rentenbescheid zum 1. 1. 1991) mit jedem neuen Rentenbescheid für alle Betroffenen eine systematische ›Abschmelzung‹ - und für die unter § 10 AAÜG fallenden Betroffenen per 1. 8. 1991 eine zusätzliche, drastische Kürzung ihrer Zusatzversorgung, bis diese eines Tages den Wert 0 erreicht.
- Betroffene mit monatlichen Zahlbeträgen $<$ 1 500 DM sollten dies besonders beachten. Im Zuge der Rentenanpassung zum 1. 7. 91 sind ihre Gesamtzahlbeträge zwar echt erhöht worden, und vereinzelt kann auch zum 1. 1. 92 eine Erhö-

hung des monatlichen Zahlbetrages erfolgt sein, aber auch diese Gruppe kann bei der z.Zt. geltenden Gesetzesgrundlage *auf Lebenszeit* nur 52 bis 63 % der Altersbezüge »Gleichgestellter« in den ABL erreichen (Tab. 1).

2. Begrenzung der monatlichen Zahlbeträge gemäß § 10 AAÜG

- Die Betroffenen - Angehörige der Intelligenz mit ›Gesamtzahlbeträgen‹ über 2010,- DM, Witwen mit mehr als 1206 DM, Vollwaisen mit mehr als 804 DM und Halbwaisen mit mehr als 603 DM - haben an Hand der zum 1. 8. 91 abrupten Kürzung ihrer Zusatzversorgung um 50 bis 79 % in einer Flut von Protestschreiben an den Gesetzgeber und an zahlreiche politische Institutionen sowie in ihren Widersprüchen und Klageschriften die Absurdität des § 10 AAÜG belegt.
- Die Erklärung für diese drastische einheitliche Kürzung auf 2010,- DM Zahlbetrag (die übrigen Werte sind davon abgeleitet, z.B. Witwen 60 %) ist der Gesetzgeber schuldig geblieben.
  Das Argument, daß »ungerechtfertigte Leistungen abgeschafft und überhöhte Leistungen abgebaut« werden mußten, trifft nicht zu: § 23 des Rentenangleichungsgesetzes sah die Kürzung der Zusatzversorgung bestimmter Personenkreise - zu denen die Intelligenz *nicht* gehörte - auf 1500 M (plus Höchstbetrag der Sozialpflichtversicherungsrente im Juni 1990 von 519 M = 2010 M) vor. Diese Regelung wurde zum 1. 8. 91 auf die Intelligenz übertragen.

3. ›Pauschale Umwertung‹ der Renten zum 1. 1. 92 anstelle der günstigeren ›Neuberechnung‹

Unter dem Motto »Deutschland wächst zusammen - die Rente wächst mit« informiert der Bundesminister für Arbeit und Sozialordnung wie folgt (Quelle »Die Neue Rente«, Oktober 1991):

- »Die Neufestsetzung der Renten nach dem Sozialgesetzbuch VI erfolgt von Januar 1992 an rückwirkend für die Zeit ab 1. Juli 1990, bei späteren Zugängen ab dem Zeitpunkt des Rentenbeginns . . .«
- »Da die für die Überführung der Renten zuständige Bundesversicherungsanstalt für Angestellte kurzfristig nicht in der Lage ist, für rund 300 000 Personen die Rente im Einzelfall neu festzustellen, ist sie berechtigt, aus den Bestandsrenten unter Zugrundelegung der ihr vorliegenden Daten in einem pauschalierenden Verfahren maschinell einen vorläufigen dymanischen Rentenbetrag zu ermitteln.« Eine Zeitdauer für die Anwendung dieses Verfahrens ist nicht genannt.
  Hiernach besteht lt. RÜG/AAÜG zum 1. 1. 92 ein Anspruch auf die »Neufestsetzung der Renten« auf der Basis der ›Neuberechnung‹. So wurde auch in den Medien informiert (s.u.a. »150 Fragen zur Rentenversicherung . . .« herausgegeben von der Bundesversicherungsanstalt für Angestellte und anderen Versicherungsträgern im September 1991, S. 50 bis 59, insbesondere Fragen 123 und

irreführende Rechenbeispiele Frage 127. Das »pauschalierende Verfahren« wird weder verbal noch mit Rechenbeispielen erwähnt.).

- Lt. den Rentenbescheiden zum 1. 1. 92 wird ein Anspruch auf die ›Neuberechnung‹ der Renten erst ab dem 1. 1. 1994 eingeräumt. Zum 1. 1. 1992 erfolgte die ›pauschale Umwertung‹ der Renten (lt. Rentenbescheid).
  Die so berechnete monatliche Rente ist wesentlich geringer als die monatliche Rente gemäß ›Neuberechnung‹ (Tab. 2). In Tabelle 3 ist ergänzend dazu der Rentenverlauf bis zum 31. 12. 93 im Vergleich beider Berechnungssysteme dargestellt. In Tabelle 4 sind die Geldeinbußen durch die ›pauschale Umwertung‹ ausgewiesen.

Tabelle 2

Monatliche Rente (Bruttorente) zum 1. 1. 92 und monatlicher Zahlbetrag (Nettorente) der Bestandsrentner und Anwärter mit Ansprüchen aus einem Zusatzversorgungssystem der Intelligenz im Vergleich der ›pauschalen Umwertung‹ und der ›Neuberechnung‹

Jahre [1]	monatliche Rente			Monatlicher Zahlbetrag	
	pauschale Umwertung DM	Neuberechnung DM	Differenz Sp. 2:3 DM	pauschale Umwertung DM [2]	Neuberechnung DM
1	2	3	4	5	6
40	944	1 423	479	884	1 332
41	967	1 470	503	905	1 376
42	991	1 510	519	928	1 413
43	1 015	1 566	551	950	1 466
44	1 038	1 615	577	972	1 512
45	1 062	1 664	602	994	1 557
46	1 085	1 714	629	1 016	1 604
47	1 109	1 764	655	1 038	1 651
48	1 132	1 825	693	1 060	1 708
49	1 156	1 906	750	1 082	1 784
50	1 130	1 948	768	1 104	1 323

1 Lt. Rentenbescheid zum 1. 1. 92 ›berücksichtigungsfähige Arbeitsjahre‹.
2 Diese monatlichen Zahlbeträge sind im Rentenbescheid zum 1. 1. 92 nur ausgewiesen, wenn sie höher sind als der besitzgeschützte ›Gesamtauszahlbetrag‹ per 31. 12. 91.

Tabelle 3

Entwicklung des monatlichen Zahlbetrages (MZ) vom 1. 1. 92 bis zum 31. 12. 1993 im Vergleich der ›pauschalen Umwertung‹ und der ›Neuberechnung‹ der Renten zum 1. 1. 1992

Datum	Anpassung[1]	'Pauschale Umwertung'			'Neuberechnung'[3]
		MZ	Erhöhung		MZ
			je Monat	im Zeitraum	
	%	DM	DM	DM	DM
30.06.90	-	-	-	-	916
01.07.90	15	-	-	-	1 054
01.01.91	15	-	-	-	1 212
01.07.91	15	-	-	-	1 394
31.12.91	-	890[2]	-	-	1 394[2]
01.01.92	11,65	994	104	624	1 557
01.07.92	13	1 123	129	774	1 759
01.01.93	10	1 235	112	672	1 935
01.07.93	11	1 371	136	816	2 148
31.12.93	-	1 371	-	-	2 148
Summe	-	-	-	2 886	

1 Anpassungsprozentsätze ab 01.07.1992 unterstellt

2 s. Tab. 2, 45 Jahre

3 'Neuberechnung' erfolgt ab 01.01.94 rückwirkend

1 Anpassungsprozentsätze ab 1. 7. 1992 unterstellt.
2 S. Tab. 2, 45 Jahre.
3 ›Neuberechnung‹ erfolgt ab 1. 1. 94 rückwirkend.

Tabelle 4

Geldeinbußen durch die ›pauschale Umwertung‹ zum 1. 1. 1992 bis zum 31. 12. 1993 in Abhängigkeit vom Stichtag des Erreichens des besitzgeschützten Monatlichen Zahlbetrages durch Rentenanpassungen

Stichtag der Rentenanpassung	Anpassung	Monatl. Zahlbetrag [1]	Erhöhungsbeträge durch Rentenanpassungen							
			je Monat	im Halbjahr für die Gruppen [2]						
				3			3/2	2		1
	%	DM	DM	DM	DM	DM	DM	DM	DM	DM
30.06.90	-	916	-							
01.07.90	15	1 054	138	828			[3]			
01.01.91	15	1 212	158	948	948					
01.07.91	15	1 394	182	1 092	1 092	1 092				
01.01.92	11,65	1 557	163	978	978	978	978			
01.07.92	13	1 759	202	1 212	1 212	1 212	1 212	1 212		
01.01.93	10	1 935	176	1 056	1 056	1 056	1 056	1 056	1 056	
01.07.93	11	2 148	213	1 278	1 278	1 278	1 278	1 278	1 278	828 [5]
Summe [4]				3 546	3 546	3 546	3 546	3 546	2 334	828

1 Gemäß ›Neuberechnung‹ (s. Tab. 3); Für alle Betroffenen mit gleichen Kenndaten einheitlich.

2 Besitzgeschützte monatliche Zahlbeträge Gruppe 3 ≦ 1500 DM, Gruppe 2 = 1501 bis 2009 DM, Gruppe 1 = 2010 DM.

3 Empfänger von besitzgeschützten monatlichen Zahlbeträgen ≦ 1500 DM bekommen seit dem 1. 7. 91 die Erhöhungsbeträge durch Rentenanpassungen bis zum Grenzbetrag von 1500 DM tatsächlich ausgezahlt. Die Erhöhungsbeträge basieren aber auf der monatlichen Rente lt. ›pauschaler Umwertung‹ und sind daher geringer als hier ausgewiesen (s. Tab. 3).

4 Summe unterhalb der markierten Linie = Einbußen durch die ›pauschale Umwertung‹ anstelle der ›Neuberechnung zum 1. 1. 92 (*ohne* die vom 1. 7. 90 bis zum 31. 12. 91 schon eingebüßten Beträge durch die Verrechnung der Anpassungsbeträge für die Altersrente mit der Zusatzversorgung und die Kürzung der Zusatzversorgung gemäß § 10 AAÜG, die individuell sehr unterschiedlich sind).

5 Differenz 2010 DM bis 2148 DM × 6 Monate = 828 DM (dieser ggf. geringere Betrag/Monat in Abhängigkeit von der tatsächlichen Höhe des besitzgeschützten monatlichen Zahlbetrages wäre für jede Gruppe im ersten Halbjahr einer echten Zahlbetragserhöhung zu beachten).

Bemerkungen zu den Tabellen 2, 3 und 4

- Die erhebliche Benachteiligung durch die ›pauschale Umwertung‹ zum 1. 1. 1992 ist schockierend, da die monatliche Rente (und *nicht* der besitzgeschützte monatliche Zahlbetrag) die Basis für künftige Rentenanpassungen ist (Tab. 2).
- Durch die ›pauschale Umwertung‹ können allenfalls Einzelne mit z.Zt. sehr geringen *besitzgeschützten* Monatlichen Zahlbeträgen diese im Verlauf der Anpassungen bis zum 31. 12. 93 erreichen und auf *echte* Erhöhungen bis zum Grenzwert von 1500 DM hoffen.

  Die Masse der Betroffenen hat bis zu diesem Termin keine Chance auf eine echte Erhöhung ihres monatlichen Zahbetrages (Tab. 3).
- Die ›Neuberechnung‹ bereits zum 1. 1. 1992 hätte zur Folge,
  daß die Betroffenen nach § 10 AAÜG (zum 1. 8. 91 gekürzt) ab dem 1. 7. 93 und die Betroffenen mit monatlichen Zahlbeträgen zwischen 1501,- und 2009,- DM ab dem 1. 1. 92 ihre *besitzgeschützen* monatlichen Zahlbeträge erreichen und dann *echte* Erhöhungen derselben erhalten müßten, während
  - die Betroffenen mit *besitzgeschützten* monatlichen Zahlbeträgen per 31. 12. 91 unter 1500 DM (bei Arbeitsentgelten ≧ BBG) generell bereits ab dem 1. 1. 1992 echt höhere Altersbezüge hätten.
- In DM ausgedrückt ergäben sich bei ›Neuberechnung‹ bereits per 1. 1. 92 in Abhängigkeit vom Zeitpunkt des Erreichens des besitzgeschützten Monatlichen Zahlbetrages durch Rentenanpassungen bis zum 31. 12. 1993 insgesamt Erhöhungsbeträge zwischen ca. 3546 und 828 DM (Tab. 4).
- Diese Erhöhungsbeträge kommen durch die ›pauschale Umwertung‹ nicht zur Auszahlung. Die Frage, ob § 307 b/Absatz 3 SGB VI so auszulegen ist, daß eine Nachzahlung auch die lt. Tab. 4 eingebüßten Beträge einschließt, konnte bisher weder von leitenden Mitarbeitern der Überleitungsanstalt Sozialversicherung - Bereich Zusatzversorgung -, noch von Beratern der Bundesversicherungsanstalt für Angestellte verbindlich beantwortet werden.

4. Verrechnung der Erhöhungsbeträge durch Rentenanpassungen ab dem 1. 7. 1990 mit der Zusatzversorgung bzw. ab dem 1. 1. 92 mit deren verbliebenem Rest in Form des Differenzbetrages zwischen der monatlichen Rente und dem Monatlichen Zahlbetrag

- In dieser Frage besteht innerhalb der NBL Ungleichheit für Bestandsrentner und Anwärter mit Ansprüchen auf die AVI im Vergleich zu Bestandsrentnern ohne diese Ansprüche (›Normalrentner‹).
- Im Gegensatz zu ›Normalrentnern‹ erfolgte für Angehörige der Intelligenz bei den Rentenanpassungen zum 1. 7. 90, 1. 1. 91 und 1. 7. 91 keine Erhöhung der Gesamtzahlbeträge, sondern eine Verrechnung der Erhöhungsbeträge mit der Zusatzversorgung, so daß sich diese kontinuierlich verringert hat.
- Zum 1. 1. 92 gilt für beide Gruppen, daß der ›Gesamtzahlbetrag‹ per 31. 12. 91 besitzgeschützt ist.

- Ergibt sich für ›Normalrentner‹ zum 1. 1. 92 eine geringere monatliche Rente als in der Vergleichsrechnung per 31. 12. 91, so erhalten sie gemäß § 315 a SGB VI die Differenz bis zum besitzgeschützten monatlichen Zahlbetrag als ›Auffüllbetrag‹. Dieser wird erst ab dem 1. 1. 1996 bei jeder Rentenanpassung um ein Fünftel (mindestens 20,- DM) verrechnet.
  Die Rentenanpassungen ab dem 1. 1. 92 schlagen sich für sie weiterhin in kontinuierlich steigenden monatlichen Zahlbeträgen nieder.
- Bestandsrentner und Anwärter mit Ansprüchen auf die AVI erhalten *keinen* ›Auffüllbetrag‹. Die Erhöhungsbeträge der monatlichen Rente werden weiterhin mit dem Differenzbetrag zwischen monatlicher Rente und besitzgeschütztem monatlichem Zahlbetrag verrechnet, bis letztere durch künftige Rentenanpassungen überschritten wird. Die den Angehörigen der Intelligenz bisher zustehende Zusatzversorgung erreicht zu diesem Termin den Wert O. Die Renten der ›Normalrentner‹ wachsen kontinuierlich an die der Intelligenz heran.

5. Unzureichende Berücksichtigung der von Bestandsrentnern und Anwärtern mit Zusatzversorgung der Intelligenz gezahlten Beiträge zur Freiwilligen Zusatzrentenversicherung (FZR) bzw. zur Freiwilligen Zuzätzlichen Versorgung (FZV)

In der Frage der Berücksichtigung der zur FZR/FZV gezahlten Beiträge bei der Berechnung der anpassungsfähigen monatlichen Rente besteht Ungleichheit für Bestandsrentner und Anwärter mit Ansprüchen auf die AVI im Vergleich zu Bestandsrenten ohne diesen Anspruch (›Normalrentner‹):
- Die von Angehörigen der Intelligenz im staatlichen Gesundheits- und Sozialwesen sowie im staatlichen Veterinärwesen gezahlten Beiträge zur FZV finden bei der Berechnung der monatlichen Rente keinerlei Berücksichtigung.
- Für die ›Normalrentner‹ schlagen sich die zur FZR gezahlten Beiträge voll in einer höheren anpassungsfähigen monatlichen Rente zum 1. 1. 92 nieder (Berechnung nach § 307 a (2) SGB VI).
- Für Angehörige der Intelligenz, die ebenfalls Beiträge zur FZR gezahlt haben, wird dies bei der Berechnung der anpassungsfähigen monatlichen Rente nur zu einem Bruchteil berücksichtigt.
  (Berechnung nach § 307 b (5) SGB VI).
  Für sie werden gemäß Anlage 17 SGB VI »Faktoren für die pauschalierte Ermittlung persönlicher Entgeltpunkte aus überführten Bestandsrenten des Beitrittsgebietes« in Anwendung gebracht, die nach Reimann (Zeitschrift der BfA ›Angestelltenversicherung‹, Nr. 9/91) »in pauschalierender Form die zusätzliche Absicherung von Entgelten in der FZR fingieren« (Tab. 5).

Tabelle 5
Die monatliche Rente gemäß ›pauschaler Umwertung‹ zum 1. 1. 1992 und ihre Entwicklung bis zur ›Neuberechnung‹ ab dem 1. 1. 1994 von Angehörigen der Intelligenz, die Beiträge zur Freiwilligen Zusatzrentenversicherung (FZR) gezahlt haben, im Vergleich zu ›Normalrentnern‹

Datum der Rentenanpassung	Anpassung %	monatliche Rente [1] von Bestandsrentnern (DM)					
		mit AVI	ohne AVI/Beiträge zur FZR gezahlt bis zu einem Bruttogehalt von 1 200 Mark für die Dauer von Monaten [2]				
			230	186	126	66	ohne
31.12.91	-						
01.01.92	11,65	1 062	1 580	1 432	1 230	1 029	807
01.07.92	13	1 200	1 785	1 618	1 390	1 163	912
01.01.93	10	1 320	1 964	1 780	1 529	1 279	1 003
01.07.93	11	1 465	2 180	1 976	1 697	1 420	1 113
31.12.93	-	1 465	2 180	1 976	1 867	1 420	1 113

1 Anpassungsfähige monatliche Rente lt. Rentenbescheid zum 1. 1. 92, Anlage 1 Seite 1.
2 Dauer der Monate bis zum 30. 6. 1990 entspricht Beitritt zur FZR:
230 = April 1971
186 = Januar 1975
126 = Januar 1980
66 = Januar 1985

Bemerkungen zu Tabelle 5

- Ein ›Normalrentner‹, der zwischen April 1971 und Januar 1980 der FZR beigetreten ist und Beiträge bis zur Höhe von 1200 M Bruttogehalt gezahlt hat, startet am 1. 1. 92 mit einer um 518,- bis 168,- DM höheren anpassungsfähigen monatlichen Rente gegenüber dem Angehörigen der Intelligenz, der in gleicher Höhe und Dauer FZR-Beiträge gezahlt hat.
  Bis zum 31. 12. 1993 erweitert sich diese Ungleichheit durch Rentenanpassungen auf Differenzen zwischen 715 und 402 DM anpassungsfähige monatliche Rente.
- Angehörige der Intelligenz werden - unabhängig davon, ob, wie lange und in welcher Höhe sie Beiträge zur FZR gezahlt haben - in etwa ›Normalrentnern‹ gleichgesetzt, die zum 1. 1. 1985 der FZR beigetreten sind.
  Tatsächlich aber haben sehr viele Angehörige der Intelligenz - sofern ihnen das nicht verwehrt wurde - viel länger und nicht nur bis zu 1200 M, sondern bis zur vollen Höhe ihres Bruttogehaltes, Beiträge zur FZR gezahlt, so daß ihnen bei Wahrung der Gleichheit vor dem Gesetz zum 1. 1. 1992 noch höhere monatliche Renten zustünden als in Tabelle 5 ausgewiesen. Dies hätte zur Folge, daß bereits zum 1. 1. 92 oder durch Rentenanpassung ab dem 1. 7. 92 kurzfristig ihr besitzgeschützter monatlicher Zahlbetrag überschritten und eine echte Zahlbetragserhöhung wirksam würde.

- Die Gegenüberstellung der Rentenentwicklung in Tabelle 5 entspricht in der Praxis z.B. dem Vergleich eines ordentlichen Professors mit seiner technischen Assistentin. Hat sie 230 Monate FZR-Beiträge gezahlt, so erreicht sie bis zum 31. 12. 93 eine monatliche Rente von 2180 DM, das entspricht nach Abzug von 6,4 % Krankenversicherung einem Monatlichen Zahlbetrag von 2040 DM. Der ordentliche Professor erhält zu dieser Zeit noch immer seine besitzgeschützten 2010 DM, auch wenn er die gleichen FZR-Beiträge gezahlt hat.

Zusammenfassung

Die Probleme des RÜG und AAÜG liegen in folgendem:

1. Überführung der Zusatzversorgungssysteme der Intelligenz in die Rentenversicherung zum 31. 12. 1991, die eine Gleichstellung der Intelligenz in den neuen Bundesländern mit den Empfängern von Altersbezügen der vergleichbaren Personenkreise in den alten Bundesländern auf Lebenszeit ausschließt;
2. Kappung der Altersbezüge ab dem 1. 8. 91 gemäß § 10 AAÜG;
3. durch das RÜG/AAÜG eintretende totale Nivellierung der Altersbezüge der Intelligenz ohne Berücksichtigung der Qualifikation, der innegehabten Dienststellung und des tatsächlichen Bruttoarbeitsentgeltes über die Beitragsbemessungsgrenze hinaus;
4. ›pauschale Umwertung‹ der Renten zum 1. 1. 1992 gemäß § 307 b (5, 6) SGB VI anstelle der günstigeren ›Neuberechnung‹ gemäß § 307 b (1) SGB VI, auf die ein Anspruch erst ab dem 1. 1. 1994 eingeräumt wird;
5. Verrechnung der Erhöhungsbeträge der Sozialversicherungsrente vom 1. 7. 90 bis zum 31. 12. 91 mit der Zusatzversorgung und die weitere Anwendung dieser Verfahrensweise ab dem 1. 1. 1992 durch die Verrechnung der Erhöhungsbeträge der monatlichen Rente mit dem Differenzbetrag zwischen dieser und dem besitzgeschützten monatlichen Zahlbetrag, bis dieser durch künftige Rentenanpassungen überschritten wird;
6. Ungleichbehandlung der Angehörigen der Intelligenz im Vergleich zu den ›Normalrentnern‹ in den neuen Bundesländern durch die Ignorierung der zur Freiwilligen Zusatzrentenversicherung (FZR) gezahlten Beiträge bei der Berechnung der Sozialversicherungsrente (Altersrente) vom 1. 7. 1990 bis zum 31. 12. 1991 und die völlig ungenügende Berücksichtigung der zur FZR gezahlten Beiträge bei der Berechnung der anpassungsfähigen monatlichen Rente zum 1. 1. 1992;
7. Ignorierung der zur Freiwilligen Zusätzlichen Versorgung (FZV) von Medizinern und anderen Hochschulabsolventen im staatlichen Gesundheits- und Sozialwesen bzw. von Veterinärmedizinern und Hochschulabsolventen im staatlichen Veterinärwesen gezahlten Beiträge bei der Berechnung der anpassungsfähigen monatlichen Rente zum 1. 1. 1992.

Anhang I

Prof. Dr. Werner Wolter Berlin, September 1991

Wissenschaftler in der ehemaligen DDR - Gehälter und Renten

Vorbemerkung:

Die nachstehenden Überlegungen konzentrieren sich auf Professoren und Dozenten an Universitäten und Hochschulen. Die tariflichen Regelungen sind hier am ältesten; sie waren zugleich von großem Einfluß auf entsprechende Regelungen in anderen Bereichen (wissenschaftliche Akademien u.a.).
Das Ziel ist hier die Bestimmung der sozialen Einordnung der Wissenschaftler und Hochschullehrer, soweit sie sich aus Art und Höhe der Bezahlung ergab.
Vergleiche mit den hinsichtlich ihrer Funktion im gesellschaftlichen Arbeitsprozeß gleichartigen Personengruppen in der alten BRD werden vorgenommen. Es wird sich die Ähnlichkeit der sozialen Einbettung der Hochschullehrer und Wissenschaftler in beiden deutschen Staaten zeigen.

1. Gehälter der Hochschullehrer

1.1 Entwicklung des Tarifs der Hochschullehrer

Die nachstehende Tabelle zeigt die Entwicklung des Tarifs von 1952 bis 1988.

Tabelle 1:
Tarifliche Monatsgehälter der Hochschullehrer an Universitäten und Hochschulen 1952 bis 1989 (in Mark)

Jahr	Gehalt (mtl.) Professoren Anf.-Geh.	End-Geh.	Dozenten Anf.Geh.	End-Geh.
1952	2.400	3.600	1.500	1.800
1970	2.450	3.650	1.550	2.550
1980	2.450	3.650	1.750	2.550
1988	2.450	3.800	1.750	2.950

Quelle: Tarife

Es fällt auf, daß sich die Höhe der Gehälter für Professoren in den 36 Jahren seit Erlaß des Tarifs 1952 faktisch nicht geändert hatte. Die seit 1970 ausgewiesene Erhöhung um 50,- Mark ergab sich aus der Übernahme einer bis dahin gewährten Steuerermäßigung von 40,- Mark in das Gehalt. Die für 1988 ausgewiesene Gehaltserhöhung des Endgehalts bei Professoren und auch bei Dozenten ist praktisch nur noch wenig wirksam geworden. Es bleibt die Tatsache, daß die Gehälter für Professoren vom Beginn der 50er bis zum Ende der 80er Jahre unverändert blieben, was ihre Höhe betraf. Daran hat nichts geändert, daß die Stufungen im Tarif und damit einhergehend die Art der Entscheidungen über Höherstufungen im Laufe der Jahrzehnte mehrfach modifiziert wurden. Bei Erlaß 1952 übernahm der Tarif die bis dahin üblichen Kategorien von Professoren (mit Lehrauftrag, mit vollem Lehrauftrag, mit Lehrstuhl), die im Tarif aufeinander folgten; Ende der 60er Jahre wurden diese Kategorien durch die eine Kategorie ›ordentlicher Professor‹ ersetzt, die Tarifskala reichte für diese über die ganze Breite vom Anfangs- zum Endgehalt; das in den 80er Jahren eingeführte System ›leistungsabhängiger Zuschläge‹ veränderte die Höhe der Bezahlung nicht.

Die nachfolgende Tabelle 2 zeigt das deutlich an den real gezahlten Durchschnittsgehältern der Professoren (die leichten Schwankungen bei den Gehältern der Professoren sind hauptsächlich Effekte veränderter Altersstrukturen):

Tabelle 2:
Monatliches Durchschnittsgehalt des Fachpersonals an Universitäten und Hochschulen 1970 - 1988

Jahr	Durchschnittsgehalt in Mark Profes- soren	Hochschul- dozenten	Wissensch. Ass. u. Oberass. (unbefristet)
1970	2.997	1.650	1.146
1980	2.928	1.855	1.288
1988	3.106	2.105	1.533

Quellen: Ergebnisse der Hochschulstatistik 1970; Statistisches Jahrbuch des Hochschulwesens der DDR 1981 und 1989; jeweils Ministerium für Hoch- und Fachschulwesen

Die gezahlten durchschnittlichen Gehälter lagen bei 50 % der Spannbreite zwischen Anfangs- und Endgehalt, was eine normale Verfahrensweise ist.
Etwas anders war die Situation bei Dozenten und wissenschaftlichen Mitarbeitern (Assistenten), wie die Tabelle 2 auch erkennen läßt. Das seit den 50er Jahren ständige Ansteigen der Durchschnittseinkommen der Arbeiter und Angestellten löste zwangsläufig von Zeit zu Zeit Erhöhungen der Gehälter für wissenschaftliche Mitarbeiter, also auch für Assistenten und Oberassistenten aus. In dessen Folge mußten dann auch die Gehälter für Dozenten angehoben werden, da bei Berufungen von Oberassistenten zu Dozenten deren Anfangsgehälter unter den Gehältern älterer Oberassistenten lagen.

1.2 Tarifgehälter der Hochschullehrer in Relation zu den allgemeinen Durchschnittseinkommen

Die soziale Einordnung der Wissenschaftler läßt sich durch einen Vergleich ihrer Einkommen mit dem jeweiligen allgemeinen durchschnittlichen Einkommen der Arbeiter und Angestellten in der Wirtschaft ziemlich zuverlässig beurteilen.

Tabelle 3:
Relationen der Tarifgehälter sowie der tatsächlichen durchschnittlichen Einkommen der Hochschullehrer und wissenschaftlichen Mitarbeiter zu den durchschnittlichen Bruttoeinkommen der Arbeiter und Angestellten in der sozialistischen Wirtschaft 1952 - 1988

Jahr	durchschn.Eink. Arbeiter+Angest.	Relation Tarif Prof. A	Prof. E	Dozent A	Dozent E	Relation Istgeh. Prof.	Doz.	wiss. Mita.
1952	352 M	6,8	10,2	4,3	5,1	o.A.		
1970	755 M	3,2	4,8	2,1	3,4	4,0	2,2	1,5
1980	1021 M	2,4	3,6	1,7	2,5	2,9	1,8	1,2
1988	1269 M	1,9	3,0	1,4	2,3	2,3	1,6	1,2

A = Anfangsgehalt, E = Endgehalt

Quellen: Durchschnittseinkommen lt. Statistisches Jahrbuch der DDR 1953, 1871, 1981 sowie 1989, S. 51 (Arbeiter und Angestellte in der sozialistischen Wirtschaft) (Gehälter Tabellen 1 und 2 im Text oben)

Obige Tabelle läßt erkennen, daß sich der Abstand der Gehälter der Hochschullehrer, und zwar sowohl der Abstand der Tarifgehälter wie der der tatsächlichen, von den durchschnittlichen Einkommen der Beschäftigten der Wirtschaft kontinuierlich verringerte. In den 80er Jahren bewegte sich die Relation der Wissenschaftlergehälter zu Durchschnittseinkommen in der ehemaligen DDR in den Dimensionen der gleichen Relation wie in der BRD (s. Tab. 4). Die Übereinstimmung ist am Ende der 80er Jahre fast vollständig: Die Anfangsgehälter der Professoren nach C4 (BRD) stehen in der Relation 1,8 zu den dortigen Durchschnittseinkommen, die der ordentlichen Professoren (DDR) in der Relation 1,9. Die Relation für die Endgehälter sind mit jeweils 3,0 gleich. Die Relationen bei Hochschuldozenten stimmen mit 1,4 (Anfangsgehalt) und 2,3 (Endgehalt) vollständig überein. Von besonderen Privilegien im Falle der Hochschullehrer der ehemaligen DDR kann unter diesen Umständen unmöglich gesprochen werden.

Tabelle 4:
Tarifgehälter der Hochschullehrer in der BRD und der ehemaligen DDR in Relation zu den jeweiligen Durchschnittseinkommen der Berufstätigen (Ende der 80er Jahre)

Kategorie	Durchschnitt Löhne u. Geh. in Wirtschaft	Tarifgehälter Anf.	End.	Relationen Anf.	End.
BRD Prof. C4	(2.915)	5.113	8.757	1.8	3.0
Prof. C3	dto.	4.385	7.611	1.5	2.6
Doz. C2	dto.	4.002	6.837	1.4	2.3
DDR ord.Prof.	(1.269)	2.450	3.800	1.9	3.0
Dozent	dto.	1.750	2.950	1.4	2.3

Quellen: BRD: Statistisches Jahrbuch der BRD 1990, S. 124 sowie Übersicht über die Gehälter nach der Bundesbesoldungsordnung C ab 1990, in Mitteilungen des Hochschulverbandes 6/1989, S. 337 (incl. Ortszuschlag, Pers. m. 1 Kind)
DDR: Statistisches Jahrbuch der DDR; Tarife vgl. Tab. 1 oben

Im übrigen ist die Tatsache, daß Gehälter von Professoren ernstlich über den Durchschnittseinkommen in der Wirtschaft liegen, weltweit etwas Normales. Der Bildungsgang bis zum Hochschullehrer ist lang und risikoreich (in der ehemaligen DDR lag das Alter bei der Berufung zum Professor durchschnittlich bei 40 Jahren). Eine spätere Berufung ist während der langen Vorbereitungszeit keineswegs sicher. Nach einer Untersuchung von GEBUHR, M. hatten junge männliche Akademiker je nach Studiengang mit dem Erreichen des 30. Lebensjahres zwischen 57 % und 68 % des bis dahin erzielten Lebenseinkommens gleichaltriger junger Facharbeiter erzielt. (Gehälter von Hochschulabsolventen in der Industrie im Vergleich zur Facharbeiterqualifikation, Zentralinstitut für Hochschulbildung Berlin, Fo.-Ber. 35/1986).

2. *Renten der Wissenschaftler / Hochschullehrer*

Am Beginn der 50er Jahre wurde in der damaligen DDR durch Gesetz die zusätzliche Altersversorgung der Intelligenz eingeführt. Dieses Gesetz sicherte Hochschullehrern eine Rente ab Erreichen der Altersgrenze in Höhe von 90 % des letzten Nettogehaltes zu. Ende der 60er Jahre wurde die zusätzliche Altersversorgung für ordentliche Professoren auf 80 % des letzten Bruttogehaltes festgelegt. Da diese Erhöhung des Rentensatzes jedoch nicht mit einer Abänderung des Gesetzes von 1951 verbunden war, hob die Volkskammer diese Regelung 1990 wieder auf.

Es ist von Interesse, die Altersversorgung der Wissenschaftler in der ehemaligen DDR mit der in der BRD zu vergleichen. Wie oben bei der Untersuchung der Gehälter und ihrem Vergleich soll auch hier nicht das Gewicht auf der jeweiligen Höhe der Renten liegen, sondern auf deren sozialer Einordnung. Dabei wird von der Unterschiedlichkeit der Regelungen in verwaltungsrechtlicher oder ähnlicher Hinsicht abgesehen. Um dies an einem Beispiel zu demonstrieren:

> In der Bundesrepublik wie in der seinerzeitigen DDR wird durch den Staat mit einer besonderen (von allgemeinen Rentenregelungen abweichenden) Regelung die Zahlung einer Altersversorgung an Hochschullehrer garantiert. Von den Berechtigten wird die Zahlung von Beiträgen zu einer besonderen Rentenversicherung nicht erwartet. In der Bundesrepublik ist diese Versorgung Bestandteil der Bundesbesoldungsordnung für Beamte. In der ehemaligen DDR, die den Status des Beamten nicht kannte, wurde diese Altersversorgung bei der Staatlichen Versicherung mit einem speziellen Gesetz abgesichert.

Die grundsätzlichen Unterschiede in der Regelung der Altersversorgung für Wissenschaftler sind offensichtlich nicht bedeutend. Für den betroffenen Wissenschaftler sind sie (sieht man von der jeweiligen Höhe ab) faktisch unbedeutend.
Vergleicht man nun die jeweiligen Höhen der Renten, ergibt sich folgendes Bild:

Ehemalige DDR:		
Endgehalt		3.800,- Mark brutto
ergibt		2.980,- Mark netto
hieraus Rente (90 %)	=	2.682,- Mark
	=	70,6 % von Brutto

Bundesrepublik:	
Endruhegehalt H4 ab 1.1.1991	DM 6.854,23
+ Ortszuschlag 1 a/Stufe 2	DM 1.074,14
(oder Ortszuschl. 1 b/Stufe 2	DM 929,23)
insgesamt	DM 7.928,-
bzw.	DM 7.783,-

Bayern und Württemberg Ortszuschlag nach 1 a, sonst nach 1 b; Quelle wie Tab. 4
Bezogen auf das letzte Bruttogehalt beträgt die Altersversorgung

BRD:	DM 7.928,- bzw. DM 7.783,- von DM 8.757,- = 90,5 % bzw. 89 % des Bruttogehalts
DDR:	2.682,- Mark von 3.800,- Mark = 70,6 % des Bruttogehaltes

3. Renten für Wissenschaftler und Kaufkraft

Die Währungsunion und die daraufhin erfolgende Entwicklung der Arbeitseinkommen und Renten führten zu wesentlichen Veränderungen der Kaufkraft; dieser Prozeß hält an. Speziell das Verhältnis zwischen Nominaleinkommen und realer Kaufkraft hat sich in dieser Zeit radikal verschoben. In diesen allgemeinen Prozeß hinein fällt die Neufestsetzung der Renten aus der früheren Altersversorgung der Intelligenz. Nachfolgend soll versucht werden, diese Entwicklung in ihren wichtigsten Zügen zu charakterisieren.

3.1 Renten und Kaufkraft vor Juli 1990

Der ganze Bereich der individuellen Konsumtion war durch ein hohes Maß an Preisstützungen für Waren und für Leistungen gekennzeichnet. Diese Stützungen und mit ihnen von der Arbeitsleistung unabhängige Zahlungen aus dem Staatshaushalt beeinflußten die Haushalte der Familien wesentlich. So waren etwa 1985 rd. 32 % des durchschnittlichen monatlichen Bruttoeinkommens der Arbeiter- und Angestelltenhaushalte direkte oder indirekte Subventionen aus dem Staatshaushalt.
(Aus: Höhne, Die Modifizierung der leistungsstimulierenden Funktion des Arbeitseinkommens unter dem Einfluß der Verteilung von gesellschaftlichen Mitteln; Diss.; Hochschule für Ökonomie Berlin 1988)
Durch ein solches System werden zwangsläufig unterschiedliche Gruppen von Haushalten verschieden betroffen, z.B.:

- Familien mit Kindern wurden stark gefördert, entsprechende Produkte stark subventioniert,
- Erzeugnisse des Grundbedarfs waren stark subventioniert, sowohl Nahrungsmittel wie Industriewaren;
- Erzeugnisse eines gehobenen Bedarfs - sowohl Nahrungs- und Genußmittel als auch Industriewaren - wurden nicht subventioniert, zum Teil auch durch Haushaltsaufschläge verteuert u.a.m.

Die starken Subventionen für die Waren und Leistungen zur Deckung des Grundbedarfs ergaben bei früheren Vergleichen der ›Warenkörbe‹ in der ehemaligen BRD und DDR, daß die Kaufkraft von D-Mark und Mark im Rahmen dieser Warenkörbe insgesamt praktisch gleich hoch war. Jedoch existierten große Unterschiede in struktureller Hinsicht (vgl. im einzelnen DIW-Wochenbericht 21/86, S. 263 ff).

3.2 Die Wirkung der Währungsunion 1990

Mit der Währungsunion wurden gleichzeitig Arbeitseinkommen und Renten angehoben, um einen Ausgleich für den Wegfall von Subventionen auf Waren des Grundbedarfs zu schaffen. Da die meisten Subventionen auf Leistungen vorerst erhalten blieben, war die Folge der Umstellung eine ernsthafte Verbesserung der Lebenslage. Vor allem Produkte des gehobenen Bedarfs hatten jetzt wesentlich niedrigere Preise, da hierfür keine Haushaltsaufschläge mehr zu zahlen waren.
Es ist anzumerken, daß bei der Währungsumstellung Wissenschaftler im Rentenalter als eine der wenigen sozialen Gruppen keine finanziellen Ausgleiche erhielten.
Insgesamt hatte die Währungsumstellung kurzzeitig einen nur scheinbar paradoxen Effekt: Die DM hatte in den Händen eines nunmehrigen Bewohners der neuen Bundesländer bei der Bezahlung des gleichartigen Warenkorbes eine höhere Kaufkraft

als die DM in den Händen eines in den alten Bundesländern. Ein DIW-Bericht gibt an, daß der Unterschied etwa 29 % - 37 % je DM zugunsten der neuen Länder ausmachte (DIW-Wochenbericht 29/91, Einkommen und Verbrauch der privaten Haushalte in den neuen und alten Bundesländern, Berlin 1991, S. 414).
(Um Mißverständnisse zu verhüten: Die Haushalte in den neuen Ländern hatten um die Wende 1990 zu 1991 wesentlich niedrigere Einkommen als die in den alten, nach obiger Quelle ein Durchschnittseinkommen je Familie ›alt‹ von 4.380,- DM monatlich zu Familie ›neu‹ von 2.297,- DM - ebenda, S. 405).

3.3 Entwicklung vom I. zum IV. Quartal 1991

Im Verlauf des Jahres 1991 hat sich die Situation wesentlich verändert. Der wichtigste Schritt war bzw. ist der radikale Abbau der Subventionen auf Leistungen für die Bevölkerung wie Mieten, Energie, Brennstoffe.
Zugleich steigen im Verlauf des Jahres Renten und Arbeitseinkommen. Nach dem bereits erwähnten DIW-Bericht ist bis zum IV. Quartal 1991 bei Rentnerhaushalten eine Steigerung der Einkommen um 18 % zu erwarten, im Durchschnitt der Arbeitnehmerhaushalte eine um 10 % (ebenda, S. 413).
Jedoch werden trotz dieser Steigerungen die Realeinkommen in der selben Zeit sinken, da die Erhöhungen der Aufwendungen durch das Wachsen der Einnahmen nicht wettgemacht werden. Die Autoren obigen Berichts rechnen vom I. zum IV. Quartal 1991 mit einem Sinken der Realeinkommen bei Rentnern um 4 %, im Schnitt aller Arbeitnehmerhaushalte um 9 % (ebenda, S. 413)

Zu Rentnern mit Zusatzversorgung (Wissenschaftler):

- Sie haben alle Verteuerungen zu tragen wie die übrige Bevölkerung.
- Sie haben seit Sommer 1990 keine Erhöhung der Renten erhalten.
- Zusätzlich sind ihnen die Renten ab August 1991 gekürzt worden. Hier liegt der Rückgang des Realeinkommens in 1991 bei 25 % - 30 %.

3.4 Ausblick

Da keine Rentenerhöhungen erfolgen sollen (›Abschmelzen‹), werden Verteuerungen der Lebenslage direkt zu weiteren Senkungen des Realeinkommens der Betroffenen führen, und zwar schnell:
- Die Mieten werden weiter steigen; Verkehrstarife werden ›angeglichen‹.
- Für 1991 wird mit einer Inflationsrate von 4 % gerechnet.

Anhang II

Prof. Dr. Werner Wolter Berlin, den 25.10.1991

Zur ›zweiten Lohntüte‹ in der DDR

Die sozialen Leistungen der DDR waren bedeutend, so daß nicht zu Unrecht von einer ›zweiten Lohntüte‹ gesprochen wurde. Der genaue Umfang, die Höhe dieser Zuwendungen sind statistisch allerdings nicht einfach zu fassen. Dies liegt keineswegs vorwiegend an Unzulänglichkeiten des statistischen Dienstes in der DDR, sondern an der Komplexität des Themas. So verfügt praktisch jeder Bürger auch in den alten Bundesländern seit Jahrzehnten über eine solche ›zweite Lohntüte‹. Zu deren Zustandekommen tragen etwa bei: Subventionen für landwirtschaftliche Produkte in der EG, Kindergelder, Schuldgeldfreiheit usw.
Das Besondere in der DDR war daher nicht einfach die Existenz solcher sozialen Leistungen schlechthin, sondern ihre (manchmal fast exzessive) Ausweitung. Daß dies ökonomische Grundprozesse in der Gesellschaft auch negativ beeinflußte, ist bekannt und soll hier nicht weiter erläutert werden. Bei Untersuchungen über die Entwicklung der Lebenslage über die Zeit der Vereinigung hinweg darf aber der bedeutende Stellenwert der ›zweiten Lohntüte‹ auf keinen Fall vernachlässigt werden. Nachstehend wird versucht, diese Erscheinung unter verschiedenen Gesichtspunkten zu beleuchten.

1. Volkswirtschaftliche Gesamtrechnung:

Im Statistischen Amt der DDR wurden seit langem sog. volkswirtschaftliche Gesamtrechnungen angestellt. Die vorliegende Quelle (1)

(1) Statistisches Amt der DDR, Abt. volkswirtschaftliche Gesamtrechnungen, volkswirtschaftliche Gesamtrechnungen 1989 (vorläufig); dieses Datenmaterial wurde vom Statistischen Bundesamt komplett übernommen und in Hauptzügen wie folgt veröffentlicht: ›Zur Sozialproduktsberechnung in der DDR‹, Schriftenreihe Ausgewählte Arbeitsunterlagen zur Bundesstatistik, Statistisches Bundesamt Wiesbaden 1990

dokumentiert den Stand von 1989. Aus der Quelle ergibt sich:
Der private Verbrauch der Haushalte in der DDR war zu einem beträchtlichen Teil unbezahlter Verbrauch:

Tabelle 1:
Privater Verbrauch der Haushalte in der DDR 1989

Art produkt.	Volkswirtschaft insgesamt	davon aus produkt. Bereich	nicht Bereich
	(Mrd. Mark)		
Gesamtverbrauch	214	164	50
bezahlter Verbr.	150	142	8
unbezahlter Verbrauch	64	23	42
	(Prozent)		
Gesamtverbrauch	100	100	100
bezahlter Verbr.	70	86	16
unbezahlter Verbrauch	30	14	84

Quelle: Volkswirtschaftliche Gesamtrechnungen 1989, a.a.O. S. 8

Tabelle 2:
Privater Verbrauch der Haushalte in der DDR in vergleichbaren Preisen 1980-1989

Art	1980	1985	1989	1989-1980
		Mark der DDR		
Privater Verbr. gesamt	160	184	213	1,3 f.
bezahlter Verbr.	114	130	150	1,3 f.
unbezahlter Verbr.	46	54	63	1,4 f.
		Prozent		
Privater Verbr. gesamt	100	100	100	
bezahlter Verbr.	71	71	70	
unbezahlter Verbr.	29	29	30	

Quelle: vgl. Tabelle 1

Der Anteil des unbezahlten Verbrauchs der Haushalte lag ziemlich stabil bei 30 %, sein Anteil stieg seit 1980 geringfügig.

Die Tabelle zeigt, daß 1989 70 % des privaten Verbrauchs der Haushalte in der DDR von der Familie bezahlt, 30 % unbezahlt waren. Der Verbrauch an Produkten wurde zu 86 % bezahlt, 14 % waren unbezahlt. Bei Leistungen im ›Nichtproduktiven Bereich‹ war es exakt umgekehrt; nur 16 % wurden bezahlt, 84 % der Leistungen waren unentgeltlich.
Nachstehende Tabelle zeigt eine Zeitreihe:

2. *Monatlicher Verbrauch der Haushalte in der DDR*

Die statistischen Jahrbücher der DDR zeigen seit langem neben dem bezahlten den unbezahlten Verbrauch der Familienhaushalte.

Tabelle 3:
Monatlicher Verbrauch von Arbeits- und Angestelltenhaushalten (in effektiven Preisen) in der DDR 1960 bis 1988

Verbrauchsart	1960	1970	1980	1988	1988-1960
		(Mark der DDR)			
ges. Verbrauch	811	1198	1881	2506	3,1 f.
bezahlter Verbr.	655	921	1354	1689	2,9 f.
unbez. Verbr.	156	277	527	817	5,2 f.
		(Prozent)			
ges. Verbrauch	100	100	100	100	
bezahlter Verbr.	81	77	72	67	
unbez. Verbr.	19	23	28	33	

Quelle: Statistisches Jahrbuch der DDR 1989, S. 286

- Der hohe Anteil des unbezahlten Verbrauchs war in der DDR eine jahrzehntealte Erscheinung. Dieser Teil des Verbrauchs war also ein normaler Teil der Lebenslage.
- Der unbezahlte Verbrauch wuchs schneller als der bezahlte.

Diesen Grundtatsachen tragen die lohn- und rentenpolitischen Maßnahmen seit der Vereinigung Rechnung: Renten wurden zum Ausgleich des Wegfalls der Subventionen erhöht, auf Gehälter wurde mit gleichem Ziel ein Zuschlag gezahlt. Für Empfänger der zusätzlichen Altersversorgung gab es dagegen keinerlei Erhöhungen, im Gegenteil Kürzungen der Renten.

3. Preisstützungen:

Ein wesentlicher Teil der Aufwendungen für die ›zweite Lohntüte‹ ergab sich aus den Stützungen für die Preise von Produkten und Dienstleistungen.

Tabelle 4:
Preisstützungen für Waren des Grundbedarfs, Tarife und Dienstleistungen für die Bevölkerung (Mrd. Mark)

Art	1971	1980	1988	1988:1971
Preisstützungen ges.	8,5	16,1	49,8	5,9 f.
darunter für:				
Lebensmittel	5,5	7,8	31,9	5,8
Industriewaren f. Bevölkerung	0,8	5,1	11,9	14,9 f.
Fahrpreise (Nah- und Fern)	1,7	2,9	5,0	2,9 f.

Die Preisstützungen waren am höchsten für Lebensmittel, stiegen jedoch am stärksten für Industriewaren.
Den Umfang der Preisstützungen je Familie für Nahrungsmittel gibt die folgende Quelle an:

Tabelle 5:
Nahrungsmittelstützungen pro Monat (nach Haushaltsgrößen) 1988 (in DM)

Haushaltsgröße	Stützungen im Monat
1-Personen-Haushalt	132
2-Personen-Haushalt	246
3-Personen-Haushalt	298
4-Personen-Haushalt	344
5-Personen-Haushalt und mehr	419

Entnommen aus: Winkler, G. (Hrsg.), Sozialreport ›90, Verlag Die Wirtschaft Berlin 1990, S. 127
Inzwischen sind die Preisstützungen praktisch vollständig abgebaut worden.

5. Sozial-kulturelle Leistungen pro Kopf der Bevölkerung

Die folgenden Angaben zeigen den Umfang der sozialkulturellen Dienstleistungen an die Bürger nach Altersgruppen.

Tabelle 6:
Sozial-kulturelle Dienstleistungen pro Kopf der Bevölkerung nach Altersgruppen 1985 in Mark der DDR

Bedürfnis-komplexe	Altersgruppen (1.-3.) 0-25 Jahre	25-60/65 Jahre	ab 60/65 Jahre	Bevölkerung insgesamt
1. Gesund-erhaltung (ohne Sport u. Erholung)	740	607	1.634	823
2. Wohnen	654	619	1.125	715
3. Bildung	1995	12	-	703
4. Kultur (einschl. Sport u. Erholung)	310	198	182	234
insgesamt	3.699	1.436	2.941	2.475

Quelle: Soziologie und Sozialpolitik, Sonderheft 1988 Akademie der Wissenschaft der DDR, Institut für Soziologie und Sozialpolitik, S. 195
Anm.: Es handelt sich dabei um unentgeltliche Leistungen (a.a.O., S. 192).

Die folgende Tabelle läßt erkennen, daß (speziell bei Rentnern) im Vordergrund kostenlose Leistungen wie Gesundheitsschutz und Wohnung, daneben kulturelle Leistungen standen:

Tabelle 7:
Differenzierte Inanspruchnahme unentgeltlicher Dienstleistungen nach Bedürfniskomplexen und Altersgruppen, 1985, in Mrd. Mark

Bedürfnis-komplexe	insgesamt	nach Altersgruppen 0-25 Jahre	25-60/65 Jahre	ab 60/65 Jahre
1. Gesund-erhaltung (ohne Sport u. Erholung)	13,7	4,3	4,9	4,5
2. Wohnen	11,9	3,8	5,0	3,1
3. Bildung	11,7	11,6	0,1	-
4. Kultur (einschl. Sport u. Erholung)	3,9	1,8	1,6	0,5
gesamt	41,2	21,5	11,6	8,1
Anteil der Altersgruppen	100,0	52,2	28,1	19,7

6. *Wirkungen der Preisstützungen auf die Kaufkraft*

In einer Untersuchung des DIW aus dem Jahr 1986 wird die Auswirkung von Stützungen der Preise, Mieten, Verkehrstarife auf die Kaufkraft der Mark der DDR im Verhältnis zur Kaufkraft der DM untersucht. (Quelle: DIW-Wochenbericht 21/86, s.263 ff.)

Die o.g. Untersuchung des DIW macht die Problematik deutlich; daß sie als Basisjahr das Datenmassiv 1985 benutzt, ist für die prinzipielle Aussage bedeutungslos. Aus der Untersuchung des DIW wurde hier insbesondere eine Tabelle ausgewählt. Dazu wurde eine Frage formuliert:

Was müßte ein 2-Personen-Rentner-Haushalt an DM nach der Währungsunion ausgeben, wenn er seinen vorher gewohnten Lebensstandard halten wollte? Was hätte dieser Haushalt zu zahlen, wenn es Produkte oder Leistungen in gleichen Mengen in Naturalform wie vorher, jetzt aber in DM (und damit in Preisen des DM-Gebiets) kaufen wollte? Die folgende Tabelle gibt eine Antwort:

Tabelle 8:
Ausgaben in DM im Verhältnis zu gleichen vorherigen Ausgaben in M der DDR für 2-Personen-Rentenhaushalt

Ausgaben nach Bedarfsgruppen	Relative Höhe der Ausgaben in DM in %	Ausgabenanteile (in DDR) in %
Lebenshaltung gesamt	145	100
darunter:		
Nahrungs- und Genußmittel	113	51,1
Industriewaren	95	30,4
Dienstleistungen	322	16,9
davon: Mieten	555	4,3
davon: Strom, Gas, Wasser	354	2,4
Steuern und Versicherungen, Beiträge	211	1,6

Quelle: DIW-Wochenbericht 21/86, Das Kaufkraftverhältnis zwischen DM und Mark der DDR 1985, S. 264.

Es zeigt sich: Die gleiche Lebenshaltung wie zuvor würde jetzt, in DM bezahlt, eine Summe verlangen, die 145 % der früheren Summe in M der DDR ausmachte. Im Einzelnen wären jetzt für Nahrungs- und Genußmittel, die bislang 51,1 % aller Angaben dieses Rentnerhaushaltes verlangten, 113 % des früheren Betrages zu zahlen; für die Miete, die bislang nur 4,3 % der Ausgaben beanspruchte, wäre jetzt der 5,55-fache (= 555 %, s. Tabelle 8) zu zahlen. Lediglich bei Industriewaren wäre eine geringere Summe in DM erforderlich (95 %). Obwohl Angaben für Industriewaren fast ein Drittel der bisherigen Ausgaben ausmachten, würden die dadurch entstehenden Einsparungen den größeren Geldbedarf bei allen anderen Positionen nicht annähernd wettmachen.
Die eben vorgestellte Rechnung ist ein ›Was wäre wenn?‹ - Modell, das annimmt, daß 1990 die beiderseitigen Strukturen der Preise und des Verbrauchs von 1985 existiert hätten.[1] Eine solche Rechnung ist zulässig. Das DIW kam in einer neueren Untersuchung von 1991 zu den gleichen Aussagen wie 1980.[2]

1 Vgl. DIW-Wochenbericht 29/91, Einkommen und Verbrauch in den neuen und alten Bundesländern, S. 414
2 Ebenda

Claudia Knipper

Das Arbeitsverhältnis des freigestellten Betriebsratsmitglieds

---

Die Untersuchung befaßt sich mit der Modifizierung des Arbeitsverhältnisses eines Arbeitnehmers, der sich für die Betriebsratstätigkeit völlig freistellen läßt. Durch sein Ausscheiden aus dem Arbeitsprozeß ergeben sich zahlreiche Probleme. Zum Beispiel: Wie bemißt sich sein Entgelt, da einerseits der übliche Anknüpfungspunkt, die berufliche Tätigkeit, nicht mehr zur Verfügung steht, aber andererseits das Betriebsratsamt ein unentgeltliches Ehrenamt ist? Wie kann ein langjährig Freigestellter nach Ablauf seines Mandats wieder in den Arbeitsprozeß integriert werden? Die Autorin führt diese für Praxis und Lehre gleichermaßen schwierige Problematik einer eingehenden Untersuchung zu. Dabei widmet sie sich auch den Themen Anwesenheitspflicht, Arbeitszeit, Zulagen, Freizeitausgleich bei Mehrarbeit, Krankheit, Urlaub, Streik und Vertragsverletzungen. Ihre durch konsequente Anwendung des Gesetzes erzielten Ergebnisse widersprechen gelegentlich dem Rechtsgefühl. Für deren Korrektur setzt sie sich im rechtspolitischen Teil der Abhandlung ein.

1992, 124 S., brosch., 38,– DM, ISBN 3-7890-2573-9
(Schriften der Hans-Böckler-Stiftung, Bd. 8)

Ulrich Hammer

Berufsbildung und Betriebsverfassung

Begriff und Grenzen der Beteiligungsrechte des Betriebsrats bei betrieblichen Berufsbildungsmaßnahmen

---

Das Mitbestimmungsrecht der Betriebsräte bei der Berufsbildung war lange Zeit ein Stiefkind von Literatur und Rechtsprechung. Dadurch haben sich ihre reale Bedeutung für Arbeitnehmer und Arbeitgeber sowie ihre juristische Bewertung auseinanderentwickelt. Einer Aufwertung der Berufsbildung und Erweiterung der Mitbestimmungsrechte durch das Betriebsverfassungsgesetz sowie der vorsichtigen Entfaltung dieser gesetzlichen Vorgaben durch die neuere Rechtsprechung des Bundesarbeitsgerichts stehen literarische Tendenzen zur Ausweitung des Bereichs mitbestimmungsfreier „unternehmensbezogener Informationen" gegenüber. Ursache hierfür sind unklare Vorstellungen über die Inhalte des betriebsverfassungsrechtlichen Berufsbildungsbegriffs. Zunächst werden daher ausführlich die Bestandteile, Grenzen und Faktoren des betriebsverfassungsrechtlichen Berufsbildungsbegriffs untersucht. Danach folgt eine Analyse seiner Auswirkungen auf einzelne Mitbestimmungs- und Mitwirkungstatbestände. Das Ergebnis ist ein komplexer, dynamischer und offener Berufsbildungsbegriff, dessen konkreter Inhalt für jeden Einzelfall erarbeitet werden muß. Abschließend diskutiert der Verfasser die hieraus folgenden Anforderungen an die betriebliche Praxis.

1990, 197 S., brosch., 49,– DM, ISBN 3-7890-2061-3
(Schriften der Hans-Böckler-Stiftung, Bd. 4)

NOMOS VERLAGSGESELLSCHAFT
Postfach 610 • 7570 Baden-Baden